大学生职业认知与规划
高职高专版

李亚平　李明昆　苏　熠 主　编
杨明昕　邓谊樱　马普琪　钱　倬 副主编

清华大学出版社
北京

内 容 简 介

本书深入探索社会职业空间,是一本自我认知和职业发展指南。本书分为初识、缘聚、逐梦三部分,涵盖了计算机知识、办公软件运用、职业探索、行业认知、规划制定及能力提升等内容。本书特色在于实用性和互动性,结合理论与实践,通过案例分析、自我评估等引导大学生深入思考,制定符合自身特点的职业规划。

本书的主要适用对象为在校高职高专学生,同时,对职业发展与规划感兴趣或有需求的读者,本书也提供了有价值的参考。

本书封面贴有清华大学出版社防伪标签,无标签者不得销售。
版权所有,侵权必究。举报:010-62782989,beiqinquan@tup.tsinghua.edu.cn。

图书在版编目(CIP)数据

大学生职业认知与规划:高职高专版 / 李亚平,李明昆,苏熠主编. -- 北京:清华大学出版社,2024.8.
ISBN 978-7-302-67140-4

Ⅰ. G717.38

中国国家版本馆 CIP 数据核字第 2024P35L57 号

责任编辑:聂军来
封面设计:常雪影
责任校对:李 梅
责任印制:刘 菲

出版发行:清华大学出版社
 网　　址:https://www.tup.com.cn,https://www.wqxuetang.com
 地　　址:北京清华大学学研大厦 A 座　　　邮　　编:100084
 社 总 机:010-83470000　　　　　　　　　邮　　购:010-62786544
 投稿与读者服务:010-62776969,c-service@tup.tsinghua.edu.cn
 质量反馈:010-62772015,zhiliang@tup.tsinghua.edu.cn
 课件下载:https://www.tup.com.cn,010-83470410
印 装 者:三河市铭诚印务有限公司
经　　销:全国新华书店
开　　本:185mm×260mm　　印　张:11　　字　数:252 千字
版　　次:2024 年 9 月第 1 版　　　　　　印　次:2024 年 9 月第 1 次印刷
定　　价:49.00 元

产品编号:104958-01

前 言

大学是人生中最珍贵的成长阶段之一。大学教育的目的,不仅包括传授知识,还包括提升综合素养、拓展视野、提高认知及培养良好的学习习惯。大学生应在充分了解所学专业的基础上,结合个人特点,初步设定学习阶段的学习目标,从而更好地规划个人发展方向,以便在未来的道路上做到目标明确。

大学是社会的缩影,学生不仅可以学到各种知识,还会遇到各种各样的人、了解各种不同的文化,这些都会为大学生在未来进入社会提供帮助。面对未来职业生涯的众多选择,学生很容易迷失自我。因此,了解自己、认识职业、规划未来应引起大学新生足够的重视。

本书旨在帮助大学生全面了解职业认知与规划的重要性,并提供一系列实用的方法,帮助学生建立正确的职业观念、认识自己的优势和兴趣、探索职业领域、制定职业规划并为未来的职业生涯做好准备。

全书共3个项目,具体内容安排如下。

项目一:初识,具体内容如下。

(1)认知团队:认识团队合作在工作中的关键作用。

(2)认知自我:准确认识个人特质,进行性格、兴趣、能力和价值观的探索。

(3)了解职场生产力工具:深入研究计算机硬件、软件的基础知识以及办公软件和工具软件的应用。

(4)熟悉行业动态:全面了解所学专业所在行业的现状。

(5)项目总结:整理收集到的行业资料,制作行业认知报告。

项目二:缘聚,具体内容如下。

(1)岗位信息收集:运用相应工具,全面收集目标岗位的详细信息。

(2)学历要求分析:依据收集到的岗位信息,进行学历要求的筛选和分析。

(3)就业地点规划:依据收集到的岗位信息,深入分析并规划合适的就业地点。

(4)薪资状况研究:根据收集到的岗位信息,对目标岗位的当前薪资进行筛选和分析。

(5)职业发展评估:基于收集到的岗位信息,评估目标岗位的职业上升空间。

(6)技能要求分析:利用收集到的岗位信息,深入剖析岗位的技能要求。

(7)岗位总结报告:汇总收集、整理、分析后的数据或图表,编制岗位调查报告并进行汇报。

项目三：逐梦，具体内容如下。

（1）职业决策：确立职业发展的方向和目标。

（2）学业管理和能力培养：通过认知不同的方法和技巧，提升学业管理能力和综合素养能力。

（3）制定职业生涯规划：修正职业目标，制定长期和短期职业生涯规划。

通过学习本书，大学生能够更全面地了解自己，认识职业世界的多样性，为自己的职业生涯制定明确的目标，并为未来的职业发展做好准备。希望这本书能够成为大学生在职业认知与规划方面的指南，帮助学生在大学阶段充分发掘自己的潜力，为未来的职业生涯打下坚实的基础。祝愿每一位大学生能够在职业认知与规划的道路上找到自己的方向，实现自己的职业梦想和人生价值。

本书由李亚平、李明昆、苏熠任主编，杨明昕、邓谊樱、马普琪、钱倬任副主编。李亚平编写项目一，李明昆、苏熠、杨明昕、邓谊樱、马普琪、钱倬编写项目二和项目三，李亚平负责统稿并定稿。由于编者水平有限，书中难免存在疏漏和不足之处，恳请广大读者批评指正。

编　者
2024 年 3 月

目　录

项目一　初识 1

  任务一　认知团队 3
  任务二　认知自我 6
  任务三　认知职场生产力工具 13
  任务四　了解行业 51
  任务五　项目总结 62

项目二　缘聚 66

  任务一　了解岗位 68
  任务二　分析岗位学历要求 90
  任务三　规划就业地点 102
  任务四　分析岗位薪资 117
  任务五　分析职业上升空间 134
  任务六　分析岗位技能要求 141
  任务七　总结岗位信息 147

项目三　逐梦 151

  任务一　职业决策 152
  任务二　学业管理和能力培养 155
  任务三　职业生涯规划 165

参考文献 170

项目一　初　识

 **项目背景**

《国家中长期教育改革和发展规划纲要（2010—2020年）》强调，应强化高等教育的信息化建设，提升大学生的信息化素养、创新能力和计算机基础知识与技能，从而培养出能够适应信息化社会发展需要的高级专业人才。在当今这个数字化和信息化的社会，掌握计算机基础知识对大学生而言具有非常重要的意义。

首先，能够提高学生的就业竞争力。在现代化社会中，掌握计算机技术已成为关键职业技能之一。掌握计算机基础知识，无疑将提升大学生的就业竞争力。诸多岗位在招聘要求中均强调应聘者须具备计算机操作基本技能，特别是软件开发、数据分析、网络管理、市场营销等知识，计算机基础知识均为必不可少的要素。

其次，能够提高学生的学习效率。计算机已成为现代工作和学习的主要工具。掌握基本的计算机操作，如文件管理、使用办公软件、互联网搜索等，将极大地提高工作效率与学习效率。

再次，能够提升学生的创新能力。计算机基础知识的学习能够助力培养学生的创新思维以及解决问题的能力。通过掌握编程技巧以及算法思维方式，学生可锻炼自身的逻辑思维能力，进而提升解决问题的能力。

最后，能够提高学生的数字素养。数字素养是指利用数字技术有效解决问题、获取信息以及进行交流沟通的能力。计算机基础知识的学习可以帮助学生提升数字素养。

小袁同学，一个充满好奇心的年轻人，刚刚踏入了大学校园。对他来说，一切都是那么新鲜，那么富有吸引力。全新的班级，独具个性的同学，让他感受到了与以往截然不同的氛围。然而，面对如此丰富多彩的大学生活，他却发现自己并未做好充足的准备。

在大学这个充满挑战与机遇的舞台上，小袁同学亟需调整自己的心态，适应这个全新的环境。他意识到，自己需要迅速摆脱高中的思维定式，以更加开放的心态去面对眼前的一切。在这个过程中，他不仅要学会独立生活，还要学会与人沟通交流，并拓展自己的人际圈子。

面对如此多的未知，小袁同学时常会感到迷茫和困惑。但他明白，这是成长过程中必经的阶段。他相信，在老师、同学和自己的共同努力下，他一定能找到属于自己的方向。

大学生活充满了各种可能性，小袁同学知道，需要不断提升自己的综合素质，才能抓住机遇,实现自己的目标。在大学这个充满挑战与机遇的舞台上,小袁同学勇敢地迈出了第一步。他坚信,通过自己的不懈努力,不断调整心态,他一定能迎接大学生活的一切挑战。而这,也将成为他人生中最宝贵的财富。

学习目标

知识目标	（1）探索自我的维度。 （2）了解霍兰德理论。 （3）熟练掌握自我探索的方式及工具应用。 （4）掌握探索世界维度的方法。 （5）了解计算机发展历史和计算机发展趋势。 （6）掌握计算机硬件组成结构及原理。 （7）掌握计算机硬件接口、线缆等。 （8）了解计算机软件的定义、组成、特性、版权、分类及历史等知识。 （9）了解计算机操作系统的发展历程、分类方式以及计算机操作系统的发展趋势。 （10）熟悉计算机网络的类别、配置、指标、体系结构和IP地址。 （11）掌握专业或行业定义、分类、技术体系架构、关键技术。 （12）了解行业国内外现状、政策、经济、技术及发展趋势。 （13）了解职业分类及常见职位。 （14）熟悉职位的发展及所需的行业证书
能力目标	（1）通过趣味游戏,培养学生沟通表达的能力。 （2）通过趣味游戏,培养学生团队合作能力。 （3）在老师的指导下,进行"我的故事"演讲,培养学生的总结能力。 （4）通过运用工具对自己做简单的测评,培养学生自我认知的能力。 （5）通过相互交流,培养学生沟通表达和团队合作的能力。 （6）通过相互提问,培养学生临场应变能力和思辨能力。 （7）通过在计算机组装过程中,遇到问题时小组讨论解决,培养学生批判性思维和分析解决问题能力。 （8）通过搜索查阅相关资料,培养学生可持续性的终身学习能力。 （9）通过文档编辑,培养学生可持续性学习能力和文案写作能力
素养目标	（1）通过趣味游戏,培养学生的探索精神。 （2）通过探索自我,培养学生正确的人生观、世界观和价值观。 （3）通过学习计算机品牌文化,培养学生大国工匠精神。 （4）通过了解中国计算机发展史,培养学生的爱国精神和树立民族自豪感。 （5）通过学习国产操作系统的发展历史,培养学生树立科技强国的理念。 （6）通过在虚拟机中安装操作系统和应用软件,培养学生的严谨专注品质。 （7）根据当前热点问题,特别是软件知识产权保护的重要性,培养学生的遵纪守法品格。 （8）学习结束后,让学生对座椅、计算机归位,实训室卫生打扫等,培养学生认真做事的责任心和基本职业素养

项目实施思路

项目一涵盖以下五个任务。

任务一：认知团队。此阶段通过融入团队,反思个人在团队中的表现并进行自我评估，由此了解自身的兴趣和优点，挖掘自身潜力和发现个人特质。

任务二：认知自我。通过不同的方法和形式，从性格、兴趣、能力、价值观四个方面探索自我。

任务三：认识职场生产力工具。在这一阶段中，学习运用各种工具和软件，掌握计算机基本技能和操作方法，提升工作效率和生产力。

任务四：了解行业及岗位。通过研究和分析行业的趋势和发展动态，对信息通信技术（information and communication technology，ICT）相关领域有一个全面的认识，了解行业的发展和岗位的技能要求。

任务五：项目总结。经过前面四个任务的深入学习，学生能够对自身、团队协作、常用职场生产力工具的运用以及行业现状有了初步的认知。通过分工合作的方式，对项目一所学内容进行全面的梳理与总结，并以PPT的形式进行汇报。

在项目一的学习过程中，我们致力于帮助学生建立自我认知，掌握职场生产力工具，并深入了解信息通信技术领域，从而为他们未来的职业发展奠定坚实的基础。通过这些学习和实践，学生能够更好地适应职场环境，提高工作效率，并为实现个人职业目标做好充分准备。

项目实施思维导图如下。

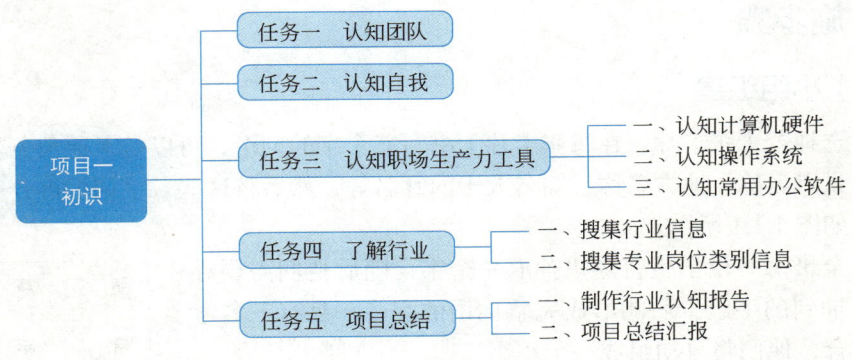

任务一 认知团队

从中学进入大学，小袁同学发现这两个阶段之间存在显著的差异。与中学相比，大学的学习任务比较轻松，然而，这并不意味着自己可以忽视对自主性和独立思考精神的培养。进入大学，学习方式的转变需要自己更加注重自主学习，发挥自己的独立思考能力。

大学生活中的社交圈子比中学生活更为广泛，需要自己积极主动地融入其中。结交新的朋友，拓展人际网络和提高社交能力，这些都是大学生活中不可或缺的部分。通过参加各种社团活动和学术交流，自己可以结识来自不同领域的人才，拓展自己的视野和知识面。

大学生活还要求自己具备更高的自我管理和自我约束能力。在相对宽松自由的环境下，需要自己更好地安排自己的时间和精力，合理规划学习与生活。通过制定合理的目标和计划，更好地适应新的学习和生活环境，实现自我成长和发展。

小袁同学在面对这种突如其来的转变时，需要一些时间来逐渐适应和调整自己的生活方式和学习方法。为了更好地应对这一变化，小袁同学将通过任务一的学习，逐步认识到团队合作的重要性，并对自己身上的优缺点有更深入的认识。

通过参加团队活动，结识来自不同专业、不同背景的同学，并且在团队中承担责任、沟通协调、共同解决问题，从而提高自己的团队协作能力。深刻体会团队荣誉感和归属感，学会为团队的成功付出努力。

一、实施思路

（1）小组组建。
（2）破冰活动。
（3）"我的故事"演讲。

二、实施步骤

（一）小组组建

（1）选择若干张卡片，在每张卡片上书写三个字的词汇，可以是卡通角色名称、水果名称、景点名称、地方名称、知名人士的姓名等，然后将这些三字词汇拆分后随机打乱顺序，如图1.1.1所示。

（2）全班每一位学生将随机抽取一个字，随后他们需要寻找与自己抽到的字组合后能形成完整词语的字。一旦有三名学生成功组合，他们将自动组成一个小组。

（3）小组成员进行自我介绍，旨在深化对每位成员的了解，包括姓名、兴趣爱好、特长及性格特点等。

（4）各小组进行讨论，并选出一位组长，在组长的领导下，为本小组的队名和团队口号命名。

（5）各小组进行2min的团队介绍，介绍内容应包括但不限于团队成员的基本情况、团队名称及口号等信息。

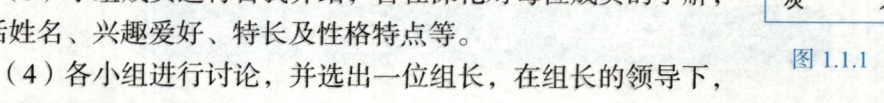

图1.1.1 三字词语

（二）破冰活动

考虑到每个学生独特的成长经历和背景，各自拥有独一无二的故事。通过破冰活动，期望加强学生之间、师生之间的相互认识，以更加开放和包容的心态，更好地接纳彼此。这种互动和了解有助于打破初始的陌生感，建立信任和友谊，从而为未来的学习旅程创造良好的基础。课堂破冰活动可以助推学生的团队合作，同时提升学习效率。一个团结协作的班级能更好地激发彼此的斗志，共同追求学习目标。通过破冰活动，可以培养学生的团队合作意识、学会倾听和与他人协作,从而使其学习变得更加丰富、更有意义。破冰活动还可以有效地培养学生的发散思维和沟通表达能力,同时激发他们的学习动力。在一个积极、轻松的学习氛围中,学生可以更加自由地表达自己的想法和观点,而这种自由表达将提升他们的学习效果和成长速度。

破冰活动可选择各类有趣的团队游戏来开展,可以参考下面三种破冰小游戏,也可以根据年龄、兴趣和特点来选择适合的游戏内容,确保活动能够顺利开展并达到预期的效果。

1. 你画我猜

(1)该活动要求全班同学参与,以两组为一轮进行比赛。

(2)在游戏开始时,首先进行绘画的小组需要讨论并确定绘画的主题,并向老师或主持人进行报告。接着,该小组应派遣一名同学在白板上进行绘画(不得出现文字,不得使用动作提示),而另一个小组则需要猜测绘画的主题。在此过程中,其他组的同学也可以参与猜测。

(3)在猜出绘画主题后,接下来由下一组同学进行猜测,前一轮猜对的组则负责继续绘画,如此循环往复。

(4)猜测组有 3 次跳过的机会。

2. 你比画,我来猜

(1)本次活动要求全班同学参与,以小组为单位,一组通过肢体动作或语言描述来表达一个词或短语,另一组则根据前一组的表达猜测答案。

(2)每组 15 个词汇,限时 3min,以答对题目最多的一组为胜。

(3)词汇可以是生活用品、水果、明星、地名、体育项目、动物、成语及一些常用短语等。

(4)比画组的同学可以通过语言和肢体动作进行描述,但需注意,不能涉及目标汉字的读音或写法,同时,不能使用与"词语"同音的其他字或外语翻译。

(5)猜不出时可以喊"pass",每组有三次"pass"的机会。

(6)在游戏进行期间,其他组的同学不得提醒。若出现提醒行为,则该题目作废,并立即进行下一组词。

3. 谁是卧底

(1)两组为一轮,在全体参赛者中,只有一人持有与其他人不同的词语,该人是卧底。其他所有参赛者持有的词语都是相同的,这些人是平民。

(2)在每一轮中,每位参与者需用一句话来描述自己获得的词语。严禁词语重复,且不允许在话语中出现所持词语。同时,发言者不能让卧底察觉到任何信息,还要给其他同伴暗示。卧底则需要竭尽全力隐藏自己的身份。

(3)在每轮描述结束后,现场所有人将进行投票,选出被怀疑为卧底的人,得票最多的人将遭到淘汰。如果没有人获得超过半数(50%)的票数,则无人被淘汰。一旦卧底被淘汰,游戏结束。如果卧底未被淘汰,游戏继续进行。

(4)反复(2)~(3)流程。在游戏进行至最后一轮,即场上仅存三名玩家时,若卧底存活,则卧底获胜;若卧底未能存活,则平民获胜。

(5) 在游戏进行期间，参与游戏的同学应禁止与场外其他同学交流。同时，场内人员进行交流时，禁止询问他人所持有的词语。

(6) 在每轮游戏结束之后，选择其他小组，进行新一轮的游戏。

（三）"我的故事"演讲

以"我的故事"为主题制作演讲素材，内容积极向上，符合社会主义核心价值观。以小组为单位，每人进行3min的演讲，演讲内容必须包含以下内容。

(1) 组长介绍小组队名、口号及成员组成。

(2) 小组成员依次进行自我介绍，分享内容包括但不限于个人经历、兴趣爱好、特长、感悟和成长故事等。

在演讲过程中，一定注意以下几点。

(1) 尊重听众，保持礼貌。

(2) 声音洪亮，吐字清晰。

(3) 表情自然，姿态得体。

(4) 与听众互动，增强演讲效果。

三、思考练习

(1) 每位小组成员总结自己在团队活动中的优点和缺点，这些优缺点对工作有什么影响呢？

(2) 如何能更好地提升自己的演讲水平呢？

任务二 认知自我

任务背景

小袁同学和团队成员慢慢熟络起来，对团队成员有了一定的了解，同时在和团队成员相处的过程中，也发现了一些平时没有注意到的问题。比如，自己在领导团队方面比较擅长，能很快和团队小伙伴融合在一起，能快速做出决定并引领团队一起前进，但是对于需要动手实际操作的工作，自己似乎不太擅长。自己还有哪些优缺点呢？怎样能更清晰地了解自己的性格、兴趣、能力和价值观呢？自己的性格、兴趣、能力和价值观会对自己的职业生涯产生哪些影响呢？

性格、兴趣、能力、价值观是职业发展中非常重要的因素，它们相互影响，共同塑造一个人在工作领域的选择和表现。个人的兴趣往往是职业选择的起点。人们更有可能在自己感兴趣的领域获得职业满足感，并更加努力地投入工作。在兴趣所在的领域中，个体更有可能保持长期的工作动力。对工作的热情和兴趣有助于克服困难，持续进步。个体的性格特质与不同职业环境的匹配程度影响着工作表现。某些职业可能更适合外向、冒险型的人，而另一些职业可能更适合内向、细致型的人。一些性格特质有助于团队协作,而另一些则更适合独立工作。在职场中,良好的团队协作是成功的关键之一。而个体的能力直接影响着在特定领域的职业竞争力。多样化的能力使个体更具灵活性,能够适应职业环境的变化,更容易应对新的职业机遇和挑战。具有积极职业道德的人更容易在职业生涯中建立可靠的声誉。选择与个体价值观相符的职业,有助于在工作中找到意义和满足感。

总体而言,兴趣、性格、能力、价值观相互交织,共同塑造了个体在职业生涯中的表现。了解并整合这些因素,有助于个体更好地选择适合自己的职业道路,取得职业成功。

通过不同的方法从兴趣、性格、能力、价值观4个方面来认知自我。认知自我是职业生涯规划的基础,可以帮助个体更深入地了解自己,为未来的职业发展提供方向和支持。这种认知有助于个体有针对性地选择适合自己的职业道路,提高职业成功的可能。

一、实施思路

（1）我的故事。
（2）MBTI人格类型测试。
（3）兴趣探索。
（4）能力探索。
（5）价值观探索。

二、实施步骤

（一）我的故事

（1）根据本项目中任务一的安排,以小组为单位,按照顺序进行一次3min的"我的故事"演讲。请确保语言准确、流畅,并严格遵守时间限制。

（2）每个同学完成演讲后,各小组需以一个词语对该演讲同学进行评价,并选择出现频率最高的评价词汇作为该演讲同学的初步印象标签。在选择评价词汇时,可参考表1.2.1中的词汇,但不限于这些范围。

表 1.2.1 "我的故事"初印象

姓名	初次印象标签								
张三	乐观	阳光	激情	腼腆	细心	幽默	稳重	外向	诚实

（二）MBTI 人格类型测试

MBTI（迈尔斯—布里格斯类型指标，Myers-Briggs type indicator）是近 20 年来在世界范围内广泛应用的测评工具，对于员工的自我发展、促进沟通与团队合作、发展领导力、提升企业决策质量以及解决组织变革中的负面影响等方面具有积极作用。

在招聘过程中，许多企业会借助 MBTI 测试工具，对求职者进行心理性格类型评估。通过回答一系列题目，求职者可以了解自己的性格特点，而企业则可以根据员工的特点，综合考虑岗位安排，使其更加符合员工的性格特征和职业规划。这种做法有利于提高员工的工作满意度和绩效表现，同时也能够帮助企业更好地实现人才配置和员工发展。

通过信息化手段，查找免费 MBTI 测评工具，每个同学需完成自我测评，将测评结果进行归纳总结，并将结果填入表 1.2.2 中。该表可以作为同学们对自己性格类型的记录和参考，也可以用于团队建设、职业规划等方面的参考。

表 1.2.2　自我测评表

姓名	测试结果	该人格特点	该人格适合的职业	与初印象标签对比结果

请注意，不同的 MBTI 测评工具可能存在一定的差异，因此在选择测评工具时需谨慎选择，确保所选的测评工具是准确可靠的。

可以通过以下查询条件，筛选出一些免费的 MBTI 测评工具。

（1）搜索引擎：使用搜索引擎，搜索关键词"免费 MBTI 测评工具"或"MBTI 性格测试"，即可找到相关的测评工具。

（2）专业网站：访问一些心理学、性格分析等方面的专业网站，这些网站通常会提供免费的 MBTI 测评工具。

（3）社交媒体：在一些社交媒体平台上也可以搜索到 MBTI 测评工具。

请注意，本测试结果并非绝对准确，仅供参考。

（三）兴趣探索

1. 兴趣岛游戏

1）兴趣岛选择

在图 1.2.1 中，有 6 个美丽的岛屿，假设你要在其中一个岛屿上生活半年以上，你会选择去哪个岛屿生活？

1 号岛屿自然原始，保留完好的热带原始植物，居民以手工见长，自己种植花果蔬菜、修缮房屋、打造器物、制作工具，喜欢户外运动。

2 号岛屿上有多处天文馆、科技博览馆及图书馆。居民喜好观察、学习，崇尚和追求真知，常有机会和来自各地的哲学家、科学家、心理学家等交换心得。

3 号岛屿美丽浪漫，布满了美术馆、音乐厅、街头雕塑和街边艺人，弥漫着浓厚的艺术文化气息。居民保留了传统的舞蹈、音乐与绘画，许多文艺界的朋友都喜欢来这里找寻灵感。

图 1.2.1 兴趣岛

4号岛屿上,居民们个性温和、友善、乐于助人,社区均自成一个密切互动的服务网络,人们重视互助合作,重视教育,关怀他人,充满人文气息。

5号岛屿显赫富庶,居民善于企业经营和贸易,能言善道。经济高度发展,处处是高级饭店、俱乐部、高尔夫球场。来往者多是企业家、经理人、政治家、律师等。

6号岛屿现代、井然,岛上建筑十分现代化,是进步的都市形态,以完善的户政管理、地政管理、金融管理见长。居民个性冷静保守,处事有条不紊,善于做规划,细心高效。

和小组成员交流以下六个问题。

(1)在6个岛屿中,你最喜欢哪一个岛屿?
(2)如果 × 号岛屿不合适,你选择哪一个岛屿?
(3)你最不想去哪个岛屿?
(4)你的登岛宣言是什么?
(5)你最喜欢在这里做什么事情?(如栽花养草、观察星星)
(6)在其他岛屿中,你最喜欢和哪个岛屿的居民做朋友,最不喜欢哪个岛屿的居民,为什么?

2)兴趣解读

兴趣是个人力求接近、探索某种事物和从事某种活动的态度和倾向,又称"爱好",是个性倾向性的一种表现形式。兴趣在人的心理行为中具有重要作用。一个人对某事物感兴趣时,便对它产生了特别的注意,对该事物观察敏锐、记忆牢固、思维活跃、情感深厚。

事实上6个岛屿分别代表了6种职业兴趣类型,它们的描述如表 1.2.3 所示。

表 1.2.3 霍兰德职业类型表述

编号	类型	说明
1号岛屿	R	实际型(realistic):个性平和稳重,看重物质,追求实际效果,喜欢实际动手进行操作实践。 常见行业和职业:技术性行业工作人员、工程师、机械师、运动员、特技演员、园丁、厨师
2号岛屿	I	研究型(investigative):自主独立,好奇心强烈,敏感,并且慎重,重视分析与内省,爱好抽象推理等智力活动。 常见行业和职业:计算机编程、机械、自然科学

续表

编号	类型	说明
3号岛屿	A	艺术型（artistic）：属于理想主义者，具有独创的思维方式和丰富的想象力，直觉强烈，感情丰富。 常见行业和职业：编辑、演员、作家、艺术家、音乐人、服装设计
4号岛屿	S	社会型（social）：洞察力强，乐于助人，善于合作，重视友谊，热情关心他人的幸福，有强烈的社会责任感，总是关心自己的工作能对他人及社会做多大贡献。 常见行业和职业：教师、学校辅导员、护士、社工、心理咨询师
5号岛屿	E	企业型（enterprising）：为人乐观，喜欢冒险，行事冲动，对自己充满自信，精力旺盛，喜好发表意见和见解。 常见行业和职业：销售、市场、管理、创业、官员、律师
6号岛屿	C	常规型（conventional）：追求秩序感，自我抑制，顺从，防卫心理强，追求实际，回避创造性活动。 常见行业和职业：财务、审计、行政

6种职业兴趣类型之间并不完全独立，而是存在一定程度的关联。霍兰德用一个六边形模型来表示6种职业兴趣类型之间的关系，如图1.2.2所示。

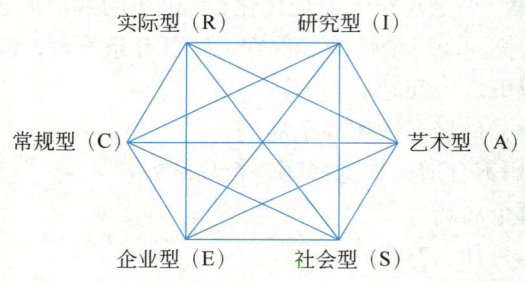

图1.2.2　霍兰德六边形模型

这个六边形模型表现出这样的规律性：R、I、A、S、E、C按顺时针排列形成环形；每两种类型之间有三种关系，即相邻、相隔和相对。相邻类型之间相关性最强，相隔次之，相对最弱。这里的相关性是指职业活动的相似性。相似性高的活动类型组合在一起会更容易做出选择。举例说明：SAC是小袁同学的霍兰德职业兴趣类型。主类型S，相邻的是E、A，相隔的是C、I，相对的就是R，次要兴趣类型A、C恰好是S的相邻和相隔关系。三者的相关性比较强，所以小袁同学在做出决策时就不会有什么顾虑，做出选择也简单迅速些。

2. 职业自我探索量表

通过信息化手段，查找一些免费的霍兰德职业兴趣自测（self-directed search, SDS）工具，每个学生需完成自我测评，将测评结果进行归纳总结，并将结果填入表1.2.4中。该表可以作为对自己职业兴趣的记录和参考。

我们可以通过查询，如搜索引擎、专业网站、社交媒体等，筛选出一些免费的霍兰德职业兴趣自测工具。请注意，不同的霍兰德职业兴趣自测工具可能存在一定的差异，因此在选择测评工具时需谨慎，确保所选的测评工具准确可靠。

表 1.2.4　职业兴趣测评表

姓名	测 试 结 果	适合的职业

通过测评，很多学生有一些疑问，测评常见问题如下。
（1）我好像对什么都没有特别的兴趣，我的 6 个职业兴趣类型得分都很低，怎么办？
（2）我的兴趣太多，6 个职业兴趣类型的得分都很高，该如何选择？
（3）我的职业兴趣类型中有两个是对角关系，一个是 C，一个是 A，我是不是人格分裂？
（4）我的 A 类型分数很高，但我从来没学过才艺，根本没有这方面的才能，怎么办？
（5）我现在所学的专业不是我的兴趣所在，除了考研换专业还有别的出路吗？
（6）以前也测过，测试的结果与现在测的结果不一样，这个测评是不是不准？
对于以上问题，我们一定要注意。
（1）霍兰德职业兴趣自测是兴趣测试，不是胜任能力测试。
（2）职业兴趣类型不是一成不变的，它会因为人的成长、提升而改变。
（3）不是所有的兴趣都需要在自己的职业中体现，职业的选择还需参考其他因素。

（四）能力探索

职业能力是人们从事某种职业的多种能力的综合。个体将所学的知识、技能和态度在特定的职业活动或情境中进行类化迁移与整合所形成的能完成一定职业任务的能力。

如果说职业兴趣能决定一个人的择业方向，以及在该方面乐于付出努力的程度，那么职业能力则能说明一个人在既定的职业方面是否能够胜任，也能说明一个人在该职业中取得成功的可能性。

小组成员分别讲述自己的 1~2 个成就或经历，小组其他成员为其概括能力，并将能力进行分类，完成表 1.2.5。

表 1.2.5　识别的能力

姓名	案例描述	知识技能	可迁移能力	特　长

例如，在准备英语四级考试的过程中，"我"认真制订复习计划，按照每天日程安排进行严格和规律的复习生活。"我"每天早上 6：30 到湖边朗读，练习英语口语和听力，晚上 8：00 回宿舍，做英语练习，使用英语 App，碎片化记 20 个单词。在学习的过程中，遇到了困难就积极向同学、师兄师姐请教。因为已经有过一次四级不通过的经历，所以备考阶段压力比较大，"我"找到了一个备考四级的同伴，相互鼓励。在复习很累的时候，"我"会到操场上跑步、给自己加油和放松。有时候还会和朋友通电话，讲自己的奋斗，朋友也会给"我"加油。考试顺利结束，"我"如愿以偿通过英语四级，很为自己骄傲。

识别的能力包括严格的作息计划、时间的准确安排表明有不错的自我管理能力；有朋友、同学的支持，表明有协调、整理资源的能力；在操场上跑步给自己加油表明有自我激励的能力；有一次未通过四级考核，但这次仍然努力学习，表明有应对挫折和压力的能力；为自己骄傲表明有自信；通过四级考核表明有不错的英语学习能力。

> **注意事项**
>
> （1）讲述案例时，采用 STAR 原则，即 situation（情景）、task（任务）、action（行动）和 result（结果）。简单地说就是"你在什么情况下接到了一个什么任务，你做了什么取得了哪些成就"。根据梅拉宾沟通法则，说话时，内容的影响占7%，语气和态度占38%，肢体动作和表情占55%。所以我们在讲述案例时，一定要有肢体表达。
>
> （2）知识技能可以通过学习获得，并非只有专业教育才能获得，如外语、计算机编程、中国古代历史。
>
> （3）可迁移能力是个体所能胜任的活动，往往通过观察、实践、思考、熟练等过程掌握，可以在工作生活中互相迁移，与知识技能组合成为职业能力，是用人单位最看重的部分，如学习能力、沟通能力、问题解决能力、人际关系技能、责任心、自信、吃苦耐劳等。
>
> （4）特长是在长期学习后，有助于提升自己的能力倾向，常是无意识地使用，需要不断的自我探索，对于职业的成功有很大贡献，但无法被直接识别，需要与知识技能组合，如记忆力、绘画、音乐等。

（五）价值观探索

1. 价值观市场交换活动

（1）每个小组成员分别将自己觉得最重要的5个价值观记录下来，并将确定的非常重要的5项价值观进行标价：价格标签为1万元、10万元、100万元、1000万元、1亿元。

（2）两两小组之间组队，并进行价值观交换，如果你是自愿的，以降价交换，如果对方愿意，你可以用低价换取对方高价的价值观。

（3）市场交换活动持续时间为5min，每个同学至少完成四次交换。

（4）两个小组内选一名代表，阐述交换情况；并请一名同学分享自己交换的理由、交换后的感想，包括交换价值的得失利弊和交换后的组合是否大于之前的组合。

2. 小组讨论

（1）针对刚才交换活动中的5个职业价值观，对照价值观澄清的7个问题，对每个问题做出是与否的回答，并做解释。

价值观澄清的7个问题如下。

① 它是你自由选择的，没有来自任何人或者任何事的压力吗？
② 它是你在众多价值观中挑选出来的吗？
③ 它是在你思考了所有选择产生的结果后挑选出来的吗？
④ 你是否珍爱你的价值观，并为你的选择感到自豪？
⑤ 你是否愿意公开向其他人承认你的价值观？
⑥ 你是否已经按照你选择的价值观行动了？

⑦你是否始终如一地根据你的价值观来行动?
（2）通过讨论不难看出：
①每个人的价值观是不同的；
②即使价值观相同，重要性也可能不同；
③当一份工作/一个选项不能满足所有价值观的时候，要学会取舍，接受新的价值观；
④价值观在人们的职业生涯发展中起到极其重要的方向性的作用，甚至往往超过了兴趣和性格对我们的影响；
⑤当我们有矛盾冲突，或妥协与放弃时，常常也是出于对价值观的考虑；
⑥很少有工作能够完全满足一个人所有的重要价值观，生活中亦是如此；
⑦因此，我们总是要不断地做出妥协和放弃，它们是不可避免，也是必要的；
⑧我们需要对自己的价值观进行排序，才能知道如何取舍。

三、思考练习

（1）这些测试的结果会不会一成不变呢？
（2）除了性格、兴趣、能力和价值观，还有哪些因素会影响职业发展呢？

任务三　认知职场生产力工具

小袁同学作为物联网应用技术专业的大一新生，之前并未有机会接触计算机方面的知识。然而，进入大学之后，他深刻地意识到计算机在学习、生活以及工作中扮演着不可或缺的重要角色。随着计算机技术的普及和发展，信息获取和处理的方式变得更加便捷和高效。

在学习方面，小袁同学可以通过计算机上网搜索资料、参与在线课程和讨论，来拓宽知识面并提升学习效果。同时，计算机还可以用于编写论文、制作演示文稿和完成作业等学术活动，从而有效提高学术成果的质量和效率。

在生活方面，计算机已成为小袁同学的重要娱乐工具和社交工具。通过计算机，小袁同学能够观看电影、欣赏音乐及玩各种游戏，使他的生活更加丰富多彩。此外，计算机还为小袁同学与家人和朋友之间保持联系提供了便利，他可以通过社交媒体和即时通信工具与他人进行实时交流，分享生活中的点点滴滴。

小袁同学充分认识到计算机在当今社会中的重要地位，明确其已成为人们工作中不可或缺的工具。因此，他决定着力提升自身的计算机技能，以便更好地利用这一工具来支持自己的学习、生活及工作。

在本任务中，小袁同学将通过学习计算机的硬件、操作系统以及应用软件等多个方面，掌握计算机的基本知识和使用技能。通过这些学习，他能够熟练地使用计算机进行工作和娱乐活动。

熟练使用计算机不仅是适应当今数字化社会的必要条件，也是个人职业发展和学术成功不可或缺的一环，通过本任务，使每一位同学能够熟练使用计算机，完成资料搜集与整理、处理和分析。

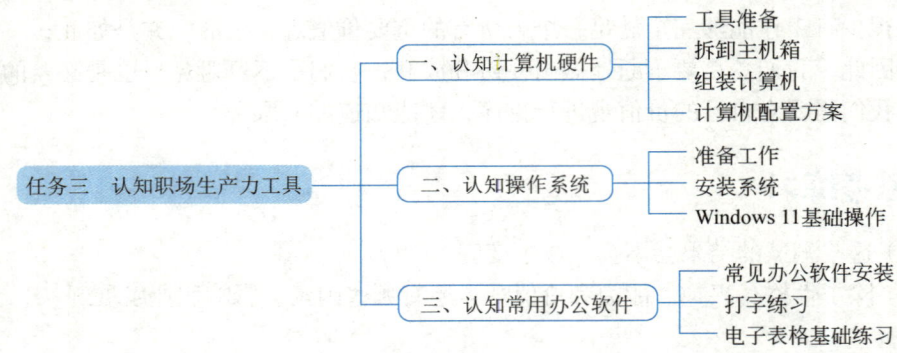

一、认知计算机硬件

如今，计算机已广泛应用于我们日常生活的各个方面。对个人用户而言，计算机的用途主要包括管理资源、计算机办公、视听播放、上网冲浪及游戏娱乐等。此外，计算机还可以应用于学习、科研、设计等领域，用途非常广泛。

本节将介绍计算机的拆卸和组装知识。首先关掉计算机并断开电源，拧下主机箱螺丝打开主机箱盖。在主机箱内，可以看到各种硬件组件，如处理器、内存、硬盘、显卡等。通过观察这些组件，可以了解计算机的基本硬件配置。

然后对各个硬件组件进行拆卸和组装。在此过程中，可以了解到每个硬件组件的作用和连接方式。例如，处理器是计算机的核心部件，它负责处理各种计算任务；内存是临时存储数据的地方，它能够快速地读取和写入数据；硬盘是永久存储数据的地方，它能够存储大量的数据和文件；显卡负责处理图像和视频信号，它能够让计算机显示更加清晰和流畅。

通过拆装的过程，可以了解到计算机硬件的基本组成情况，并认识到每个硬件组件在计算机运行中的重要作用。同时，还可以了解到如何选择适合自己的计算机和相关软件，以便更好地满足自己的需求并提高工作效率。

（一）实施思路

（1）工具准备。

（2）拆卸主机箱。

（3）组装计算机。

（4）计算机配置方案。

（二）实施步骤

1. 工具准备

准备以下工具：有磁性的十字螺丝刀、一字螺丝刀、尖嘴钳、镊子等工具，如图1.3.1所示。

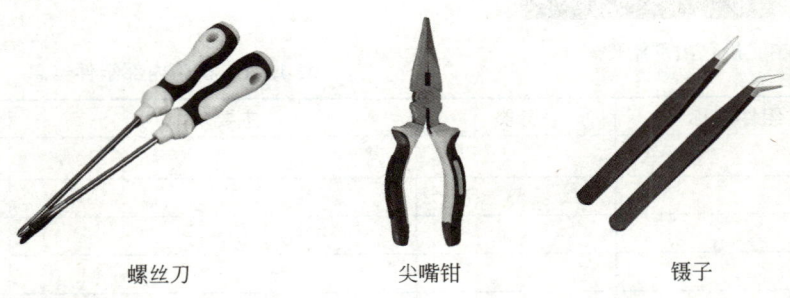

螺丝刀　　　　　　尖嘴钳　　　　　　镊子

图1.3.1　准备工具

> ⚠ 注意事项
> ① 禁止带电操作。
> ② 做好静电防护。
> ③ 轻放所有部件，不允许叠放。
> ④ 拆装主机箱时，注意工具的使用安全。

2. 拆卸主机箱

1）计算机基本组成

台式计算机主要包括主机箱、显示器、键盘、鼠标和音箱等部件。从外观上看，这些部件组合在一起，构成了台式计算机，如图1.3.2所示。

鼠标和键盘均属于输入设备，其中键盘主要负责字符的输入，而鼠标则主要用于图形输入。这些设备在人与计算机之间的交互中起到关键作用，它们将指令和信息传输到计算机中。

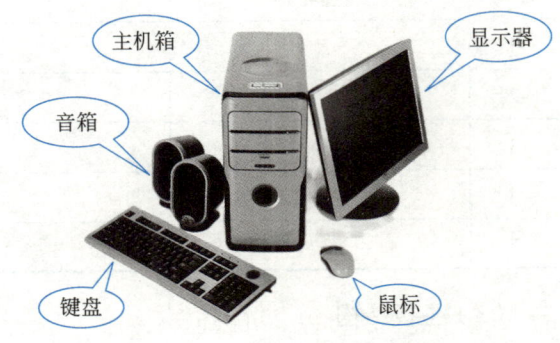

图1.3.2　计算机组成

显示器和音箱属于输出设备，它们在人与计算机之间的交互中扮演着重要角色。这些设备主要用于数据的输出，将计算机的各种计算结果以数字、字符、图像、声音等形式传达给我们。

（1）主机

主机是计算机硬件系统的核心，其外部设有机箱，主要用于固定和保护各计算机配

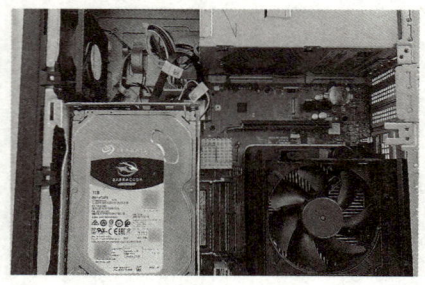

图 1.3.3 机箱内部组件

件,并发挥承载作用。此外,计算机机箱还具有屏蔽电磁辐射的重要功能。高配机箱还具有防辐射、防尘、加强散热、静音等多重功能。

打开机箱面板,如图 1.3.3 所示,根据小组观察和信息化手段,将机箱内部硬件名称、主要功能及品牌等信息填入表 1.3.1 中。

表 1.3.1 机箱内部组件信息

序号	组件名称	分类	主要功能	品牌
1				
2				
3				
4				
5				
6				

(2)机箱内部线缆

以小组为单位,通过信息化手段进行分工合作,查找资料并找出以下内部线缆:总电源线、中央处理器(central processing unit,CPU)风扇电源线、硬盘电源线、主板电源线、电源指示灯线、硬盘数据线、集成开发环境(integrated development environment,IDE)数据线。同时,对各线缆的颜色组合进行观察,做好相关记录,并将这些信息拍照保存。最后,将相关信息填入表 1.3.2 中。

表 1.3.2 机箱内部线缆信息

序号	线缆名称	主要作用
1		
2		
3		
4		
5		

(3)主板结构

借助信息化手段,小组内成员分工合作,以计算机实物为参考,查找主板内部的主要功能块及接口的相关资料。请参考图 1.3.4,对每个功能块进行拍照并保存,同时将相关信息填入表 1.3.3 中。

图 1.3.4 主板

表 1.3.3　主板模块信息

序号	模块名称	分类	主要功能
1			
2			
3			
4			
5			

> **知识拓展**
>
> ① 主板分为多个功能块，一般由以下几部分组成：CPU 插座、扩展插槽、高速缓存、总线、外部接口、时钟、基本输入输出系统（basic input output system, BIOS）芯片和控制芯片。
>
> ② 主板芯片组一般由两个超级大规模集成电路组成，按照它们在主板的不同位置，通常把两个芯片分别称作南桥（south bridge）和北桥（north bridge）。其中北桥芯片提供了对 CPU、内存、显卡等高速部件的支持，南桥芯片则提供了对键盘、串行口、并行口、USB 接口及磁盘驱动器等接口的支持。大家试试在主板中能否准确找出南北桥的位置。

图 1.3.5　机箱背面

（4）机箱外部接口

请各小组利用信息化手段，查找主机箱的外部接口信息，如图 1.3.5 所示。请将每个外部接口进行拍照并保存，并将相关信息填入表 1.3.4 中。

表 1.3.4　机箱外部接口信息

序号	接口名称	主要作用
1		
2		
3		
4		
5		
6		

2）拆卸硬盘

（1）首先确定硬盘在设备中的具体位置，并采取拍照的方式进行记录和保存。同时，对计算机配置的硬盘型号、容量大小及品牌信息进行详细记录。

（2）利用搜索引擎查找目前主流硬盘品牌有哪些（至少列出 5 种），硬盘容量大小分类，根据不同接口分为哪几种硬盘，根据转速不同分为哪几种硬盘，硬盘的主要功能是什么。用常见的思维导图工具，将查找到的信息整理归纳，然后将最终信息填入表 1.3.5 中。

表 1.3.5　硬盘信息

序号	型号	容量	接口类型	传输速率	转速	品牌
1						
2						
3						
4						
5						

（3）拆卸外壳。按照品牌和型号对应的操作规程进行计算机外壳的拆卸。一般情况下，计算机外壳上会有一个特定的螺丝钉，使用螺丝刀将其拧开，随后轻轻取下外壳。

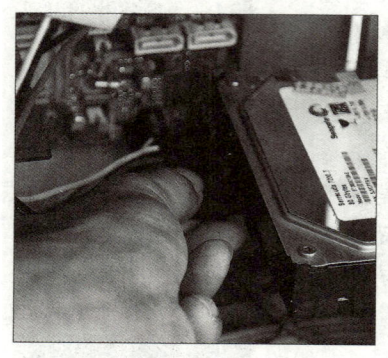

图 1.3.6　拔掉电源线

（4）拔掉电源线。在移除计算机外壳后，可以看到硬盘的数据线和电源线。为了便于进一步拆卸硬盘，需要轻轻地将这些线拔出。在此过程中，务必小心谨慎，防止因用力过度导致线缆断裂，如图 1.3.6 所示。

（5）拆卸螺钉。完全拔出电缆，可以看到硬盘的实体部分。此硬盘有两个金属支架，这些支架被牢固地连接到硬盘上。使用螺丝刀将支架上的螺钉拧松，即可将这些支架拆下。

（6）取出硬盘。在拆卸普通台式计算机的硬盘时，首先要移除固定硬盘的螺钉，然后，通过从硬盘的前面向外轻轻地推动硬盘，即可将其从计算机中取出。

⚠ 注意事项

① 禁止带电操作。
② 做好静电防护，使用工具接触硬盘时尽量使用塑料或橡胶等不会导电的材质。
③ 在卸下硬盘之前，做好数据备份，以便发生问题时，可以随时恢复数据。
④ 硬盘本身是一种非常敏感的电子设备，卸下时，应该轻拿轻放。

3）拆卸内存条

（1）找到内存条的位置并拍照保存，同时记录该计算机所使用的内存条型号。

（2）对主流内存条品牌、容量、类型、频率、工作电压等信息进行搜索，并利用思维导图工具进行整理和归纳，将所得数据填入表 1.3.6 中。

表 1.3.6　内存条信息

序号	类型	容量	频率	品牌	工作电压
1					
2					
3					
4					
5					

（3）先用大拇指将内存条左右两侧的两个固定销垂直扳开至与主板呈 45° 角，然后轻轻按下卡扣，听到"哒"的一声响后，表示内存条已经完全弹出。在此过程中，应避免使用蛮力拔出内存条。

（4）将内存条从机箱内部取出，并放置在防静电的桌面上，如图 1.3.7 所示。

图 1.3.7　取出内存条

⚠ 注意事项

在插拔过程中一定要仔细观察，很多连接口都有防反插装置，不要使用蛮力。

4）拆卸 CPU

（1）找到 CPU 的位置，并进行拍照保存。同时，记录该计算机使用的 CPU 型号、品牌等相关信息。

（2）使用搜索引擎查询目前主流的 CPU 品牌（至少查询 5 个不同的品牌），将每个 CPU 品牌的主频、二级缓存、内核数、线程和接口等信息填入表 1.3.7 中。为了更直观地了解和比较不同品牌 CPU 的主要性能指标，可以使用思维导图工具进行整理和归纳，从而更好地选择满足需求的 CPU。

表 1.3.7　CPU 信息

序号	品牌	主频	二级缓存	内核数	线程	CPU 接口
1						
2						
3						
4						
5						

（3）拔下 CPU 风扇电源线，并将 CPU 风扇从主板上的 CPU 插槽移除。通常 CPU 风扇是安装在 CPU 散热片上的，而散热片通过中间的一条弹簧杆紧扣在 CPU 插槽上。因此，只需扳动弹簧杆就能将带有风扇的散热片取下。

图 1.3.8　拆卸 CPU

（4）将 CPU 插槽旁边的弹簧杆向上提起，使其与主板垂直。然后抓住 CPU 的两侧，轻轻地将 CPU 从插槽中取出。最后，将 CPU 平稳地放置在防静电桌面上，如图 1.3.8 所示。

⚠ 注意事项

在拆装 CPU 的时候，做好防静电措施，垂直轻拿轻放。CPU 组装时要注意方向，切忌使用蛮力按压。

5）拆卸机箱电源

（1）对电源位置进行观察，并拍照保存。同时记录该计算机所使用的电源型号、品牌等相关信息。

（2）通过搜索引擎查询至少5个不同品牌的台式计算机电源型号、输出电压、输出功率、品牌等主要信息，并使用常见的思维导图工具进行整理归纳。将查询到的信息填入表1.3.8中。

表 1.3.8　电源信息

序号	品牌	电源型号	输出电压	输出功率
1				
2				
3				
4				
5				

（3）为确保安全，应先切断电源，以防止触电事故。然后将连接到主板上的所有电源线逐一拔掉。

（4）使用螺丝刀拆下机箱电源的固定螺丝，然后从机箱内部将电源取出，如图1.3.9所示。

> ⚠ **注意事项**
>
> 非专业人员不要打开电源盒，以防不测。

图 1.3.9　机箱电源

6）绘制拆卸流程图

各小组需依据主机箱的拆卸顺序，绘制出相应的拆卸流程图并在《计算机认知报告》中展示。

3. 组装计算机

（1）机箱内各硬件的安装过程、电源线和数据线的安装过程，是按照拆卸的反向顺序进行的。具体安装顺序不作硬性规定，只要能成功将主机箱组装完成，即视为任务完成。

（2）各小组需要按照主机的组装顺序，绘制详细的组装流程图并在《计算机认知报告》中展示。

> ⚠ **注意事项**
>
> 使用正确的安装方法，不可粗暴安装。在组装过程中，安插各线缆时注意观察插口的防反插装置，不要使用蛮力。

4. 计算机配置方案

经过对计算机各配件的学习，我们已经掌握了一些必备的计算机常识。现在，以小组为单位，根据约为5000元人民币的预算，完成表1.3.9中的计算机配置清单。

表 1.3.9　5000 元计算机配置清单

配　件	规　格　型　号	单价 / 元
CPU		
主板		
内存		
硬盘		
显卡		
机箱		
电源		
声卡		
散热器（风扇）		
键鼠套装		
音箱		
合计		

（三）思考总结

各小组完成主机箱硬件的拆卸与组装，并以小组为单位制作一份《计算机认知报告（初稿）》。自行查证《计算机认知报告》的准确性，整理其结构和内容。

二、认知操作系统

组装完计算机后，我们需要安装一个操作系统才能正常使用。操作系统是计算机软硬件的接口，提供了用户与计算机之间的交互，使用户能够进行各种操作，如运行程序、访问文件和上网等。常见的操作系统有 Windows、macOS 和 Linux 等。

本节以在 VMware 虚拟环境下安装 Windows 11 操作系统为例，详细介绍操作系统的安装方法、如何创建硬盘分区及如何安装常用的办公软件等。

（一）实施思路

（1）准备工作。

（2）安装系统。

（3）Windows 11 操作系统基础操作。

（二）实施步骤

1. 准备工作

在进行系统安装前，需要确保已准备以下软件包。

（1）VMware 17 安装包。打开 VMware 官网，找到并下载 Workstation 17 Pro for Windows，如图 1.3.10 所示。

图 1.3.10　VMware 下载界面

> 知识拓展
>
> ① VMware 虚拟机软件是一个"虚拟 PC"软件，可以实现在一台计算机上同时运行两个或更多 Windows、DOS、LINUX 系统。
>
> ② 虚拟机是指通过软件模拟的具有完整硬件系统功能的、运行在一个完全隔离环境中的完整计算机系统，在实体计算机中能够完成的工作在虚拟机中都能够实现。

（2）Windows 11 安装包。在 Windows 官网搜索下载 Windows 11 64 位专业版的光盘镜像文件，如图 1.3.11 所示。

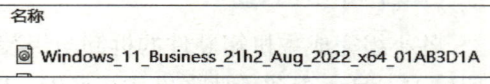

图 1.3.11　Win 11 安装包

2. 安装系统

1）VMware 虚拟机安装

（1）在成功下载软件后，请将其放置在指定的目录中，然后双击安装，如图 1.3.12 所示。

图 1.3.12　VMware 安装向导

（2）请单击"下一步"按钮，阅读并接受许可协议条款。然后选择VMware的安装位置，建议自定义安装位置，单击"更改"按钮即可选择自己想要安装的位置，且取消勾选复选框。最后单击"下一步"按钮继续安装，如图1.3.13所示。

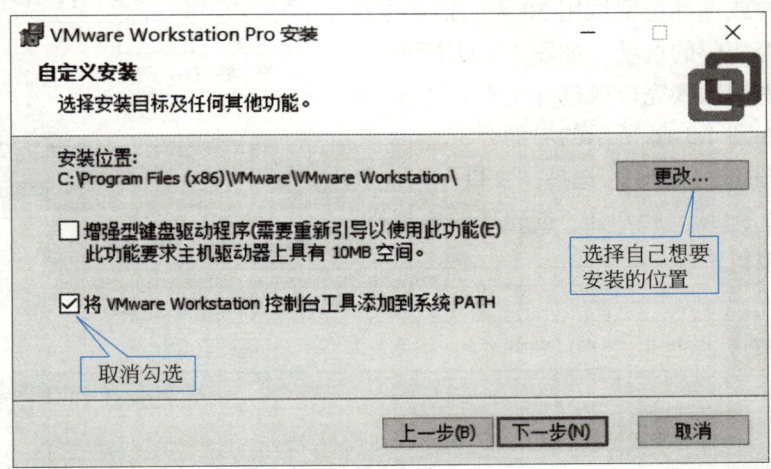

图 1.3.13　选择安装位置

> ⚠ 注意事项
>
> 计算机应用软件安装的位置默认为C盘，可根据自己硬盘空间修改安装路径。应用软件安装过多，会导致C盘磁盘空间紧张。

（3）在启动时，可以跳过"启动时检查产品更新"和"加入VMware客户体验提升计划"的步骤。取消勾选这两个选项，然后单击"下一步"按钮。接下来，只需等待安装完成，如图1.3.14所示。

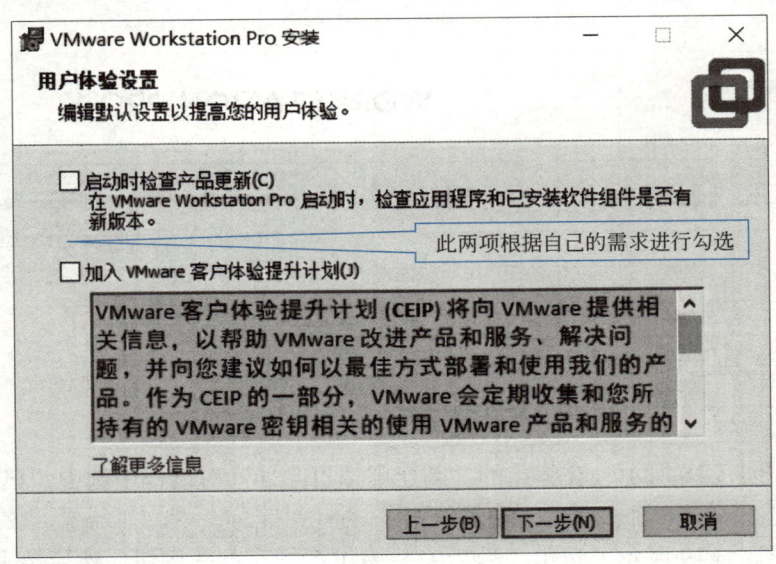

图 1.3.14　用户体验设置

2）VMware 虚拟机设置

（1）成功安装 VMware 软件后，在桌面上双击 VMware 图标，系统会提示输入密钥以便使用正版软件或选择免费试用 30 天。请根据自己的需求选择相应的选项，如图 1.3.15 所示。

（2）在密钥输入完成或选择免费试用 30 天后，将进入如图 1.3.16 所示的界面。

（3）如图 1.3.17 所示，选择"文件"→"新建虚拟机"命令，或直接单击"创建新的虚拟机"按钮创建虚拟机。

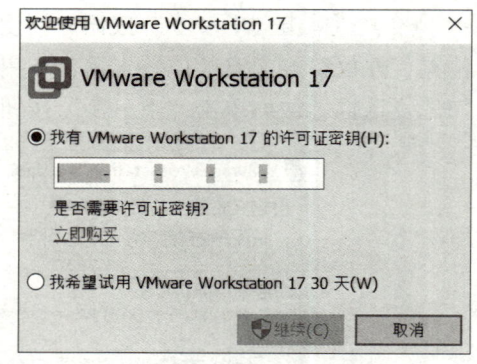

图 1.3.15　输入密钥

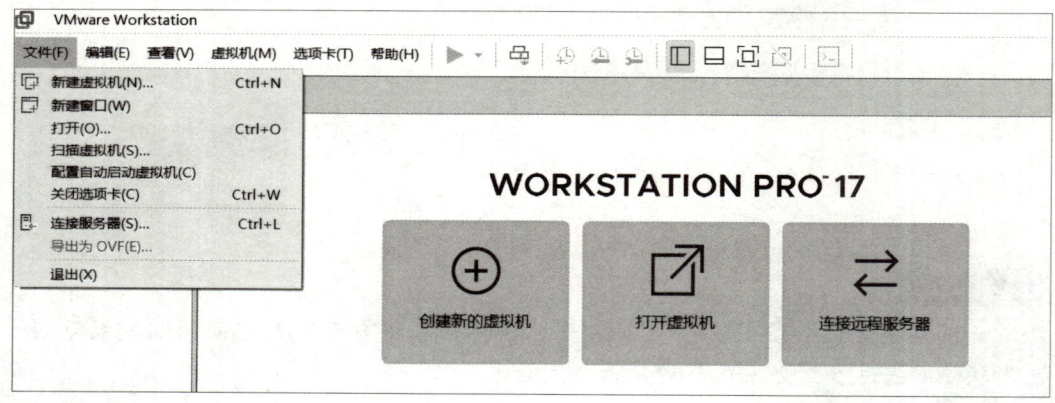

图 1.3.16　VMware 打开界面

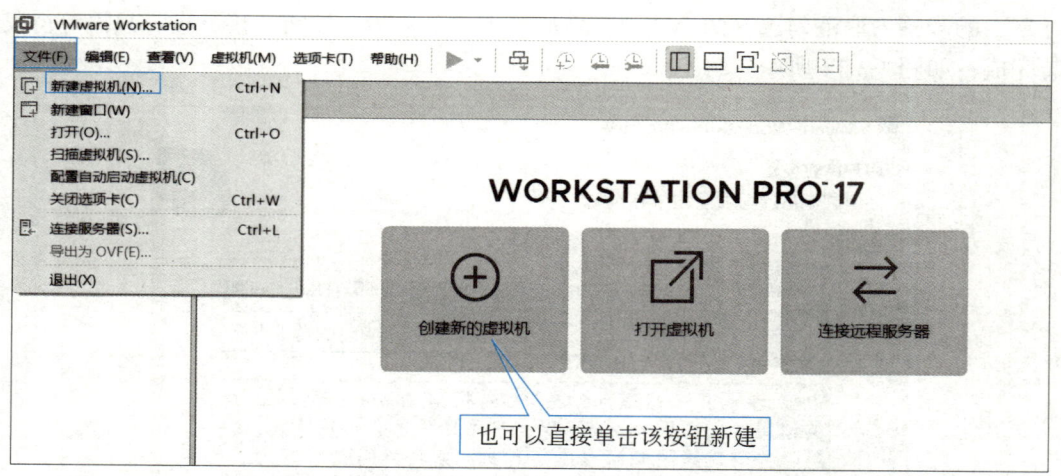

图 1.3.17　新建虚拟机（1）

（4）如图 1.3.18 所示，在弹出的"新建虚拟机向导"对话框中选中"典型（推荐）"单选按钮，然后单击"下一步"按钮。

（5）如图 1.3.19 所示，选中"稍后安装操作系统"单选按钮，然后单击"下一步"按钮。

项目一 初识

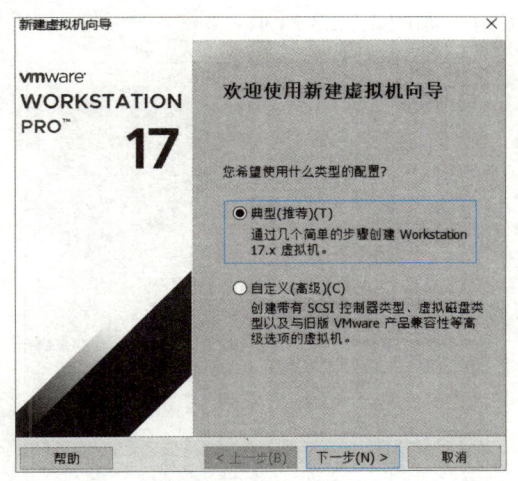

图 1.3.18　新建虚拟机（2）

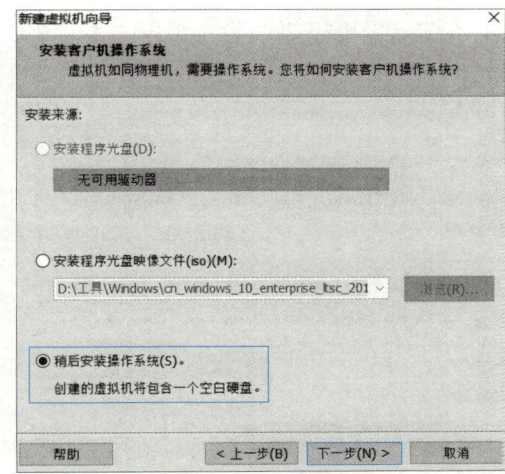

图 1.3.19　新建虚拟机（3）

（6）如图 1.3.20 所示，在客户机操作系统的选项中，选择 Microsoft Windows 作为客户机的操作系统。为了确保计算机能够高效运行，建议选择 Windows 11×64 版本。在完成选择后，单击"下一步"按钮。

（7）合理修改虚拟机名称和位置。为了确保稳定运行，位置应尽量选择剩余空间较大的盘符中的路径，如图 1.3.21 所示，选择"E:\虚拟机\Windows 11×64"。设定完毕后单击"下一步"按钮。

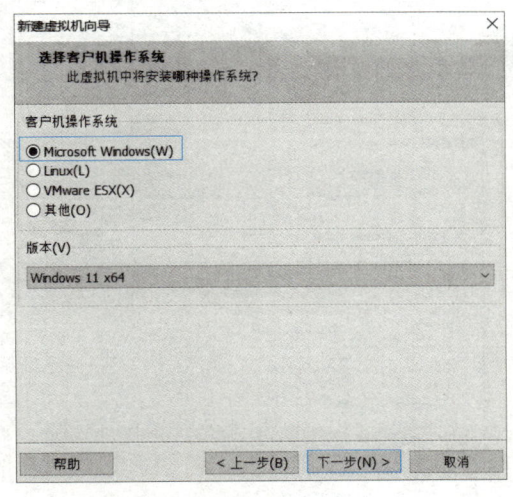

图 1.3.20　新建虚拟机（4）

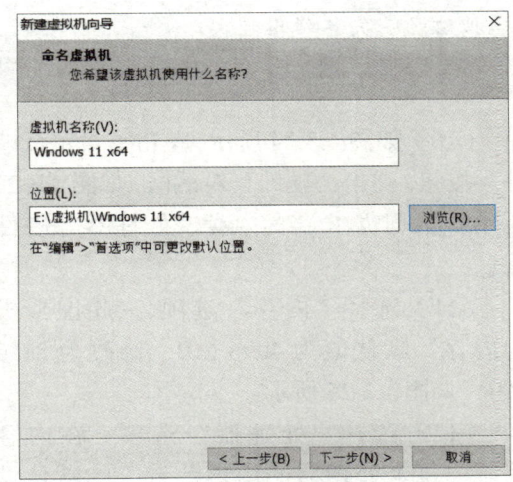

图 1.3.21　新建虚拟机（5）

（8）在选中"只有支持 TPM 所需的文件已加密"单选按钮的情况下，单击"生成"按钮生成密码。同时勾选"在此计算机上的凭据管理器中记住密码"复选框。然后单击"下一步"按钮，如图 1.3.22 所示。

（9）将"最大磁盘大小"更改为"100GB"（实际容量不会占用这么大，此处设置略大一点，即使超过可用空间也不影响虚拟机的使用）。同时选中"将虚拟磁盘拆分成

25

多个文件"单选按钮，然后单击"下一步"按钮，如图 1.3.23 所示。

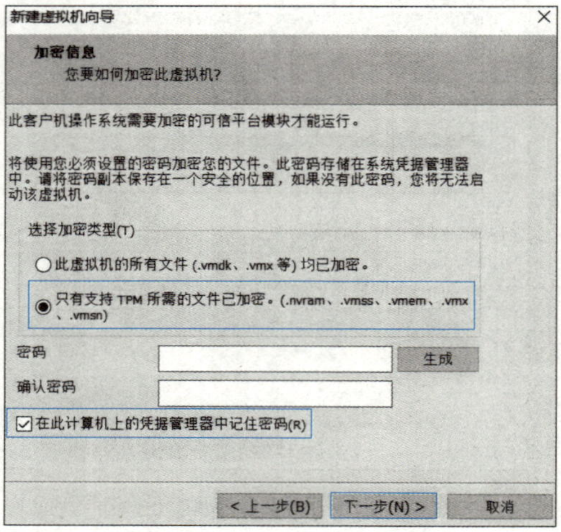

图 1.3.22 新建虚拟机（6） 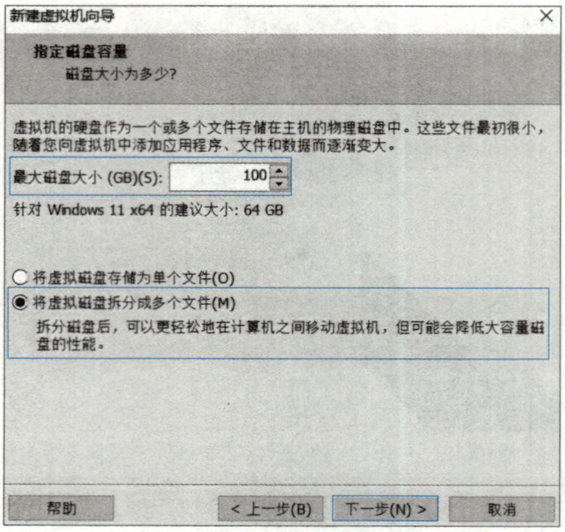　　　　　图 1.3.23 新建虚拟机（7）

> **知识拓展**
>
> VMware 虚拟机应储存为单个文件，还是储存为多个文件？
>
> 【解答】应储存为多个文件，原因如下。
>
> ① 单个文件：单个文件占用的是磁盘上的某一连续区域，缺点是由于读取速度快、占用内存大，容易造成系统负载大；另一个缺点是如果单文件受损，相当于整个虚拟磁盘丢失，代价较大。
>
> ② 多个文件：多个文件分散在各个扇区，读取速度一般，但是占用内存小。

（10）如图 1.3.24 所示，单击"自定义硬件"按钮，弹出"硬件"对话框，如图 1.3.25 所示，根据需求设置内存、处理器等硬件信息。

（11）选择"内存"选项，"此虚拟机的内存"默认值为 4096 MB，修改为 8192 MB，如图 1.3.25 所示。

（12）选择"处理器"选项。在内容区域"每个处理器的内核数量"的默认设置值为 1。此处将其修改为 4，如图 1.3.26 所示。

（13）选择"网络适配器"，"网络连接"默认是"NAT 模式"，修改为"桥接模式"，并且勾选"复制物理网络连接状态"复选框，如图 1.3.27 所示。

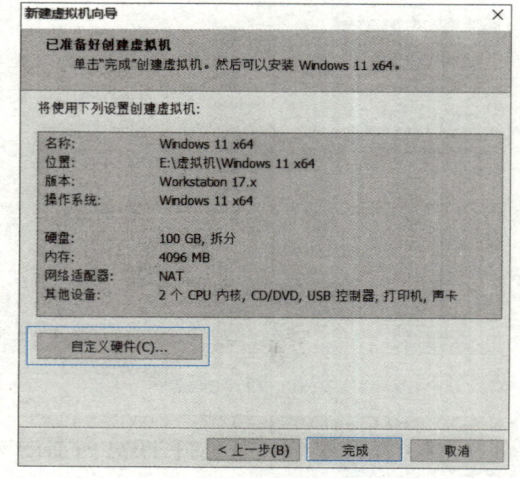

图 1.3.24 新建虚拟机（8）

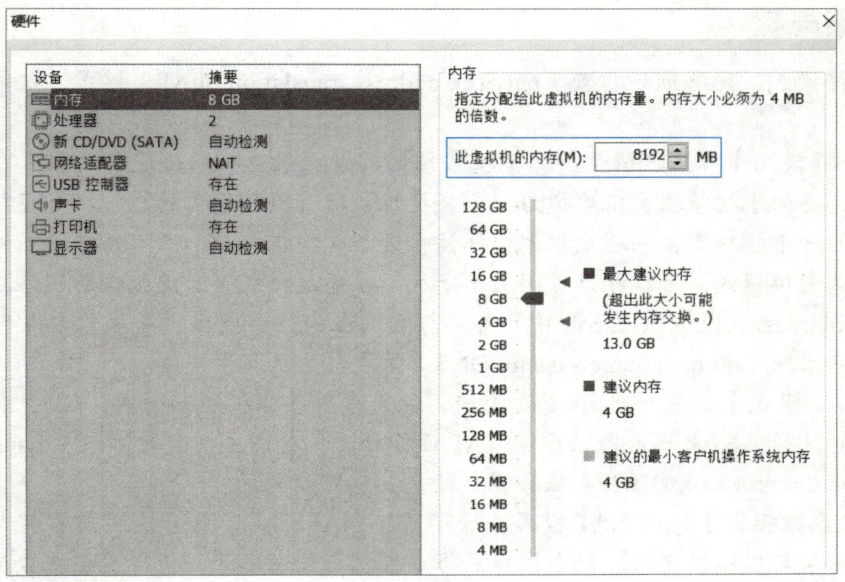

图 1.3.25　修改内存信息

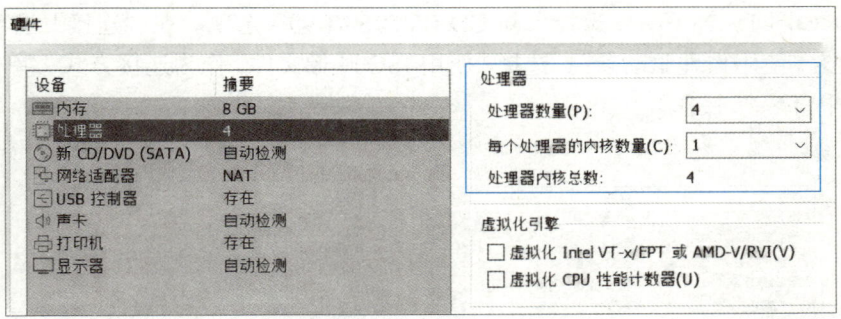

图 1.3.26　修改处理器信息

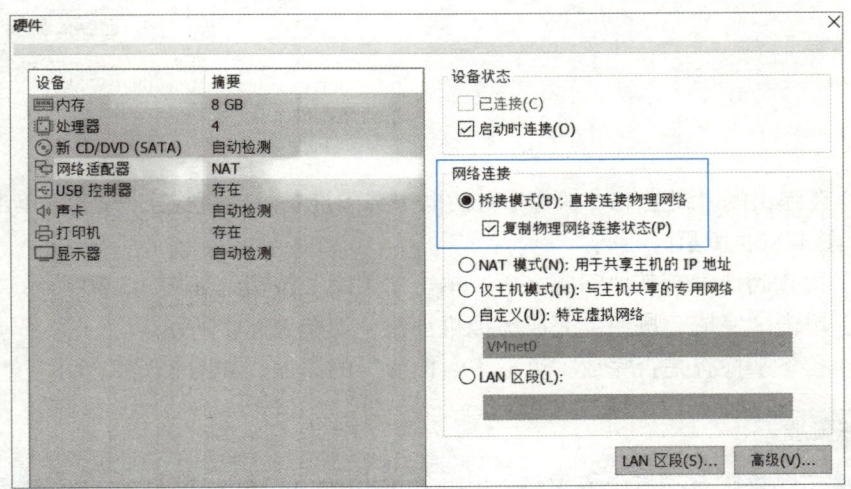

图 1.3.27　修改网络适配器信息

知识拓展

桥接模式、网络地址转换（network address translation, NAT）模式、仅主机模式的区别。

【桥接模式】将主机网卡与虚拟机虚拟的网卡利用虚拟网桥进行通信。在桥接的作用下，类似于把物理主机虚拟为一个交换机，所有桥接模式的虚拟机都连接到这个交换机的一个接口上，物理主机也同样插在这个交换机当中，所有桥接下的网卡与网卡间都是交换模式，可以相互访问而不干扰。在桥接模式下，虚拟机的网络互联协议地址（internetworking protocol, IP）需要与主机在同一个网段，如果需要联网，则网关与域名系统（domain name system, DNS）需要与主机网卡一致。

【NAT模式】如果网络 IP 资源紧缺，但又希望虚拟机能够联网，这时 NAT 模式是最好的选择。NAT 模式借助虚拟 NAT 设备和虚拟动态主机配置协议（dynamic host configuration protocol, DHCP）服务器，使虚拟机可以联网。

【仅主机模式】就是 NAT 模式去除了虚拟 NAT 设备，然后使用虚拟网卡连接虚拟交换机来与虚拟机通信。仅主机模式将虚拟机与外网隔开，使得虚拟机成为一个独立的系统，只与主机相互通信。

（14）如图 1.3.28 所示，选择"新 CD/DVD(SATA)"选项。在"连接"选项区域中，默认设置为"使用物理驱动器"。选择"使用 ISO 映像文件"作为连接方式。单击"浏览"按钮，进行下一步操作。

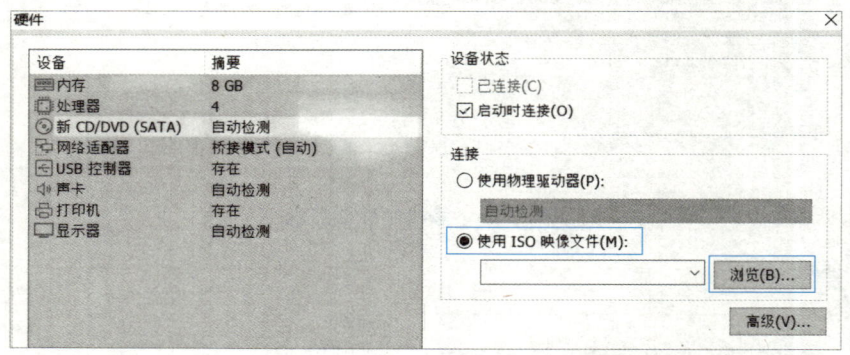

图 1.3.28　设置镜像文件路径

（15）在弹出的"浏览 ISO 映像"对话框中选中准备好的镜像文件，然后单击"打开"按钮，如图 1.3.29 所示。

（16）检查确认没有其他问题之后，单击"关闭"按钮，如图 1.3.30 所示。

（17）单击"完成"按钮，完成虚拟机创建，如图 1.3.31 所示。

（18）接下来检查是否完成"可信平台模块"的添加，如图 1.3.32 所示。

知识拓展

信赖平台模组或可信平台模组（trusted platform module, TPM）：是一项安全密码处理器的国际标准，旨在使用装置中整合的专用芯片，可以处理装置中的加密密钥。

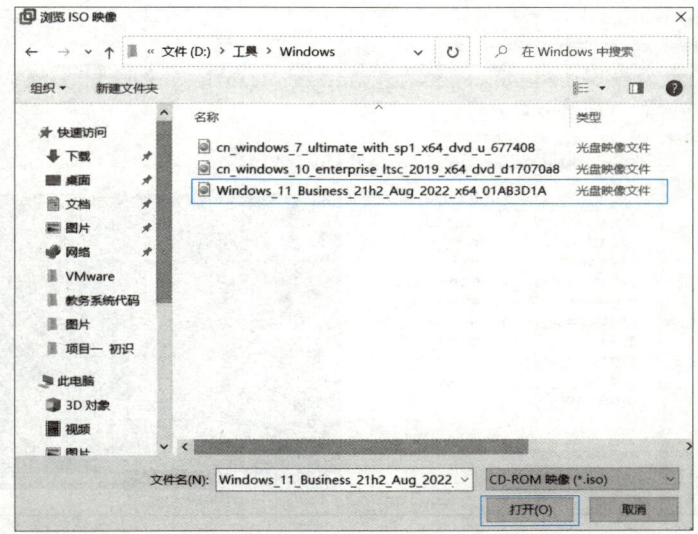

图 1.3.29 镜像文件（1）

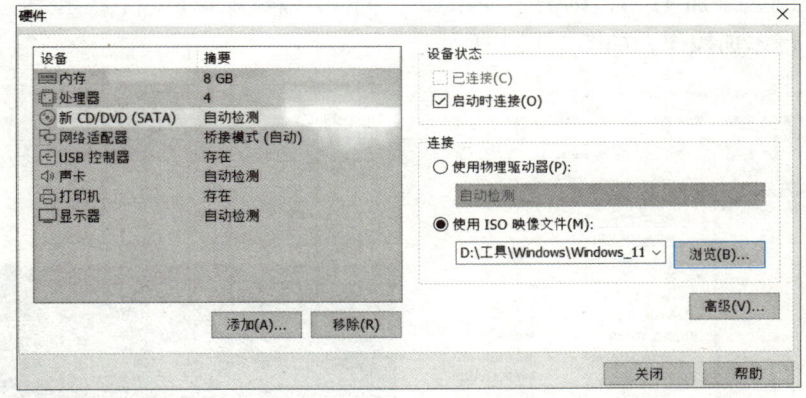

图 1.3.30 镜像文件（2）

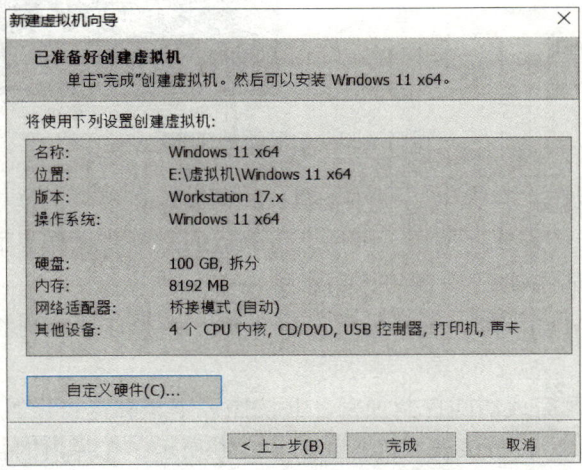

图 1.3.31 完成虚拟机创建

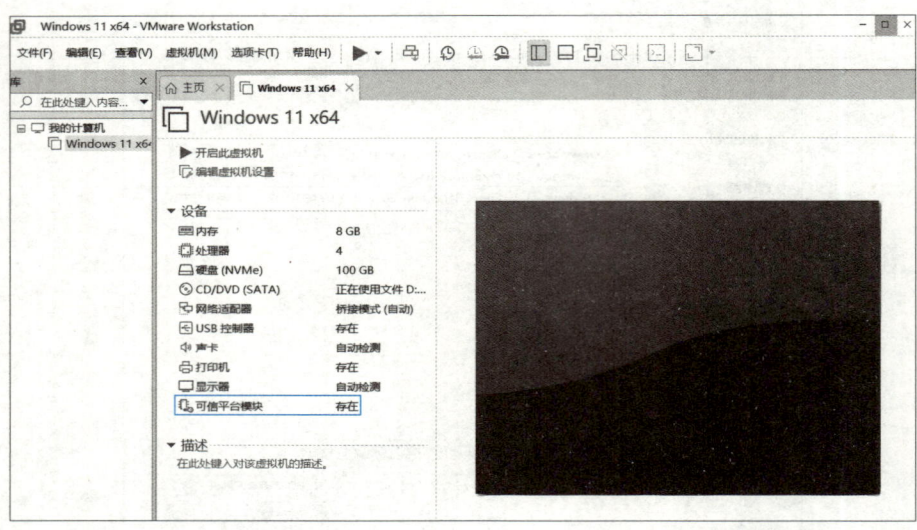

图 1.3.32　已添加 TPM

如果发现未添加 TPM，则需手动添加。单击"编辑虚拟机设置"按钮进入相关设置页面，进行添加操作，如图 1.3.33 所示。

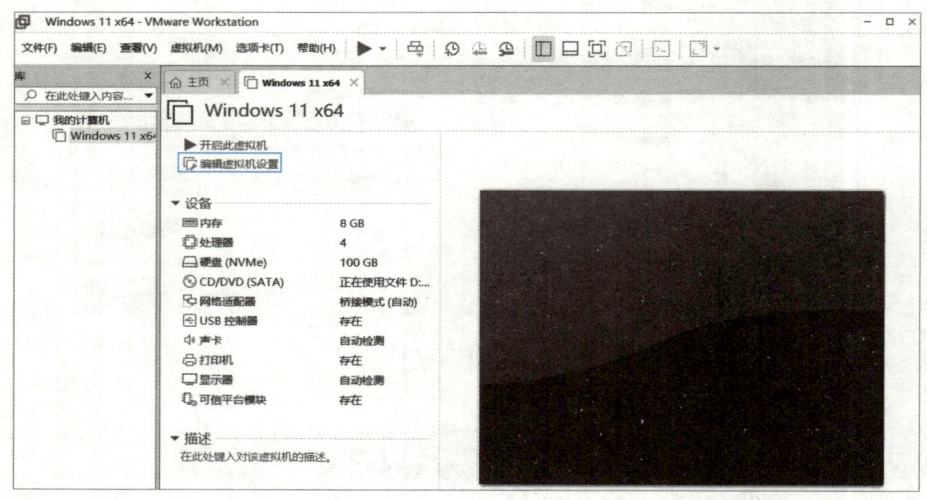

图 1.3.33　手动添加 TPM

单击"添加"按钮，会弹出"硬件类型"对话框。在该对话框中，选择"可信平台模块"选项，并单击"完成"按钮。随后，自动返回上一步操作界面并单击"确定"按钮，即可完成 TPM 的添加，如图 1.3.34 所示。

如果未完成 TPM 的添加，则在后续安装 Windows 操作系统时将出现错误提示，如图 1.3.35 所示。

（19）检查是否已完成访问控制加密，并按照以下步骤进行设置。

①在左侧列表中，右击该虚拟机，如图 1.3.36 所示，在弹出的快捷菜单中选择"设置"命令。

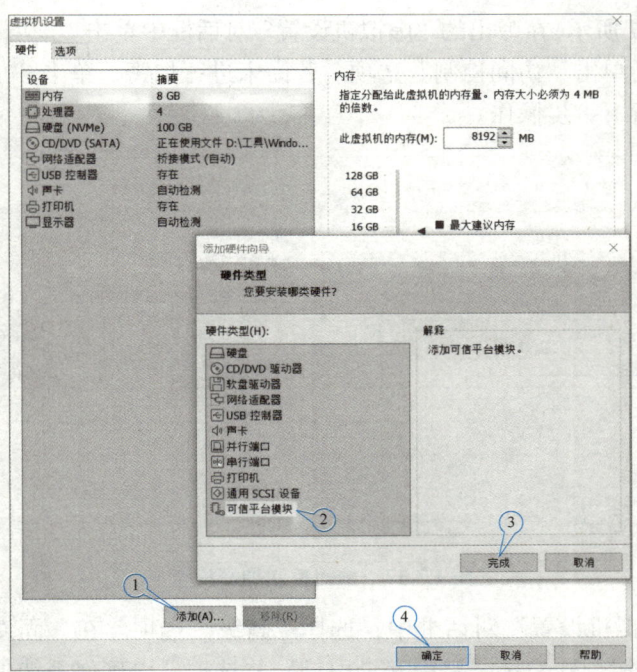

图 1.3.34 添加 TPM

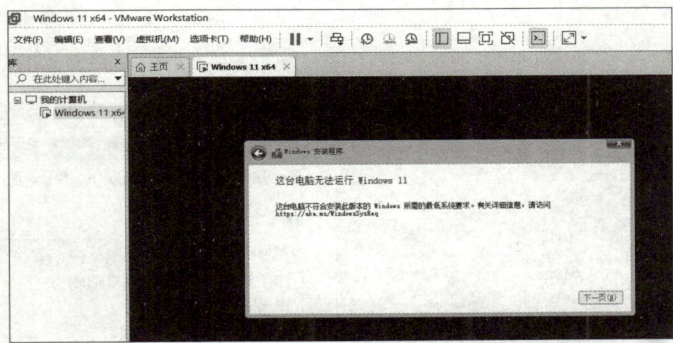

图 1.3.35 未添加 TPM 报错

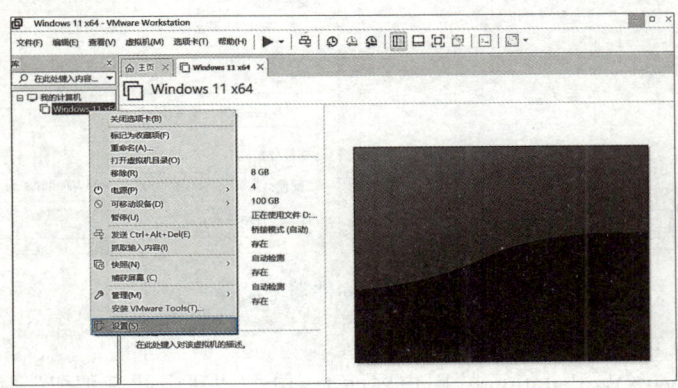

图 1.3.36 访问控制加密检查

② 如图 1.3.37 所示,在弹出的"虚拟机设置"对话框中单击"选项"标签切换至"选项"选项卡,然后单击"访问控制"选项。若尚未进行加密,单击"加密"按钮。若加密已完成,则进行下一步操作。

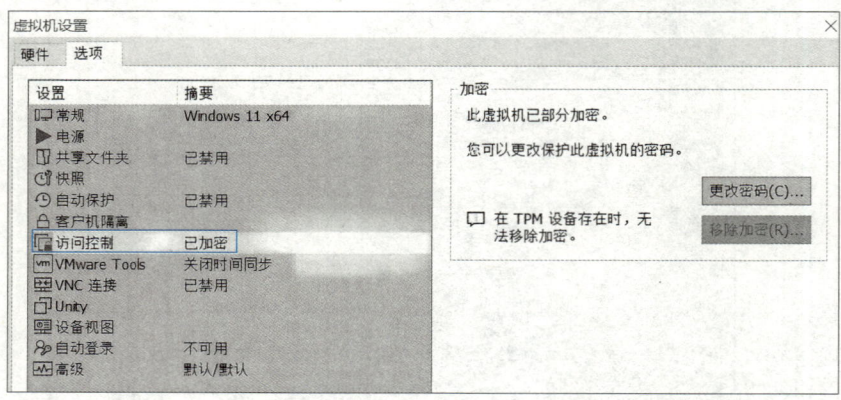

图 1.3.37 访问控制加密检查

(20)在"虚拟机设置"对话框中,选择"高级"选项。在"固件类型"选项区域选中 UEFI 单选按钮。并勾选"启用安全引导"复选框,以确保系统的启动安全性,如图 1.3.38 所示。

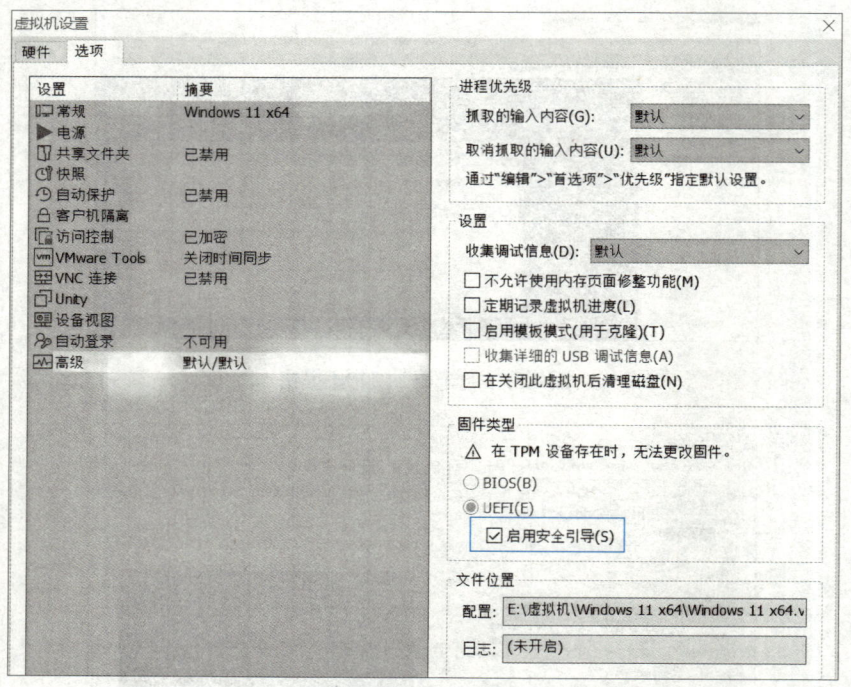

图 1.3.38 固件类型设置

3) Windows 11 系统安装

(1) 在 VMware Workstation 的用户界面上,单击"开启此虚拟机"按钮,如图 1.3.39 所示。

项目一 初识

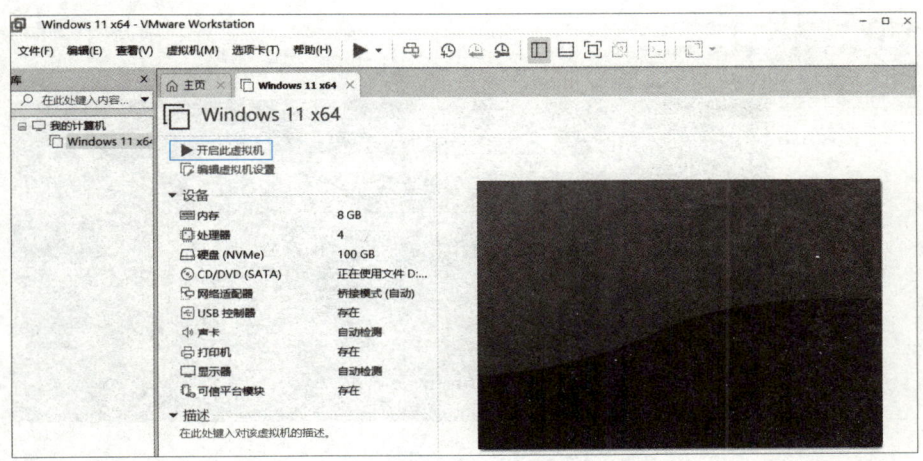

图 1.3.39 开启虚拟机

（2）当出现图 1.3.40 界面时，立即按任意键启动安装程序。

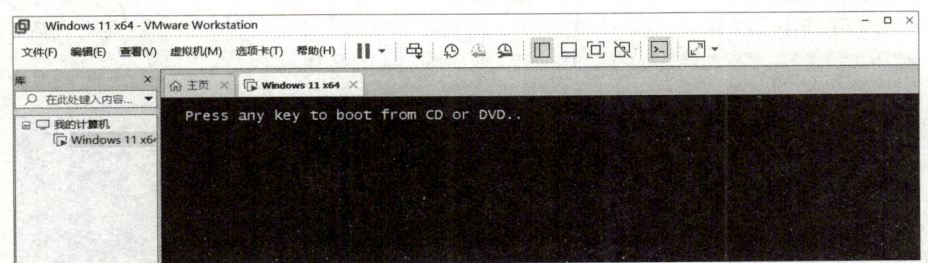

图 1.3.40 按任意键启动系统安装

（3）在安装文件加载完成后，系统将自动跳出如图 1.3.41 所示的对话框，单击"下一页"按钮。

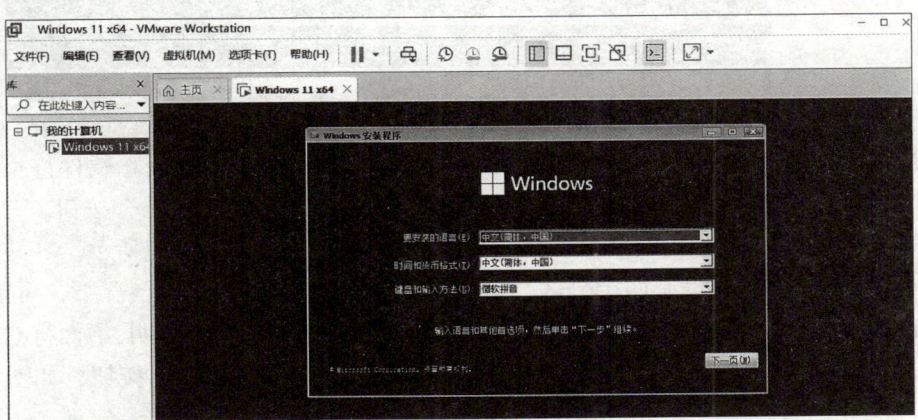

图 1.3.41 Windows 安装界面（1）

（4）如图 1.3.42 所示，单击"现在安装"按钮，随后进入下一步安装界面。

33

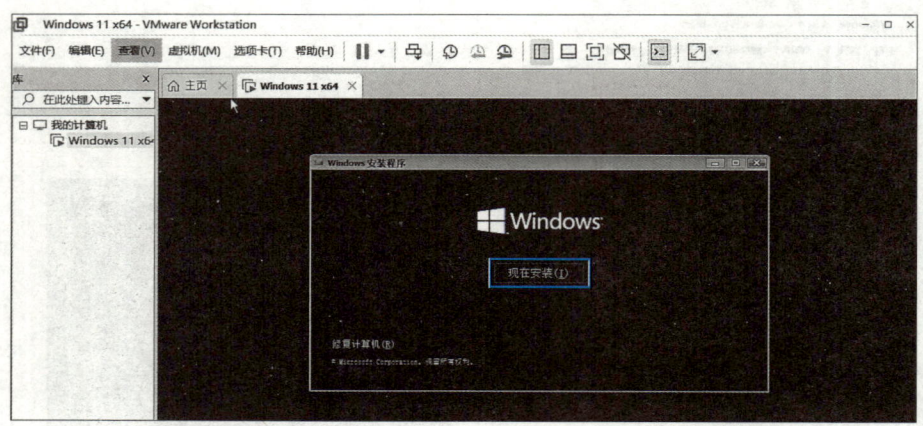

图 1.3.42　Windows 安装界面（2）

（5）在系统选择界面可以选择想要安装的 Windows 版本。以安装 Windows 11 教育版为例，选中 Windows 11 专业版后，单击"下一页"按钮，如图 1.3.43 所示。

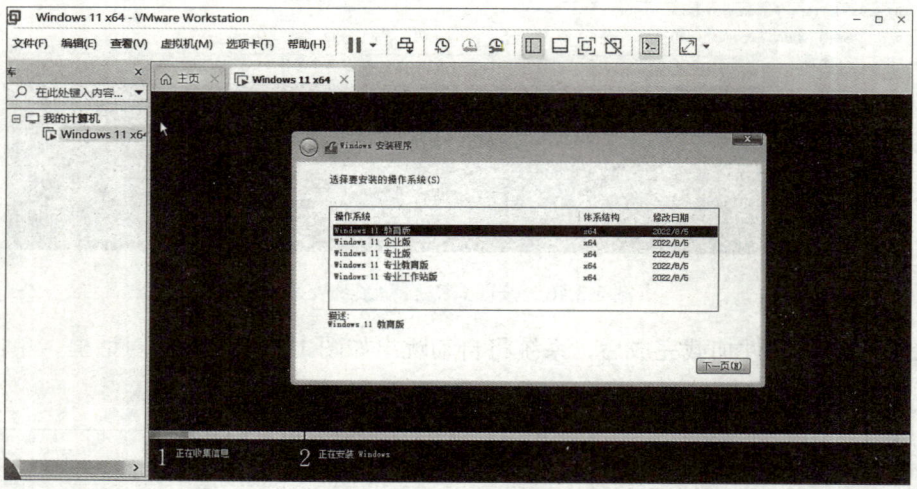

图 1.3.43　选择安装 Windows 系统版本

（6）如图 1.3.44 所示，在弹出的对话框中勾选"我接受 Microsoft 软件许可条款。如果某组织授予许可，则我有权绑定该组织。"复选框，单击"下一页"按钮。

（7）选择"自定义：仅安装 Windows（高级）"选项，如图 1.3.45 所示。

（8）硬盘分区。假设有两个分区，分别是 C 盘和 D 盘。在真实情况下，可能需要根据自己的需求来决定分区个数和每个分区的具体容量。为了方便说明，下面将 C 盘（系统盘）的容量设定为 60GB，D 盘的容量设定为 40GB，单击"新建"按钮，如图 1.3.46 所示。

（9）输入"61440MB"（即 60 GB=60×1024 MB = 61440 MB），然后单击"应用"按钮，如图 1.3.47 所示。

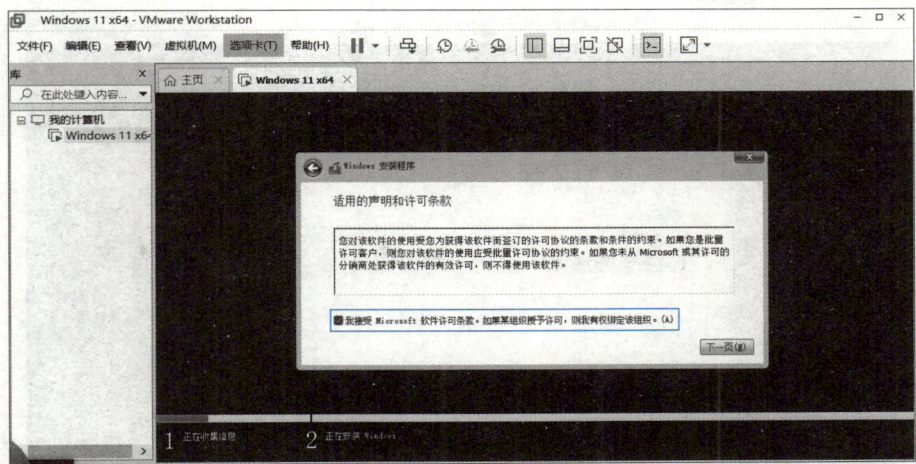

图 1.3.44 选择接受许可

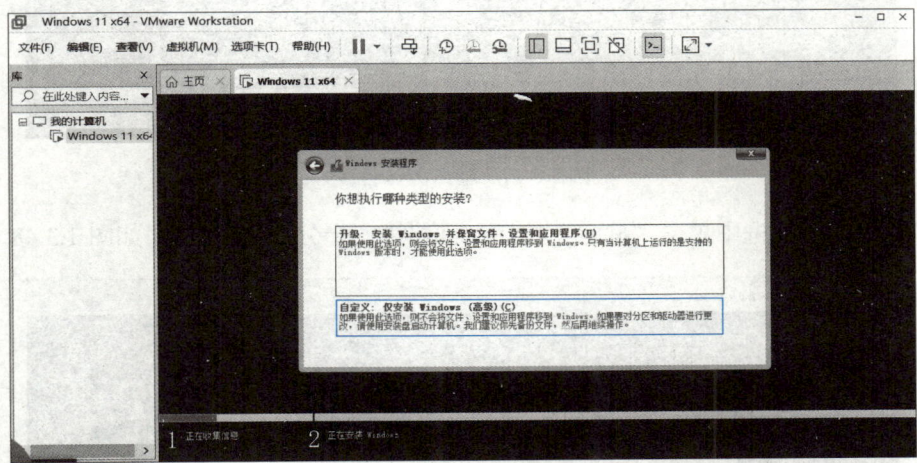

图 1.3.45 选择安装类型

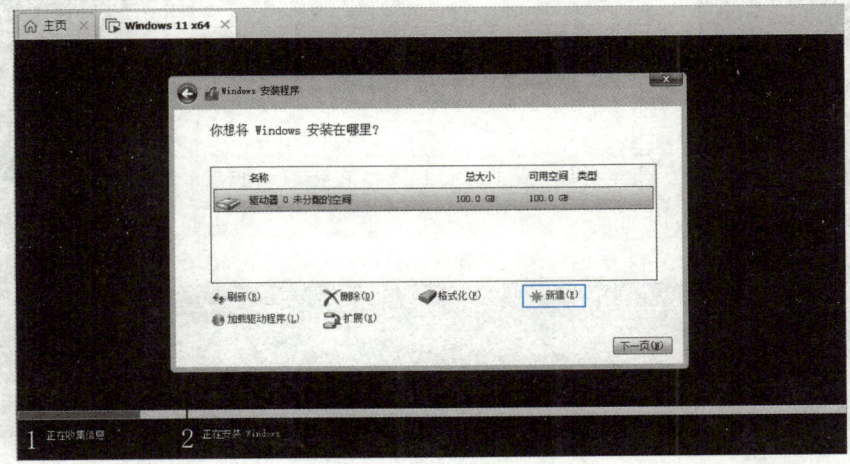

图 1.3.46 新建分区

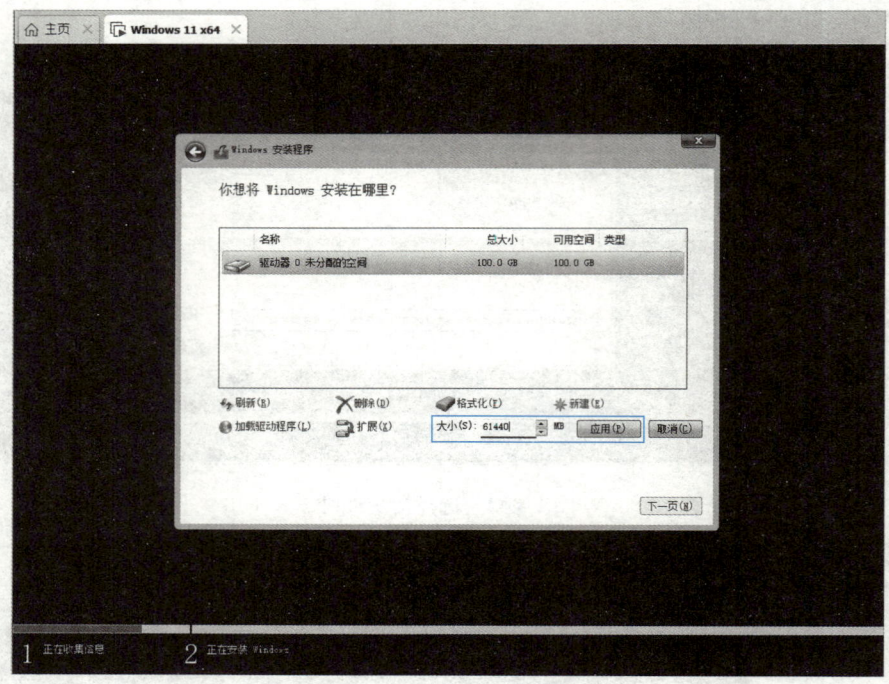

图 1.3.47 输入分区容量

在弹出的对话框中单击"确定"按钮,创建第一个分区(C 盘),如图 1.3.48 所示。

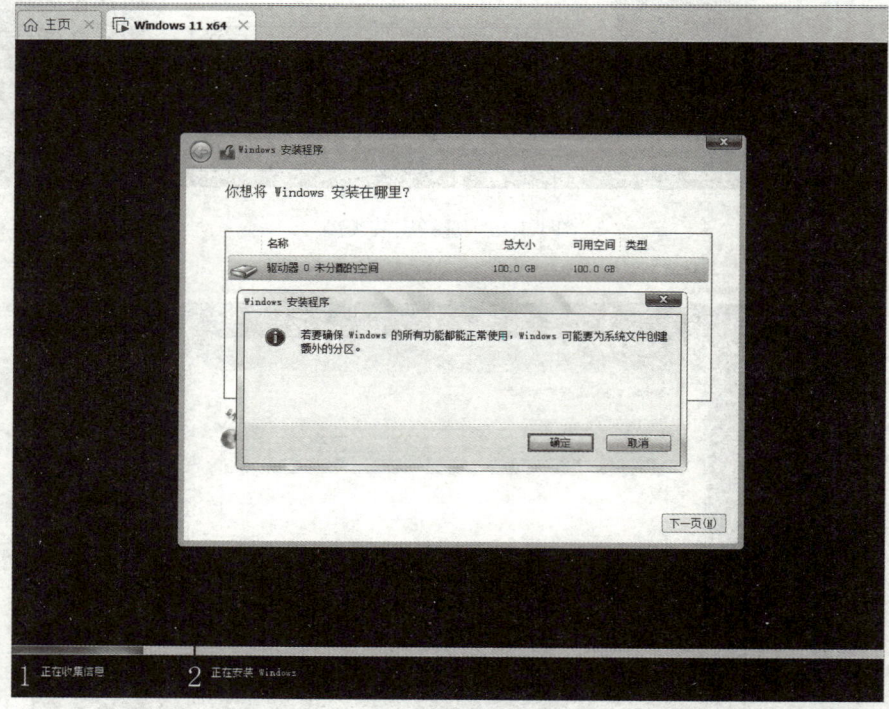

图 1.3.48 确定创建分区

（10）重复（8）和（9）创建另一个分区（D 盘），如图 1.3.49 所示。

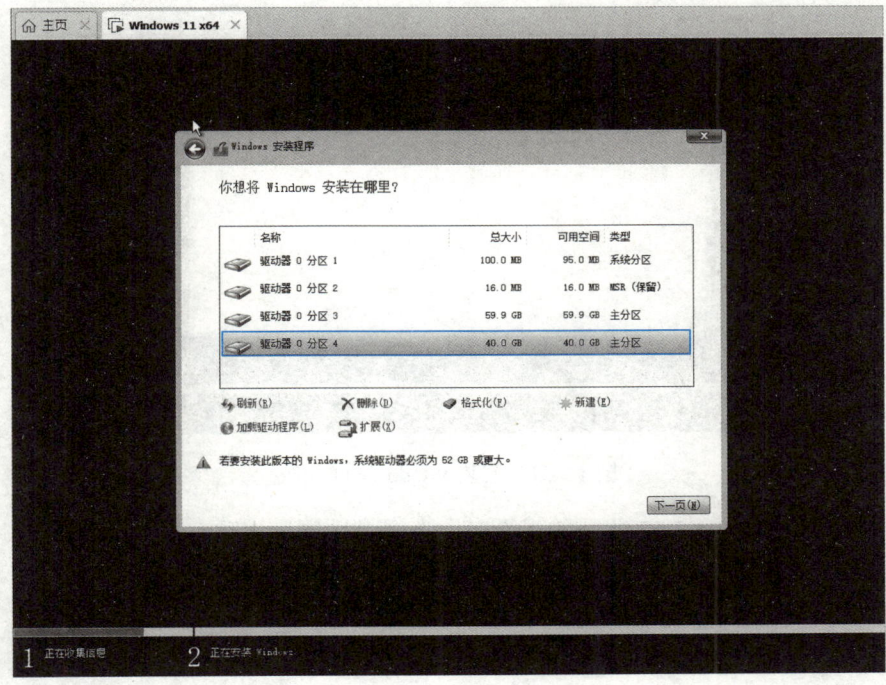

图 1.3.49　完成分区创建

（11）如图 1.3.50 所示，选中 C 盘（即分区 3），单击"下一页"按钮。

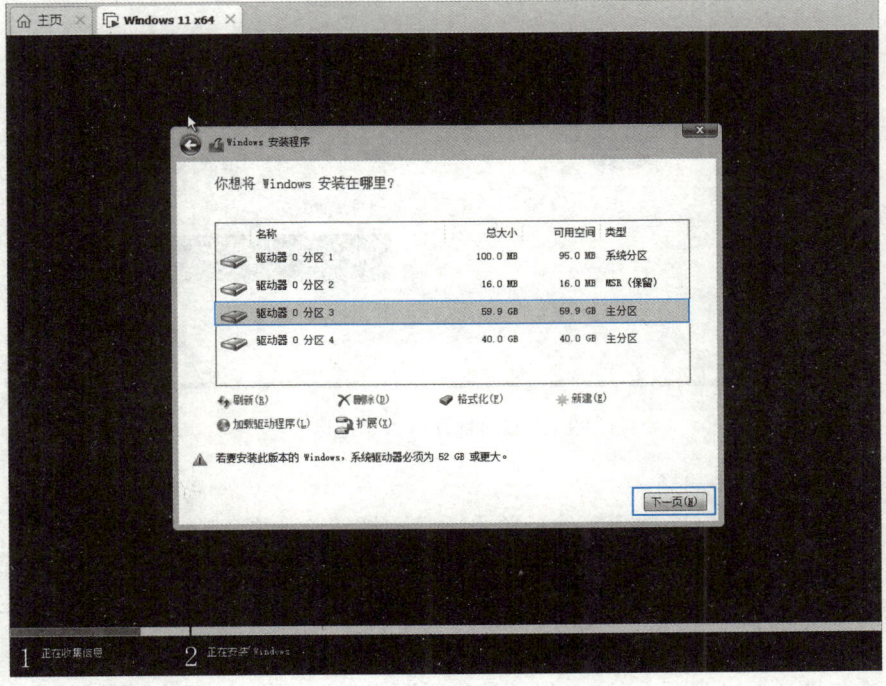

图 1.3.50　选择 C 盘

（12）系统将自动进行安装，请耐心等待，如图 1.3.51 所示。

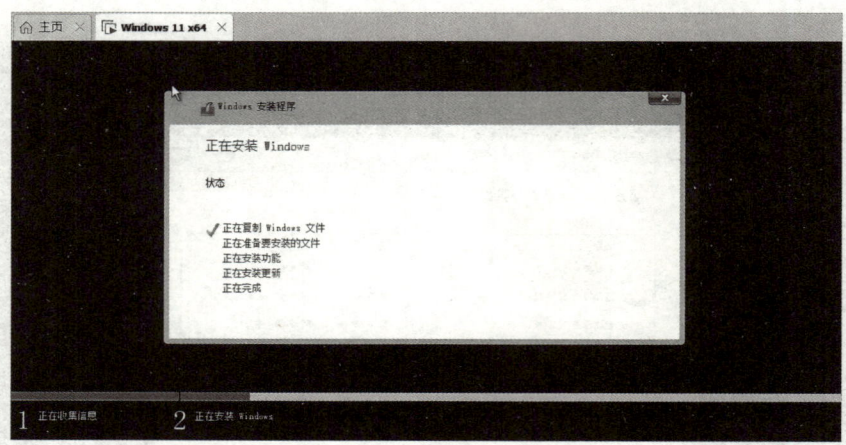

图 1.3.51　安装 Windows 11 系统

（13）当出现如图 1.3.52 所示的界面时，选择"中国"选项，然后单击"是"按钮。

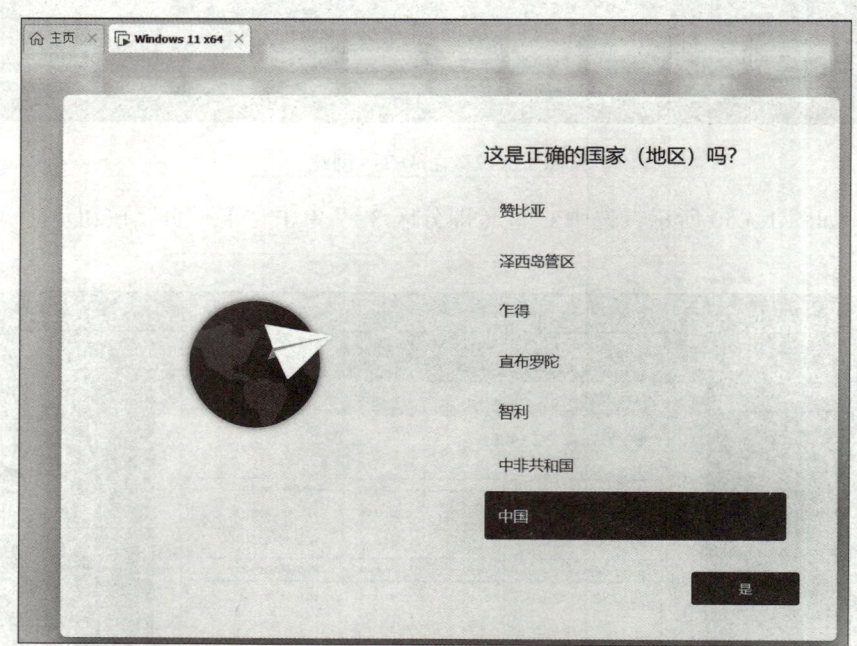

图 1.3.52　选择国家（地区）

（14）系统输入法选择。

① 选择"微软拼音"选项，然后单击"是"按钮，如图 1.3.53 所示。

② 在"是否想要添加第二种键盘布局"界面，单击"跳过"按钮，如图 1.3.54 所示。

（15）网络连接。若虚拟机已联网，直接单击"下一步"按钮。若虚拟机处于离线环境中，无法连接到互联网，选择"我没有 Internet 连接"按钮，如图 1.3.55 所示。

（16）如图 1.3.56 所示，单击"继续执行受限设置"按钮后，弹出设置用户名的界面。

项目一 初识

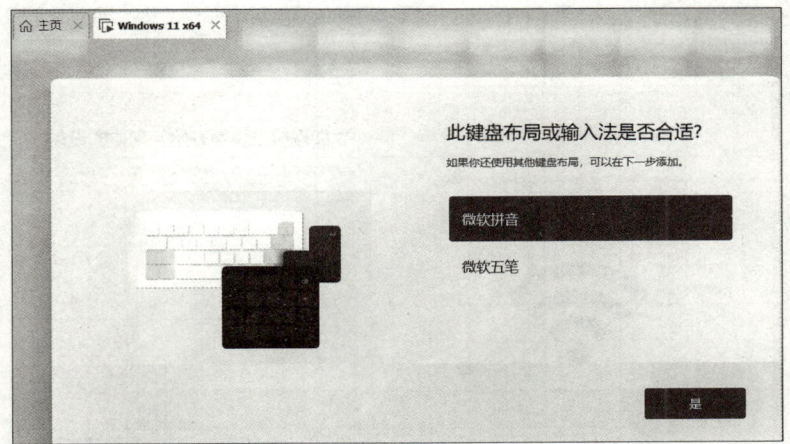

图 1.3.53 选择输入法

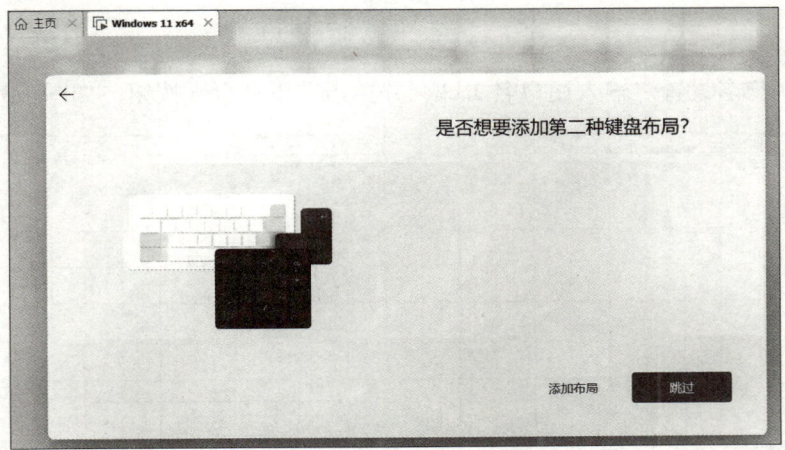

图 1.3.54 第二种键盘布局

图 1.3.55 网络连接（1）

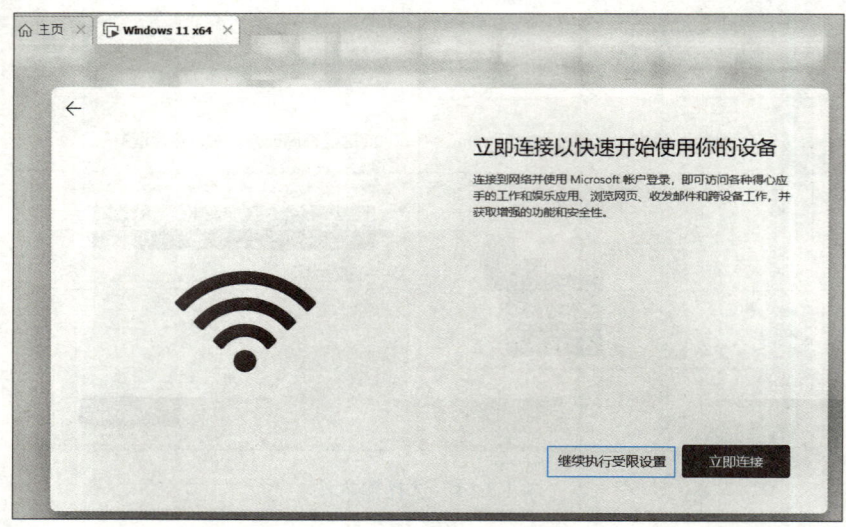

图 1.3.56　网络连接（2）

（17）用户名设置。输入用户名 Jack，并单击"下一页"按钮，如图 1.3.57 所示。

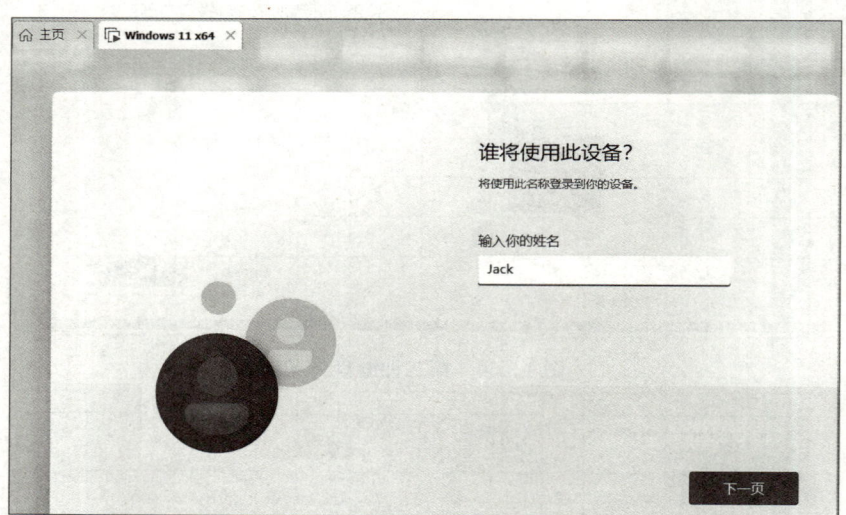

图 1.3.57　输入用户名

（18）创建密码。输入密码（此处已设置为"123456"），然后单击"下一步"按钮继续操作，如图 1.3.58 所示。再次输入密码以作确认，并单击"下一页"按钮，如图 1.3.59 所示。

（19）对本地账户，必须设置三个安全问题。如图 1.3.60 所示，选择第一个问题后，输入对应的答案，然后单击"下一页"按钮，如此重复完成后面两个安全问题的设置。

（20）隐私设置。在隐私设置界面，将所有选项开关都设为"否"，然后单击"接受"按钮，如图 1.3.61 所示。

（21）稍等一会儿，直至系统成功启动并进入桌面，如图 1.3.62 所示。

项目一 初识

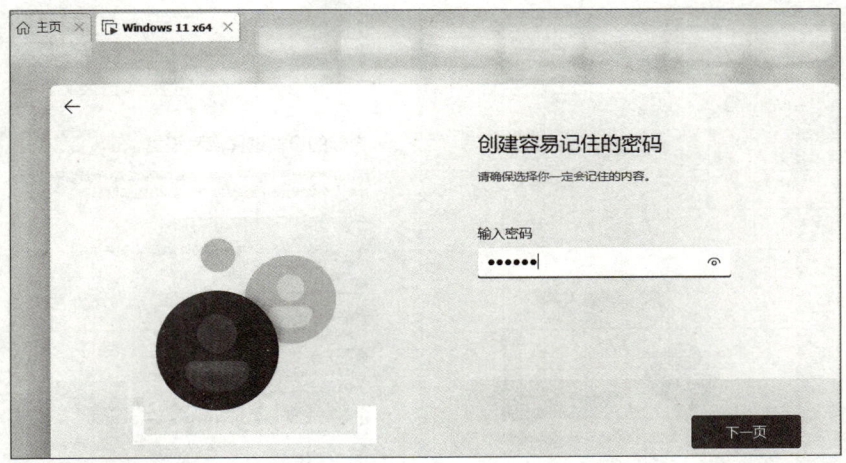

图 1.3.58 输入密码

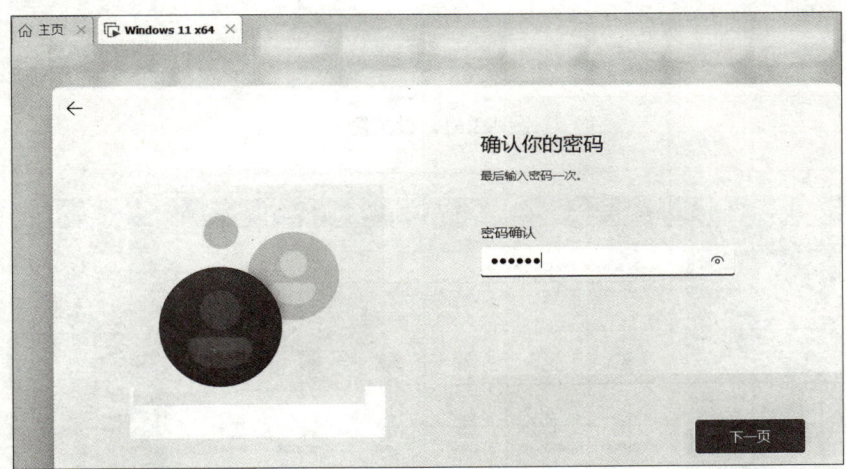

图 1.3.59 确认密码

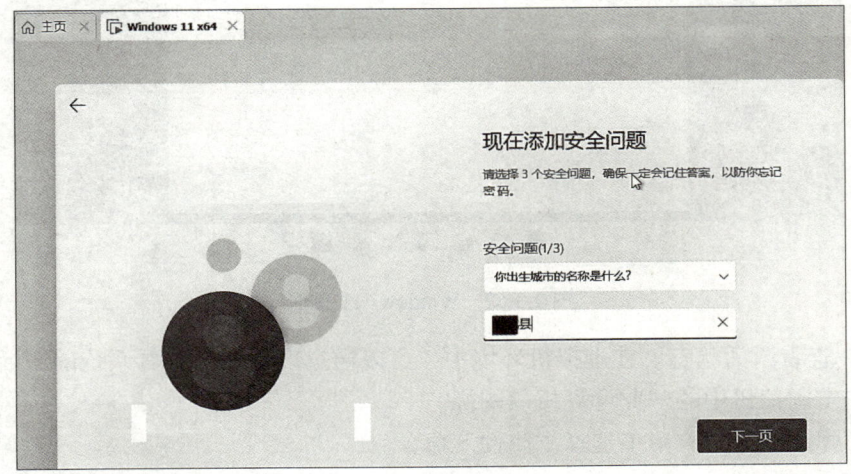

图 1.3.60 设置安全问题

41

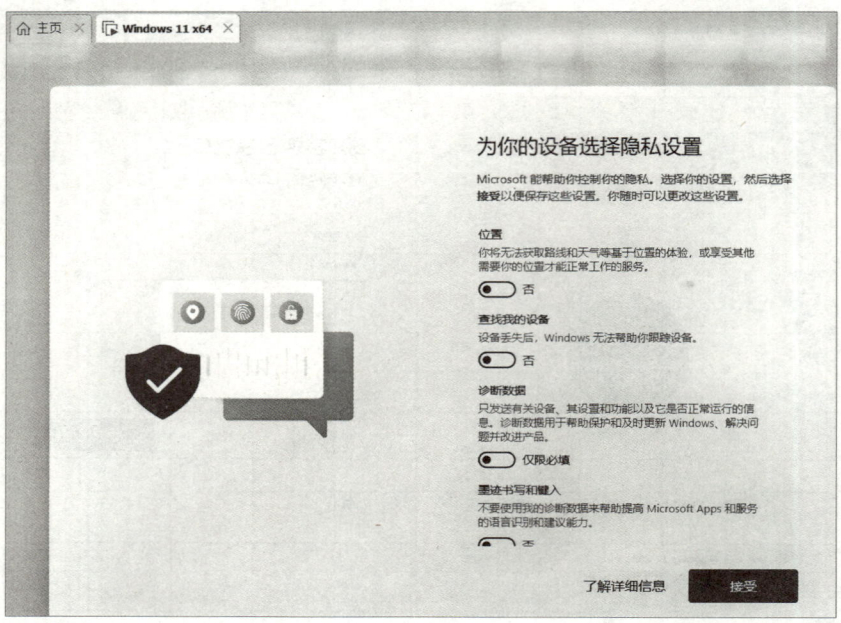

图 1.3.61　设置隐私

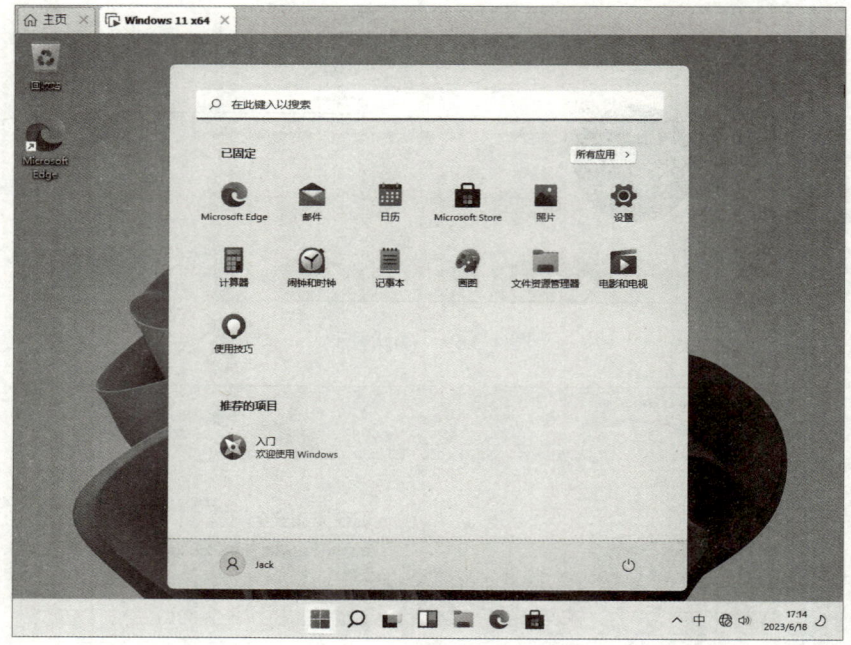

图 1.3.62　Windows 11 桌面

（22）查看激活状态。在虚拟机环境中，可以通过以下步骤查看系统的激活状态。

① 右击虚拟机中的"此计算机"图标。

② 在弹出的快捷菜单中选择"属性"命令。

③ 在系统属性窗口中，单击"更改产品密钥或升级 Windows"选项，即可查看到

当前系统的激活状态。

如果系统未激活，需要先进行激活操作。注意，激活步骤可能因操作系统和版本的不同而有所差异，建议参考相应的官方文档或联系技术支持获取准确的激活指南。系统已激活状态，如图 1.3.63 所示。

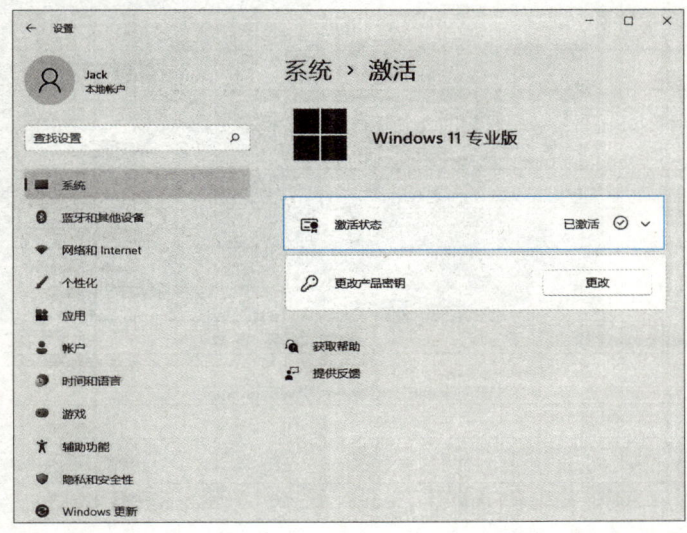

图 1.3.63　系统激活状态

（23）检查网络连接。在虚拟机环境中，打开 Microsoft Edge 浏览器，访问一个网页，观察是否能够正常访问外部网络。

> **知识拓展**
>
> Windows 11 操作系统无法联网的几种常见解决办法。
> ① 打开虚拟机，执行"编辑"→"虚拟网络编辑器"命令，单击"恢复默认设置"按钮，即可连接互联网。
> ② 在虚拟机设置中，将网络适配器的网络连接模式，由"桥接模式"改为"NAT 模式"。
> ③ 若网络驱动从有网络变到无法使用网络，只需重新安装网络模块即可。

（24）安装 VMware Tools。该工具可以实现主机与虚拟机之间的文件共享，同时支持自由拖曳功能，使得鼠标可以在虚拟机与主机之间自由移动，并且虚拟机屏幕也可以实现全屏化。

启动虚拟机（即虚拟机必须处于运行状态），如图 1.3.64 所示，在 VMware 菜单栏执行"虚拟机"→"安装 VMware Tools"命令，此时系统将自动加载 DVD 光驱文件。

（25）在桌面双击"此计算机"或"此电脑"图标，弹出"我的计算机"或"此电脑"窗口，如图 1.3.65 所示，双击"DVD 驱动器"图标。

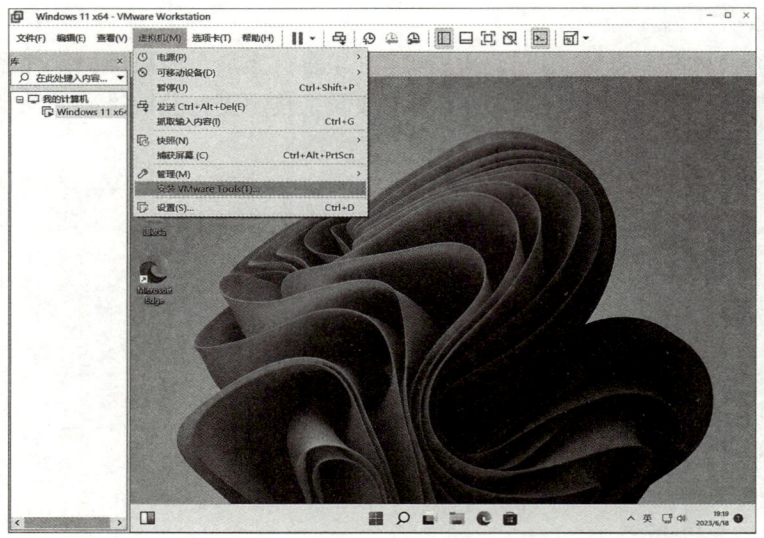

图 1.3.64　安装 VMware Tools

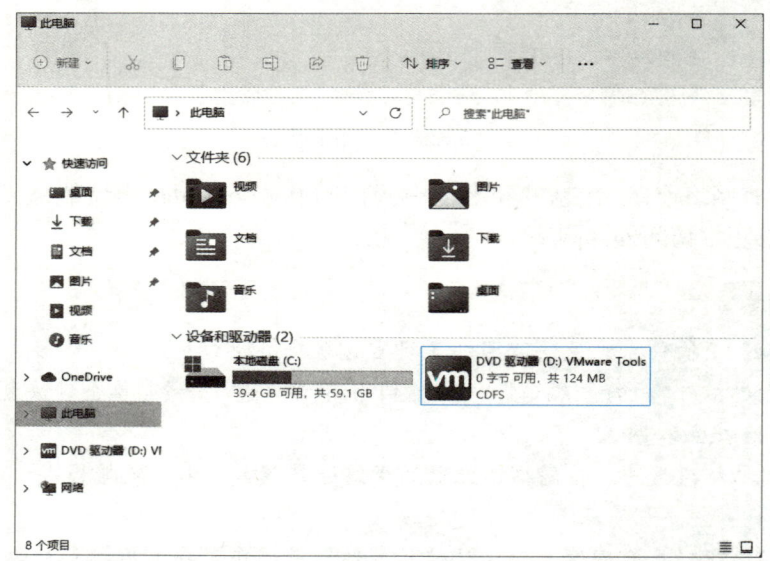

图 1.3.65　DVD 驱动器

（26）此时将自动运行安装程序，待安装程序加载完毕后，弹出如图 1.3.66 所示的对话框，单击"下一步"按钮。

（27）如图 1.3.67 所示，选中"完整安装"单选按钮，然后单击"下一步"按钮。

（28）如图 1.3.68 所示，单击"完成"按钮后，系统会弹出提示框，如图 1.3.69 所示，告知必须重启虚拟机才能使设置生效。单击"是"按钮重启虚拟机。

3. Windows 11 基础操作

1）Windows 11 简介

Windows 11 是由微软公司开发的最新一代操作系统，广泛应用于计算机和平板电

项目一 初识

图 1.3.66 安装向导

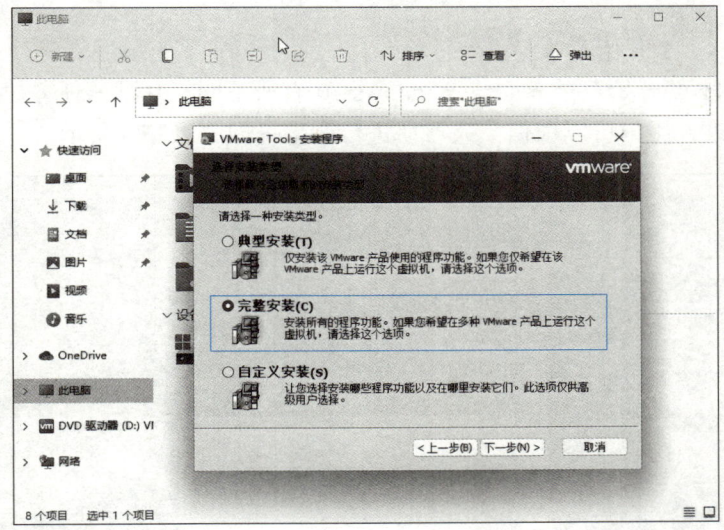

图 1.3.67 选择安装类型

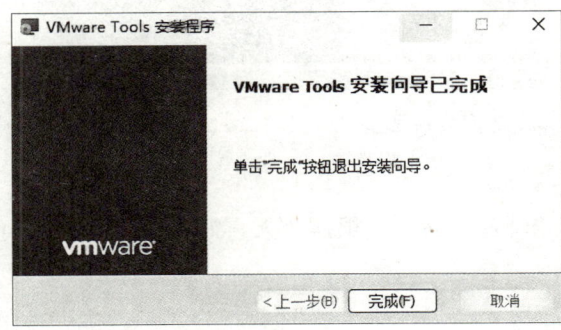

图 1.3.68 安装完成

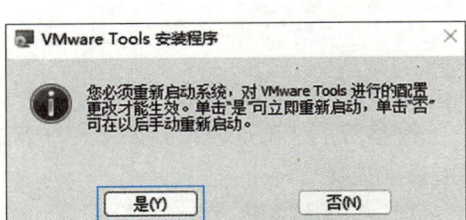

图 1.3.69 重启系统

45

脑等设备。与之前的 Windows 7~Windows 10 操作系统相比，Windows 11 在功能和用户体验上虽然有很多相似之处，但也有一些重要的差异。

Windows 11 在界面设计上进行了升级和改进，采用了更加现代化、简洁的外观风格。同时，Windows 11 还增加了一些新的功能和特性，如更好的触摸屏支持、更快的文件传输速度、更灵活的窗口管理等。

Windows 11 在安全性和隐私保护方面也有了一些新的改进。它采用了更强大的防火墙和杀毒软件，可以更好地保护用户的网络安全。此外，Windows 11 还加强了对用户隐私的保护，通过更好的数据加密和权限管理来防止恶意软件的安装和黑客的攻击。

Windows 11 在一些细节方面也进行了一些改进。例如，它采用了全新的任务管理器，可以更方便地查看和管理正在运行的软件和应用程序。此外，Windows 11 还增加了一些新的设置选项和工具，可以更方便地控制系统的各种设置。

综上所述，虽然 Windows 11 与之前的 Windows 7~Windows 10 在很多方面都有相似之处，但它也在界面设计、功能和特性、安全性和隐私保护等方面进行了一些重要的改进和升级。

2）Windows 11 开始菜单

Windows 11 的开始菜单界面与 Windows 10 有所不同，其默认任务栏的"开始"菜单位于屏幕中央，用户可以根据个人习惯进行调整，如图 1.3.70 所示。

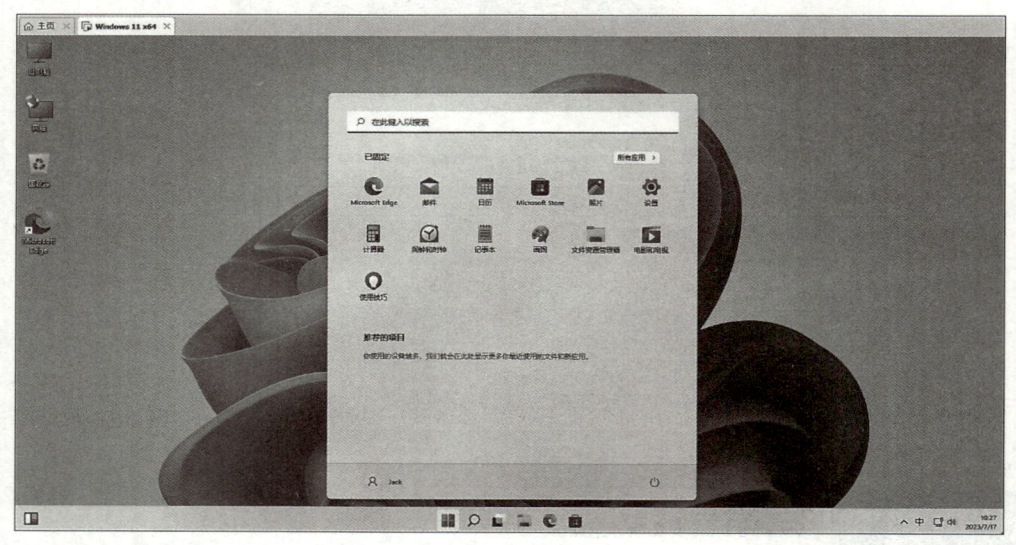

图 1.3.70　Windows 11 开始菜单

3）Windows 11 设置

请参考图 1.3.71，在开始菜单中选择"设置"命令。根据个人喜好，在设置中进行相应的功能设置。

4）常用快捷键

文本编辑一些常用的快捷键，如表 1.3.10 所示。

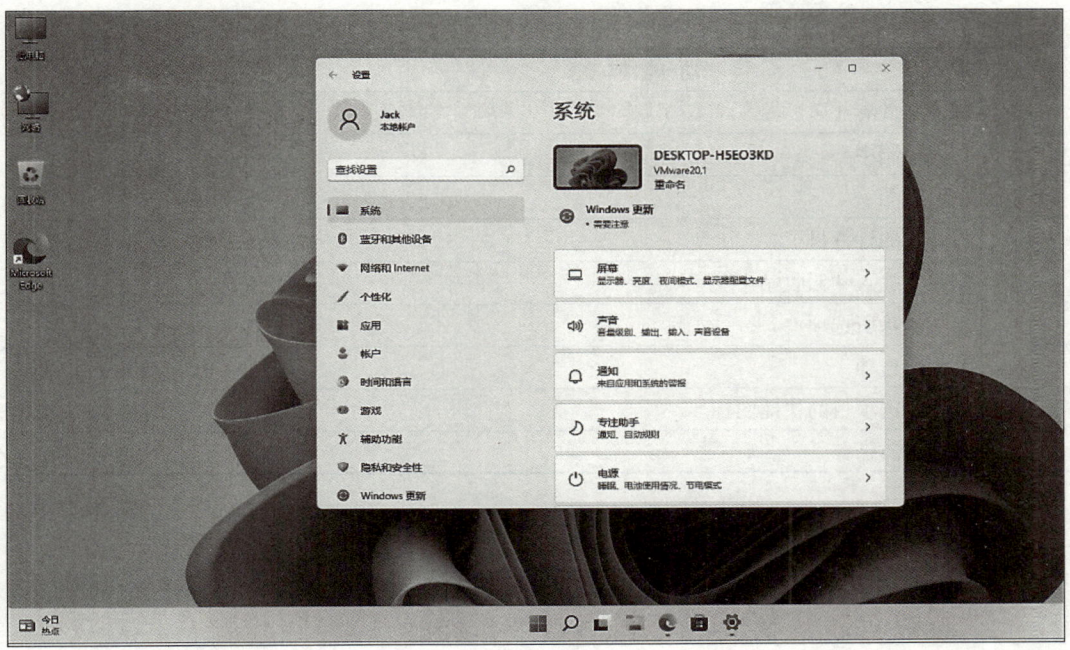

图 1.3.71　Windows 11 设置

表 1.3.10　文本编辑快捷键

序号	功能描述	快捷键	序号	功能描述	快捷键
1	复制	Ctrl+C	6	替换	Ctrl+H
2	粘贴	Ctrl+V	7	全选	Ctrl+A
3	撤销	Ctrl+Z	8	关闭窗口/程序	Alt+F4
4	剪切	Ctrl+X	9	关闭当前文档	Ctrl+F4
5	查找	Ctrl+F			

一些常用的系统快捷键，如表 1.3.11 所示。

表 1.3.11　系统快捷键

序号	功能描述	快捷键
1	回到桌面	Win+D
2	搜索	Win+S
3	切换任务	Alt+Tab
4	切换桌面和窗口	Win+Tab
5	锁屏	Win+L
6	组合快捷键（锁定、切换用户、注销、任务管理器、电源、更改密码）	Ctrl+Alt+Delete
7	打开运行窗口	Win+R
8	打开设置	Win+I
9	打开剪切板	Win+V

续表

序号	功能描述	快捷键
10	创建文件夹	Ctrl+Shift+N
11	打开控制中心	Win+A
12	系统截图	Win+Shift+S
13	打开我的计算机	Win+E
14	删除（放入"回收站中"）	Delete
15	永久删除所选项	Shift + Delete
16	复制所选项	按住 Ctrl 拖动某一项
17	创建所选项目的快捷图标	拖动某一项时按 Ctrl+ Shift
18	取消当前任务	Esc

（三）思考练习

（1）小组内共同探讨 Windows 11 操作系统的各种使用方法和技巧，并进行分享。

（2）除了 Windows 操作系统，还有哪些操作系统？

三、认知常用办公软件

计算机已广泛应用于我们工作与生活的各个领域。无论是起草文件、撰写报告还是统计分析数据，办公软件已经成为我们工作中不可或缺的基础工具。

办公软件涵盖了一系列可以进行文字处理、表格制作、幻灯片制作和简单数据库处理等方面的工作软件。这包括微软 Office 系列、金山 WPS 系列、红旗 2000 RedOffice、致力协同 OA 系列等。这些软件为我们提供了丰富的功能，使我们能更高效地完成工作任务。

文字处理软件（如 Microsoft Word）用于编辑和格式化文档，使文档更具有专业性和可读性。表格制作软件（如 Microsoft Excel）则主要用于数据分析和统计，可进行数据整理、计算及图表绘制。幻灯片制作软件（如 Microsoft PowerPoint）用于制作演示文稿，以更直观且吸引人的方式展示内容。

总的来说，这些办公软件为我们的工作和生活提供了强有力的支持。

（一）实施思路

（1）常见办公软件安装。

（2）打字练习。

（3）电子表格基础练习。

（二）实施步骤

1. 常见办公软件安装

根据任务安排,各小组在虚拟机的 Windows 11 操作系统中,利用现代化的信息手段,检索并安装常见的办公应用软件。

1）Office 系列办公软件

Office 是一款不可或缺的办公软件，安装后即可使用 Word、Excel、PowerPoint 等功能。请以小组为单位，下载并完成 Office 系列办公软件的安装。

2）PDF 浏览软件

作为办公中常用的文件格式，PDF 格式的文件在浏览器中可以被打开和浏览，但是使用体验相对较差，且不支持编辑功能。为了提高使用效率和方便编辑，建议以小组为单位，下载并安装任意一款 PDF 软件。

3）思维导图软件

思维导图，又称心智导图，是一种用于表达发散性思维的有效图形思维工具。其特点在于简单、高效，广泛应用于各种实用场景中。思维导图结合了全脑的概念，包括了左脑的逻辑、顺序、条例、文字、数字，以及右脑的图像、想象、颜色、空间、整体等功能。

为了更好地了解和掌握思维导图的应用，以小组为单位，进行以下操作。

（1）下载任意一款思维导图软件。

（2）根据软件的安装说明，完成软件的安装。

（3）在安装完成后，小组成员可共同探讨并熟悉该软件的基本功能及操作方法。

通过本次活动，我们期望能够使小组成员对思维导图软件有更深入的了解，并能够熟练掌握其基本操作，为日后的学习和工作提供更好的支持。

4）网盘存储软件

对于依赖计算机进行工作的人们来说，资料储存是不可避免的。在网盘出现之前，大家主要依靠 U 盘和移动硬盘进行文件的存储和传输。然而自从网盘问世以来，它以便捷的特性，极大地提高了我们的工作效率。无论何时何地，只要连接网络，就可以轻松地进行文件的存储和下载。而且不限于计算机，手机也可以使用，这给我们的工作带来了极大的便利。为了提高工作效率，我们以小组为单位，下载并成功安装一款网盘存储软件。

5）解压缩软件

解压缩软件是一种程序，能够帮助用户快速、便捷地解压/压缩文件，以便查看和使用其中的文件内容。以小组为单位下载并安装任意一款解压缩软件，可以更好地满足工作或学习的需求。

6）其他办公软件

各小组根据实际情况进行讨论，并负责完成其他应用软件的安装任务。

2. 打字练习

安装计算机输入法。自行创建一个新的 Word 文档，并在其中完成下面一段文字录入，限时 5min。

　　键盘是输入文字的主要工具，通过学习会发现，掌握了键盘指法后，计算机操作也变得非常简单了。这里给大家分享一些关于计算机键盘打字练习，希望对大家能有所帮助。

1）字母键盘简介

现在使用的计算机键盘就是这里所说的字母键盘，因为它的主体是由 26 个英文字母构成的，所以由此得名。键盘主要分为四个区域，一是主键盘区域，主要包括 26 个字母、0~9 的数字、标点、空格、Enter 键等功能键；二是控制键区，主要包括 Esc 键、F1~F10 等控制键；三是小键盘区域；四是方向键及几个命令键位，因为字母键盘打字练习并不需要用到这些键位，因此不多做介绍。

2）字母

如果使用字母键盘打字且速度快，首先需要熟悉键盘的按键位置，虽然不需要将它熟记在心，但至少也能快速找到相应按键的位置。其次，掌握一种打字方法。现在最常用的是拼音输入法和五笔字型输入法，考虑到大多数初学者都是以拼音开始的，这里就以拼音输入法为例进行介绍。最后，在字母键盘上进行打字练习。下面介绍如何进行打字练习。

刚开始练习打字时，很多人是一个一个按键找，虽然也会熟能生巧，但是时间久了就会养成不良的打字习惯。正确的打字方法是：先找到键盘上的 F 键和 J 键，会发现这两个按键上面都有一个小小的凸起，这是在提示手应放的位置。打字时首先要摸到这两个按键。将左手的食指放在 F 键上，右手的食指放在 J 键上，食指控制所在的两竖行按键，其余的手指分别控制着所在一竖行按键。这样手指就能够完全控制主键盘区，打字时，手指对应的每一竖行都有三个字母，打到哪个字母的时候，控制的手指按上去，然后再回到初始的位置，这样反复地练习，时间久了，就能够记住对应的位置，即使不看键盘也能够进行"盲打"。如果需要用到空格键，距离最近的大拇指就能够完成。

3）特殊要点

需要输入标点符号的时候按键盘上的符号按键来完成。有的键上有两个符号，如果需要位置在上面的标点符号，Shift 键和对应符号键即可完成。如果需要输入大写字母，一种方法是按 Caps Lock 键锁定大写，输完大写字母后，再按 Caps Lock 关闭大写锁；另一种方法是同时按住 Shift 键及对应的字母按键。不同输入法之间的切换可以按 Shift+Ctrl 组合键。

3. 电子表格基础练习

以小组为单位，制作一份关于计算机信息的统计表格，包含但不限于以下内容：品牌、型号、CPU 参数、内存参数、硬盘参数、屏幕参数、接口参数、显卡参数、价格等信息。

（三）思考练习

各小组完成《计算机认知报告》。认知报告格字体大小适中，段间距合理，需包含以下内容。

（1）计算机的发展过程。

（2）计算机硬件组成部分。

（3）计算机主机拆装流程。

（4）计算机软件分类及发展。

（5）操作系统功能和任务。
（6）操作系统和应用软件的安装。
（7）常用办公软件使用。
（8）认知体会。

任务四 了解行业

随着科技的飞速发展和智能化时代的到来，物联网（Internet of Things，IoT）已成为当今社会备受瞩目的领域之一。对于刚刚步入大学校园的小袁同学来说，可能对物联网还一无所知，也没有明确的职业规划。通过本任务的学习，小袁同学可以对物联网的行业、应用领域以及相关职业有一定的了解，为他在后续的学习和职业规划中的选择提供有力帮助。

首先，了解物联网的定义和基本概念。物联网，顾名思义，是指将各种物理设备与互联网连接起来，实现智能化识别、管理和控制的一种网络。这些物理设备可以包括家用电器、智能家居、智能城市、智能医疗、智能交通等。通过物联网技术，可以实现对这些设备的高效管理和控制，从而为人们的生活和工作带来极大的便利和效益。

其次，探讨物联网的应用领域。物联网的应用领域非常广泛，几乎涵盖了人们生活的方方面面。在智能家居方面，物联网可以连接家里的各种设备，如空调、电视、冰箱、照明等，实现智能化控制和管理，提高家居生活的舒适度和节能性；在智能城市方面，物联网可以连接各种公共设施，如交通信号灯、公共安全系统、环保监测等，实现城市管理的智能化和高效化；在智能医疗方面，物联网可以连接医疗设备和系统，实现医疗数据的共享和智能化处理，提高医疗服务的效率和质量；在智能交通方面，物联网可以连接各种交通设备，如智能车辆、智能交通信号灯等，实现交通管理的智能化和安全化。

最后，探讨物联网相关职业的发展前景。随着物联网行业的快速发展，对专业人才的需求也越来越迫切。因此，从事物联网相关职业的人员具有广阔的发展前景和丰富的就业机会：物联网工程师，负责设计、开发和维护各种物联网系统和应用；物联网安全专家，负责维护物联网系统的安全和隐私；物联网数据分析师，负责收集和分析物联网数据，进行决策支持和预测分析；物联网咨询顾问，为企业在物联网领域的发展提供专业建议和支持。

通过本任务的学习，可以对物联网的行业、应用领域以及相关职业有一定的了解，为后续的学习和职业规划提供有价值的参考。

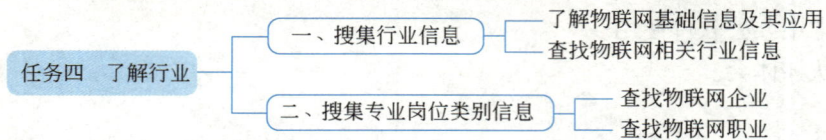

一、搜集行业信息

在当今职场激烈竞争的环境中,小袁同学需要了解所学专业的行业情况。然而,他对这个领域的了解还像一张白纸。为了更好地规划自己的职业发展目标,了解行业的最新动态和企业的用人标准是至关重要的。搜集行业信息是一种技能,可以帮助小袁同学快速、有效地获取最新的行业信息,并做出明智的职业规划和求职决策。

本节介绍如何利用现代信息工具搜集行业信息。例如,利用人工智能(artificial intelligence, AI)搜索引擎来搜索相关的行业信息。这些搜索引擎可以提供大量的网页信息,包括行业报告、新闻报道、企业官网等。通过使用关键词,可以筛选出想要了解的行业相关的信息。

搜集行业信息是职场竞争中非常重要的一项技能。通过使用现代信息工具,可以快速、有效地获取最新的行业信息,为自己的职业规划和发展提供有力的支持。

(一)实施思路

(1)了解物联网基础信息及其应用。
(2)查找物联网相关行业信息。

(二)实施步骤

1. 了解物联网基础信息及其应用

通过互联网搜索物联网的基础信息,以思维导图的方式进行整理和记录,同时探究我们周围物联网的应用实例。

1)思维导图的使用

(1)下载一款常用的思维导图工具,并按照安装说明进行安装。也可以选择使用在线思维导图工具,如图 1.4.1 所示,单击"新建脑图"按钮,新建思维导图。

图 1.4.1 新建脑图

(2）如图 1.4.2 所示，双击"新建脑图"主题，将其更改为"物联网基础信息"。

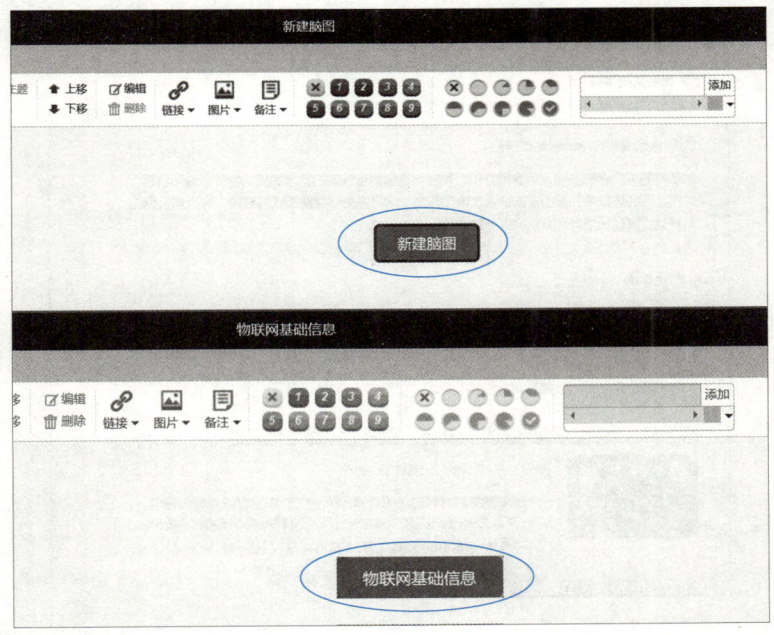

图 1.4.2　修改主题名称

(3）如图 1.4.3 所示，单击"物联网基础信息"主题，然后在左上侧执行"插入"→"插入下级主题"命令，并修改下级主题内容为"物联网定义"。

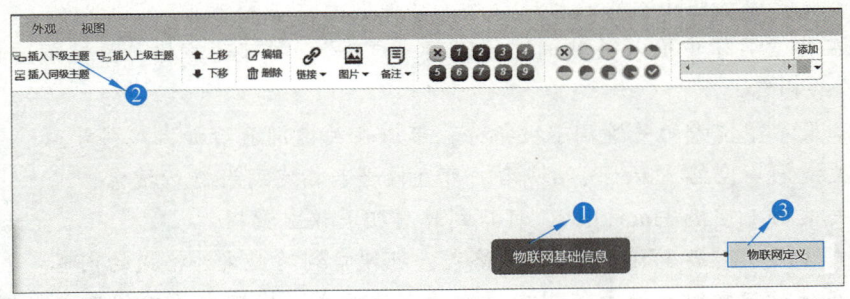

图 1.4.3　插入并修改主题名称

(4）参照（3）完成物联网分类、技术体系架构、关键技术等子主题的创建，如图 1.4.4 所示。

图 1.4.4　物联网基础信息思维导图

2）物联网的定义

打开浏览器，在搜索引擎的输入框中输入物联网的关键词，如"物联网"或"物联网定义"，然后按下 Enter 键或单击"搜索"按钮，即可搜索到物联网相关的信息，如图 1.4.5 所示。

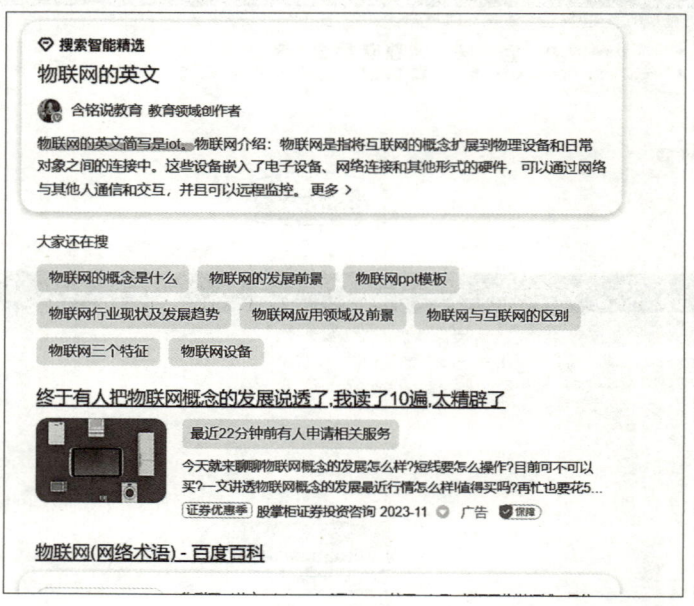

图 1.4.5 浏览器搜索物联网定义

> **技能拓展**
>
> ① 浏览器添加阻止广告的扩展程序，降低网站广告的功能。
> ② 在搜索引擎中输入关键词"物联网－广告"，即可过滤掉与关键词"物联网"相关的广告内容。
> ③ 如果希望搜索的关键词不被拆分，可以在关键词前后加上双引号。
> ④ 关键词＋空格＋site: 网站域名，可直接进入指定网址进行搜索。
> ⑤ 关键词＋空格＋inurl:gov，可找到政府相关权威数据。
> ⑥ 关键词＋空格＋filetype: 文件格式，可搜索到对应文件格式的内容。
> ⑦ 在进行搜索时，避免使用口语化的表达方式，提炼出关键词来进行搜索。通过减少无效字的使用，提高搜索的精确度。

也可以使用 AI 工具查询物联网定义，如图 1.4.6 所示。

> **技能拓展**
>
> ① AI 工具最佳提问方式为：确立角色＋描述问题＋确定目标＋补充要求。
> ② 在提问中应使用正向表达，并从不同的角度和方式来表达问题。
> ③ 核查回复的准确性，例如，通过查询其他来源来对比和验证信息。
> ④ 限制回答的长度，例如，请用一句话概括或限制在 100 字以内。
> ⑤ 将大问题细分为小问题进行提问。

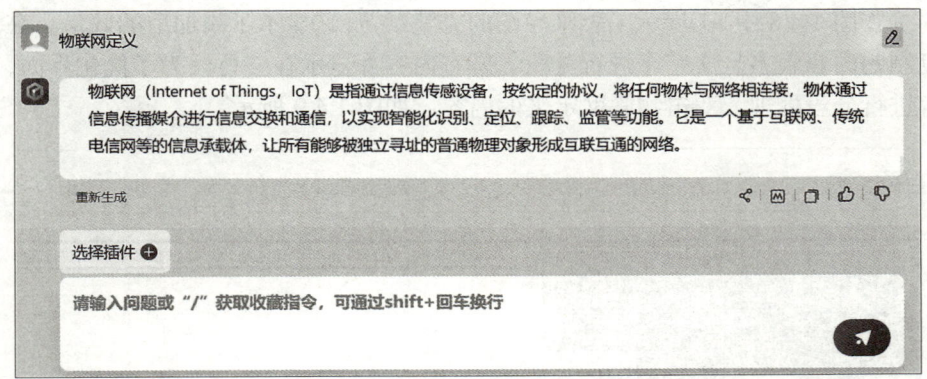

图 1.4.6　AI 工具查询物联网定义

3）添加物联网定义至思维导图

（1）对于搜索到的物联网定义，分小组进行讨论并提炼（禁止直接复制粘贴，对定义、规定等允许直接粘贴，但必须明确标注来源）。

（2）如图 1.4.7 所示，右击"物联网定义"主题，在弹出的快捷菜单中选择"下级"命令。

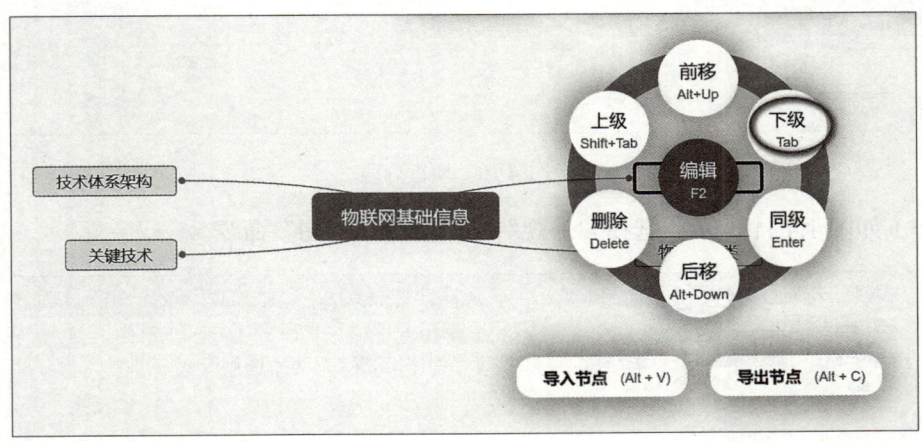

图 1.4.7　添加物联网定义

（3）将提炼过的物联网定义的内容复制到"物联网定义"子主题的分支主题中，如图 1.4.8 所示。

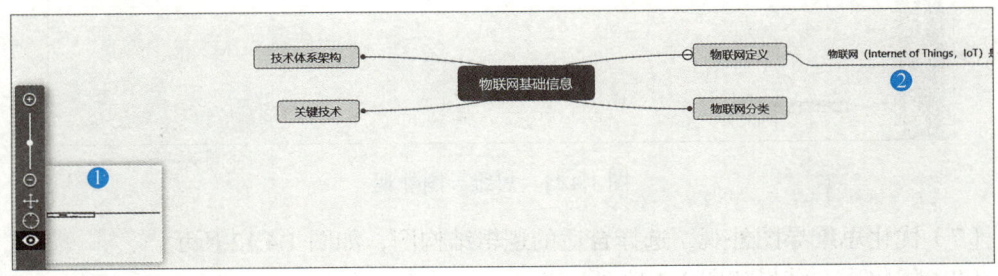

图 1.4.8　添加物联网定义至分支主题

（4）在图 1.4.8 中，①展示了思维导图的完整预览，②显示了添加后的效果。在②处，由于复制的内容较多且文字未进行分段，所有内容都显示在一行。为了优化界面，将此段内容进行分段处理。双击物联网定义的内容，如图 1.4.9 所示。

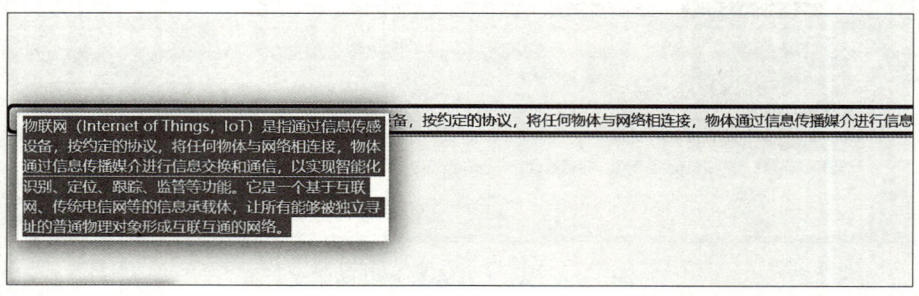

图 1.4.9　物联网定义优化

（5）将鼠标光标移至本段文字的句号处，按 Shift+Enter 组合键进行换行，换行后的效果如图 1.4.10 所示。

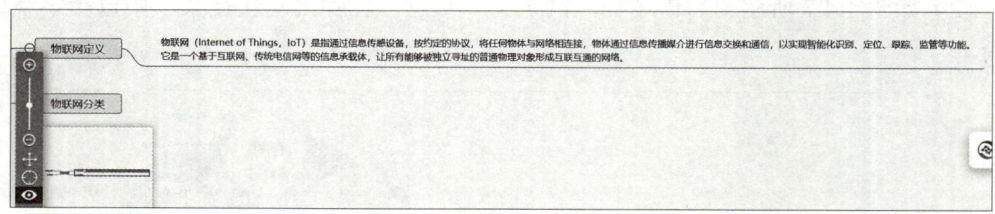

图 1.4.10　换行分段

（6）如图 1.4.11 所示，选择"外观"→"逻辑结构图"命令。

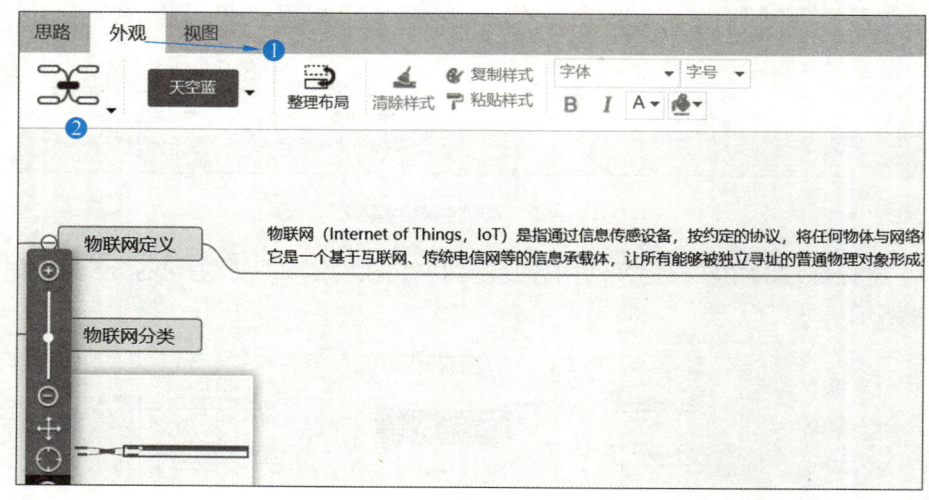

图 1.4.11　思维导图外观

（7）优化思维导图外观，选择合适的逻辑结构图，如图 1.4.12 所示。

（8）优化后，结果如图 1.4.13 所示。

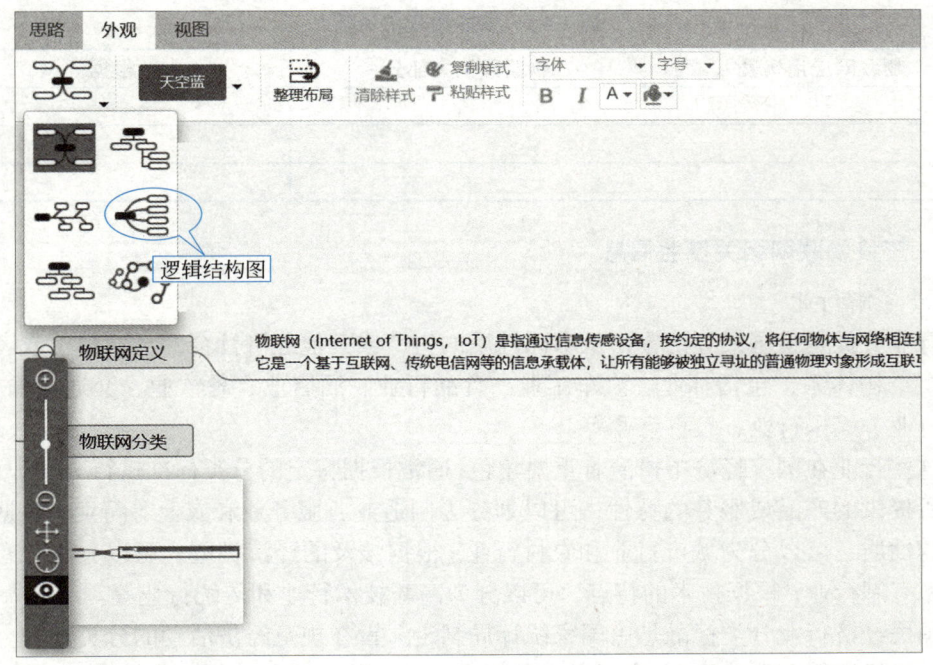

图 1.4.12　逻辑结构图

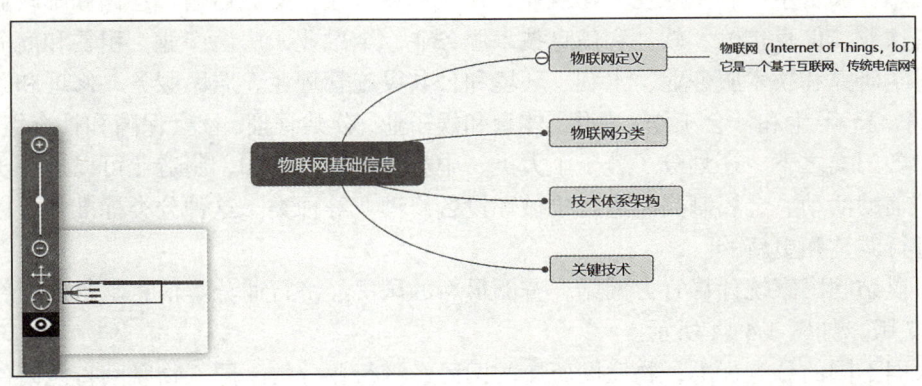

图 1.4.13　优化后思维导图

4）查找和添加物联网其他基础信息

根据"3）"的操作步骤，将物联网的分类、技术体系架构和关键技术信息添加到思维导图中。

5）物联网的应用

经过检索和分类，可以清晰地认识到，物联网是一种通过网络将设备信息集中管理，并对这些信息识别、监控和控制的网络系统。其中，感知技术、网络通信技术、应用技术、共性技术和支撑技术都被广泛应用且涉及的领域相当广泛，如工业、家居、医疗、农业等，这些不同的领域需要不同的技术满足其特定的需求。

根据物联网应用情况，各小组识别并列出物联网在各个场景中的应用部分，并给出依据，最后将信息填入表 1.4.1 中。

表 1.4.1 物联网应用场景

物联网应用场景	物联网相关部分	根据

2. 查找物联网相关行业信息

1）了解行业

行业分类是指国民经济中，从事同性质的生产或其他经济社会的经营单位或者个体的组织结构体系，包括林业、汽车工业、食品行业、酒店业、餐饮业、交通运输行业、金融行业、娱乐行业、教育行业等。

这些行业在国家经济中扮演着重要角色，通常根据特定的分类标准进行分类。例如，根据所提供的产品或服务的特性，可以划分为制造业、服务业和农业等行业；根据所在地区的性质，可以分为城市行业和农村行业；根据涉及的经济类型，可以分为公有制行业和私有制行业；根据技术的特点，可以分为高新技术行业和传统行业等。

国民经济行业分类标准是由国家统计局制定，旨在规范经济活动的分类标准。该标准将国民经济行业划分为 20 个门类，包括农、林、牧、渔业，采矿业，制造业，电力、热力、燃气及水生产和供应业，建筑业，批发和零售业，交通运输、仓储和邮政业，住宿和餐饮业，信息传输、软件和信息技术服务业，金融业，房地产业，租赁和商务服务业，科学研究和技术服务业，水利、环境和公共设施管理业，居民服务、修理和其他服务业，教育，卫生和社会工作，文化、体育和娱乐业，公共管理、社会保障和社会组织等。

在各门类之下，还划分了若干个大类、中类和小类。例如，制造业可以进一步细分为采矿辅助活动、金属制品制造、机械和设备修理业等种类。这种分类标准是可以根据需要进行调整和更新的。

可以访问国家统计局官方网站，查阅最新的国民经济行业分类信息。目前最新分类为 2017 版，如图 1.4.14 所示。

根据不同的分类标准，物联网所属的国民经济行业分类不同。物联网智能硬件核心系统级芯片（system on chip，SoC）属于"软件和信息技术服务业"中的"集成电路设计"行业，对应的行业代码为 6520。同时，物联网智能硬件核心系统级芯片也属于"制造业"中的"计算机、通信和其他电子设备制造业"行业，行业代码为 C39。根据物联网的构成和主要功能，将其归为计算机、通信和其他电子设备制造业。

2）查找相关行业信息

物联网相关行业信息包括物联网国内外发展现状、国家相关政策、物联网毕业生需求、平均薪资等。

（1）如图 1.4.15 所示，打开在线脑图工具，单击"新建脑图"按钮。

（2）将思维导图的主题更改为"物联网相关行业信息"，右击"物联网相关行业信息"主题，在弹出的快捷菜单中选择"下级"命令，将其命名为"物联网国内发展现状"。单击"物联网国内发展现状"主题，按 Enter 键，添加同级信息，最终结果如图 1.4.16 所示。

项目一 初识

图 1.4.14 国民经济行业分类（2017 版） 　　图 1.4.15 新建思维导图

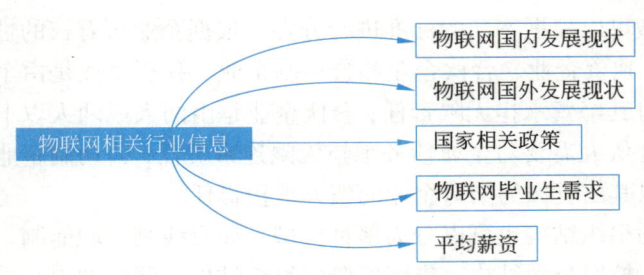

图 1.4.16 物联网相关行业信息

（3）使用浏览器和 AI 工具，搜索物联网相关行业信息，并将其添加到思维导图中。

物联网在国内外均处于快速发展阶段。在我国，物联网被视为新型基础设施建设，在各行业的应用也在不断拓展和深化。此外，物联网市场呈现出快速增长的趋势。据相关报告，中国物联网市场的总体规模已经超过 2000 亿元人民币，这得益于技术的发展和应用的广泛推广。可以预见，未来物联网还将有更广阔的发展空间。

（三）思考练习

（1）小组讨论行业与专业的区别。
（2）小组讨论行业和岗位的区别。

二、搜集专业岗位类别信息

小袁同学在对物联网行业进行深入研究后，发现该行业在国家政策及各行业应用的推动下呈现快速增长趋势，应用领域广泛，且人才需求量大。他决定将物联网作为自己毕业后的首选方向。

然而，面临的问题是：物联网行业中存在哪些岗位，哪些岗位具有较好的发展前景？

本节阐述如何利用现代信息工具搜寻物联网企业及常见职位，并探讨如何应用这些信息。通过本节的学习，能够明确自己的职业方向和目标，提升自身素质和竞争力，提高就业机会和薪资水平，从而更好地规划自己的职业发展路径，为未来的职业发展打下坚实的基础。

（一）实施思路

（1）查找物联网企业。
（2）查找物联网职业。

（二）实施步骤

1. 查找物联网企业

1）了解企业

企业是指从事生产、流通或服务等活动，以自主经营、自负盈亏的方式，承担风险并实行独立核算，具有法人资格的基本经济单位。这种组织形式是适应市场经济社会化大生产的需要而形成的。

企业组织类型可以根据不同的标准进行分类。根据企业所有权的性质，企业可以分为以下三种类型：独资企业、合伙企业和公司制企业。独资企业是由个人出资经营的企业，出资者需要对其经营承担无限责任；合伙企业是由两人或两人以上按照协议共同出资经营的企业，合伙人需要对企业债务承担无限连带责任；公司制企业是由股东出资组建的企业，股东以其出资额为限对企业的债务承担责任。

另外，企业的组织结构也可以分为多种类型，如直线制、职能制、直线职能制、事业部制、矩阵制、控股公司结构、集团控股型组织结构、网络型组织结构、虚拟企业组织结构等。

除此之外，企业还可以根据行业、规模、地域等因素进行分类。按行业可以分为制造业、服务业、农业等；按规模可以分为小型、中型、大型企业；按地域可以分为国内企业和跨国企业等。

2）物联网相关企业

根据物联网产业链，查找物联网相关企业和代表企业。

（1）单击"新建脑图"按钮，输入"物联网相关企业"主题。
（2）使用浏览器和AI工具找到物联网上下游产业链及其相关代表，并将这些信息添加到思维导图，如图1.4.17所示。该思维导图旨在展示物联网产业的整体架构，包括各个主要环节及其代表企业。通过该图，可以更直观地了解物联网产业的生态系统，为相关领域的分析和决策提供有价值的参考。

2. 查找物联网职业

1）了解职业分类

职业分类是将各类职业按照一定的规则、标准及方法，根据其性质和特点进行分类的过程。这种分类将具有相似特征的职业归为同一类别，以便更好地管理和评价职业。

在我国，目前最新的职业分类标准是《中华人民共和国职业分类大典》(2022版)，其中共包括大类8个、中类79个、小类449个、细类(职业)1636个。查询职业分类信息，可以访问中国人力资源和社会保障部的技能人才评价网的职业分类栏目，如图1.4.18所示。

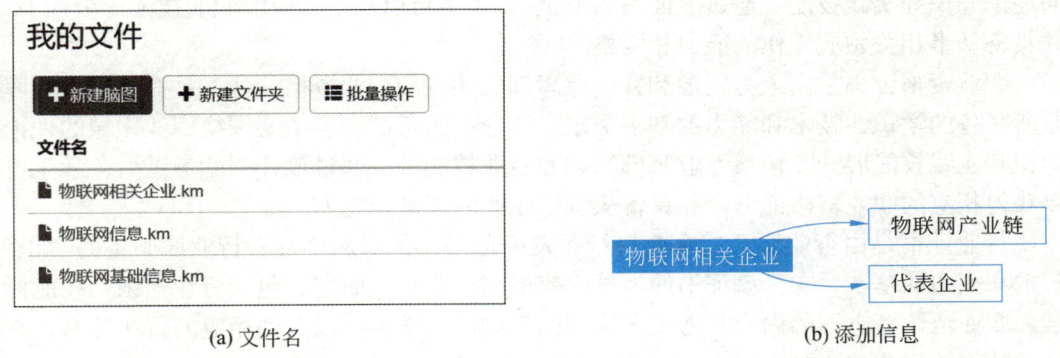

(a) 文件名　　(b) 添加信息

图 1.4.17　物联网相关企业

编码	名称	类型	职业数量	工种数量
1	党的机关、国家机关、群众团体和社会组织、企事业单位负责人	大类	23	0
2	专业技术人员	大类	463	0
3	办事人员和有关人员	大类	26	19
4	社会生产服务和生活服务人员	大类	313	370
5	农、林、牧、渔业生产及辅助人员	大类	53	140
6	生产制造及有关人员	大类	660	2182
7	军人	大类	1	0
8	不便分类的其他从业人员	大类	1	0

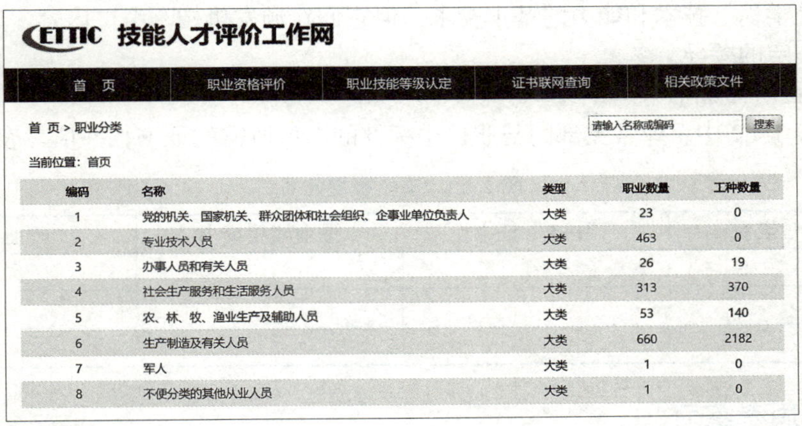

图 1.4.18　职业分类

2）常见部门与岗位

表1.4.2中列出企业常见部门，通过浏览器及AI工具完成此表。为强调物联网领域可能涉及的相关职位，请将相关职位标红。

表 1.4.2　企业常见部门与职位

发展岗位	销售与市场类	客服类	研发类	生产类	财务类	人力资源类
5年以上						
3~5年						
1~2年						
初始岗位						

思考：除了纵向的职业发展，还有哪些方向的职业发展呢？

3）证书

证书分为三类："1+X"证书、职业资格证书和行业证书。

"1+X"证书是由教育部和行业协会共同推出的职业技能等级证书，旨在提高学生的职业技能和就业竞争力。该证书的考试内容与实际工作密切相关，涵盖了专业领域内的理论知识和实践技能。通过该证书的考试后，学生可以获得相应的职业技能等级证书，并具备从事相关领域工作的能力和资格。

职业资格证书是由人力资源和社会保障部门颁发的职业资格认证，是对从事某一职业所必备的学识、技术和能力的基本要求。该证书的考试内容主要围绕职业领域的理论知识和实践技能展开，包括专业基础知识和专业技能等。通过该证书的考试后，学生可以获得相应的职业资格证书，并具备从事该职业的资格和能力。

行业证书是由行业协会或企业自行颁发的证书，是对从事某一行业所必备的学识、技术和能力的基本要求。该证书的考试内容根据行业特点而定，包括行业知识、技能标准、职业道德等方面的内容。通过该证书的考试后，学生可以获得相应的行业证书，并具备从事该行业的资格和能力。

总体来说，"1+X"证书、职业资格证书和行业证书这三类证书都是对从事某一职业或行业的学识、技术和能力的基本要求，但它们在颁发机构、考试内容、适用范围等方面存在一定的差异。

4）岗位所需证书

查阅表 1.4.2 中企业常见部门与职位中标红的岗位所需的证书，并填写表 1.4.3。

表 1.4.3　岗位所需证书

初始岗位名称	"1+X"证书	职业资格证书	行业证书

（三）思考练习

（1）小组讨论不同岗位的发展路径。

（2）小组讨论如何将查找到的内容分享给他人。

任务五　项目总结

小袁同学是一位对自我发展和行业了解充满热情的大学生。随着项目一的执行，小袁同学不仅在计算机技能上取得了显著的进步，而且在学校的社交圈中也渐渐展露出才华。通过与小组成员的相互帮助和班级的活动，小袁同学结识了志同道合的同学，共同追求知识和技能的提升。

小袁同学深入了解自己的兴趣和优势后，开始积极收集感兴趣的行业信息。他利用计算机上网搜索、参加行业讲座、阅读专业书籍等途径，收集了大量行业发展趋势、就业前景、专业技能等方面的信息。

意识到这些宝贵的信息有助于他更好地规划自己的学业和职业发展，小袁同学决定将这些内容记录下来。这不仅有助于他更好地厘清自己的思路，还为将来的学习和工作提供了有力的参考。

通过本任务收集信息，形成行业认知报告，并将自己收集到的信息分享给感兴趣的同学，为自己的未来奠定坚实的基础。

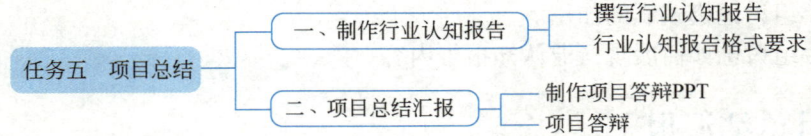

一、制作行业认知报告

通过本节内容的学习，掌握行业认知报告的基本内容和文档制作的基本规范。

（一）实施思路

（1）撰写行业认知报告。
（2）行业认知报告格式要求。

（二）实施步骤

1. 撰写行业认知报告

根据在本项目中查找到的内容，每个小组完成一份《行业认知报告》。
行业认知报告内容包括但不限于以下内容。
（1）国内外本专业发展历史。
（2）国内外行业现状。
（3）国内外行业发展趋势。
（4）行业平均薪资水平。
（5）行业代表企业。
（6）行业上下游产业链。
（7）行业应用场景。
（8）就业岗位和岗位发展。
（9）岗位所需证书。

2. 行业认知报告格式要求

（1）页面边距：上 3.7 cm、下 3.5 cm、左 2.8 cm、右 2.6 cm。
（2）一级标题用三号黑体字；二级标题用三号楷体；三、四级标题用三号仿宋；结构层次序数通常依次用"一、""(一)""1.""(1)"标注。

(3)段间距为22磅;段前后为0磅;首行缩进2字符。

(4)正文中各类标点符号均使用全角中文标点符号;英文或阿拉伯数字使用Times New Roman字体;正文使用四号仿宋。

(5)页脚:五号半角宋体阿拉伯数字,数字左右各放一条一字线,一字线距版心下边缘7 mm(一般将页脚设定为29 mm为宜),单页码右空一字,双页码左空一字。

(6)图标:图片下方正中位置,字体为5号黑体,加粗。

(7)如有附件,在正文下空一行左空二字编排"附件"二字,后标全角冒号和附件名称,附件名称后不加标点符号,五号仿宋。附件名称换行应与上行首字对齐。

(三)思考练习

(1)小组讨论格式刷的作用。

(2)小组讨论如何展现行业认知报告内容。

二、项目总结汇报

通过本节的学习,各小组完成项目总结PPT,做好项目汇报的准备。项目一"初识"通过项目答辩,让学生具备专业能力和职业素养能力,答辩包含答辩PPT内容及答辩过程。

(一)实施思路

(1)答辩PPT内容要求。

(2)答辩过程要求。

(二)实施步骤

1. 制作项目答辩PPT

答辩PPT的要求如表1.5.1所示。

2. 项目答辩

答辩过程要求如表1.5.2所示。

表1.5.1 答辩PPT要求

内容要求	团队及成员介绍
	行业现状及发展
	行业关键技术
	上下游产业链及代表企业
	锚定的就业岗位
	岗位晋升及所需证书
	不可涉及任何不当政治言论、违法、涉黄、涉黑言论
	不可出现违法、涉黄、涉黑、劣迹艺人、违法犯罪等图片
	不使用与内容不相关的、有水印的图片
	不可使用代码照片(如有代码,可截图)
	图片清晰、完整

续表

格式要求	整体简洁、美观。字体大小适中，字体颜色要与背景形成对比
	有目录、结束、致谢部分
	每段话首行空两格，以句号、感叹号等结尾
	编号统一可以是1，2，3，也可以是一、二、三

表 1.5.2　答辩过程要求

答辩过程要求	同一小组成员使用同一 PPT 进行答辩
	答辩过程中每位成员都需要发言，且每人不少于 2min；答辩总时长时间控制在 10~15min
	答辩时小组统一着装，精神饱满，声音洪亮，吐字清晰
	答辩时教师须对答辩过程进行点评

（三）思考总结

随着我国改革的持续深化，经济社会发展由高速度向高质量转变，市场对人才素质能力的要求也在不断提高，传统金字塔式的从业者需求向更多适配的中高层次人才需求转变。而大学生是社会发展、经济建设的重要力量，因此，对毕业生综合素质也提出更高要求，主要包括以下两点。

一是基本的专业能力。对自身所学专业的理论掌握能力、行业相关知识、企业知识等基本理论认识知识。

二是基本的职业素养能力。对所学专业理论知识的实际操作能力，基本职业素养、团队合作、任务执行、工作方法、时间管理、压力管理、信息沟通等，这些能力是企业衡量毕业生能否快速适应工作岗位，快速进入职业角色的关键能力，也是进行人才选择与录取的关键因素。

通过对项目一的学习和实际操作，同学们对自己的兴趣、爱好和性格有了更深入的了解，能够确定自己最适合从事的职业，以及个人的成长方向。通过对计算机操作技能的学习，进一步了解行业和岗位，以及所学习的专业与职业发展方向之间的关系。这有助于明确自己的职业发展方向，了解未来可能从事的工作领域和职业发展路径，从而做出更明智的职业选择。项目一"初识"不仅加深了同学们对自身的认识，还为同学们打开了一扇了解工作、社会的窗口。

项目二　缘　聚

项目背景

党的二十大报告中提出"加快发展数字经济,促进数字经济和实体经济深度融合,打造具有国际竞争力的数字产业集群",还指出"统筹职业教育、高等教育、继续教育协同创新,推进职普融通、产教融合、科教融汇,优化职业教育类型定位"。职业教育和数字经济成为当下的热门话题。互联网技术(internet technology, IT)类专业不仅是市场上的香饽饽,也是众多学子的不二之选。

小袁同学也是IT类专业的一名新生,周围的人都在说IT专业好就业,这也是小袁同学选择IT类专业的理由。"耳听为虚,眼见为实",小袁同学准备自己去了解真实的情况。因此,在校学习期间他搜索招聘网站上的大量岗位信息,处理并分析这些真实数据,了解各个岗位之间的薪资差异、地域分布和差异、学历要求、晋升通道及岗位所需要的能力。在处理和分析这些岗位信息的过程中不断实现自我探索,确定和认知个人的规划目标。

学习目标

知识目标	(1)了解所学专业主要的相关岗位的区分。 (2)理解岗位的概念及相关的信息要素。 (3)了解爬虫的基本原理。 (4)掌握如何进行岗位信息收集。 (5)了解自己所学专业的职业特性和社会环境。 (6)了解自己所学专业当前的就业形势和需求。 (7)掌握Word文档基本编辑操作,如字体、段落、页眉、页脚、图片插入等。 (8)掌握Excel软件基本操作,如合并、拆分单元格、行高列宽、格式等。 (9)掌握Excel数据排序、筛选、图表分析等操作。 (10)掌握PowerPoint基本操作,如放映、文字输入、插入图片、动画效果、艺术字等。 (11)理解职业上升空间的含义
能力目标	(1)通过小组讨论,培养学生沟通表达和团队合作的能力。 (2)通过网络爬取工具,培养学生信息搜集的能力。 (3)通过大量不同的数据处理,培养学生快速学习和适应能力。

续表

能力目标	（4）通过相互提问，培养学生临场应变能力和思辨能力。 （5）通过在数据处理中遇到问题时小组讨论解决，培养学生实践能力和解决问题的能力。 （6）通过搜索查阅相关资料，培养学生可持续性的终身学习能力。 （7）通过文档编辑，培养学生可持续性学习能力和文案写作能力。 （8）通过数据处理后的不同展现效果，培养学生的创新能力
素养目标	（1）通过使用国产文档编辑软件，培养学生的爱国精神和树立民族自豪感。 （2）通过使用正版软件，培养学生遵纪守法的品格。 （3）通过文档格式要求，培养学生严谨专注的品质。 （4）通过大量的数据处理，培养学生勤奋务实、精益求精的大国工匠精神。 （5）通过大量的数据处理，培养学生认真、仔细的态度。 （6）学习结束后，座椅、计算机归位，实训室卫生打扫等，培养学生认真做事的责任心和基本职业素养

项目实施思路

在项目二的学习过程中，通过查找招聘网站的大量招聘信息总结出各个岗位之间的薪资差异、地域分布差异、学历要求、晋升通道以及岗位所需要的能力。在不断探索的过程中逐步确定自己的岗位目标。项目二涵盖以下七个任务。

任务一：指导学生如何探索职业世界，通过形成职业库、开展实践与调研、搜集岗位信息等步骤，帮助学生根据个人兴趣、专业及行业前景选择合适的职业方向，并为未来就业做准备。

任务二：利用Excel软件分析专业岗位的学历要求，通过数据处理、统计与图表展示，探究学历与就业机会、薪资的关系，为个人职业规划提供依据，并引导学生思考学历对就业影响的复杂性。

任务三：主要探究就业地点与其职业发展关系的过程，涉及分析地域对就业机会、收入、个人职业规划的影响，通过Excel软件处理、统计和比较不同城市的岗位数量与薪资，最终帮助学生基于实证数据做出更合理的就业地点选择。

任务四：通过分析行业各岗位薪资差异的过程，涉及岗位薪资数据的处理、分类、统计与可视化，旨在帮助学生理解不同岗位的经济价值，考虑家庭环境因素，并通过Excel软件具体实践，为个人职业规划提供薪资导向的决策支持。

任务五：探究专业领域各岗位职业上升空间的方法，通过Excel软件分析工作经验要求、职位晋升通道与薪酬上升潜力，帮助学生识别具有较高发展潜力的岗位，并利用数据图表辅助进行职业规划，为个人职业发展路径提供策略与依据。

任务六：聚焦于分析专业岗位的技能要求，指导学生利用Excel软件处理岗位招聘信息，提取并统计岗位技能关键词，制作词云图以直观展示关键技能需求，旨在帮助学生明确学习方向，针对性地提升自身技能，为职业发展制定有效规划。

任务七：整合前期研究的岗位信息，制作一份翔实的岗位调查报告，并准备项目路演材料，旨在通过规范的文档格式与清晰的展示，系统性地总结岗位特点、需求与职业路径，以提升个人职业规划的精准度并有效传达研究成果。

项目二实施思维导图如下。

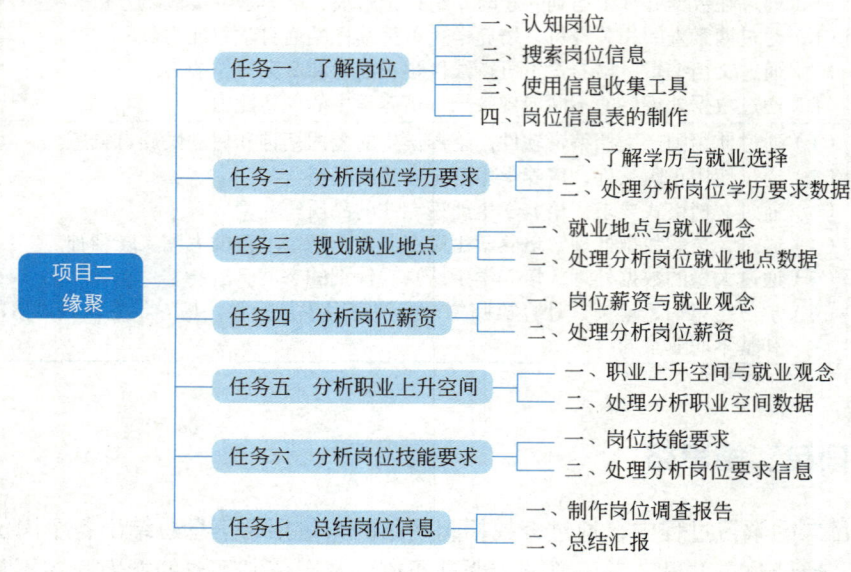

任务一　了解岗位

任务背景

小袁同学满怀对未来职业生涯的憧憬和期待，热切地渴望了解社会上各种不同的工作岗位，为自己未来的职业生涯做充分的准备。

小袁认识到，信息与通信技术（information and communications technology, ICT）行业是一个充满机遇和挑战的领域。他希望通过深入了解各种不同的工作岗位，找到自己擅长并热爱的领域，从而投身其中。他坚信，通过了解各种不同的工作岗位，能更准确地找到自己的兴趣和优势所在，进而做出明智的职业选择。

为了实现这个目标，小袁同学积极地寻找各类信息，希望深入了解社会上的各种工作岗位，明确自己的职业兴趣和方向。他相信只要自己不断努力提高技能并积累经验，一定能在 ICT 行业中绽放自己的光彩。

如果你是小袁同学，请思考以下问题。

（1）你的理想职业是什么？你对这个职业了解多少？

（2）如果你即将步入职场，你需要收集哪些职业信息？

任务目标

了解某个专业的岗位的信息，根据个人兴趣和未来发展前景选择就业岗位目标，通过信息收集工具收集大量的岗位信息为岗位分析做准备。

项目二 缘聚

任务实施思路

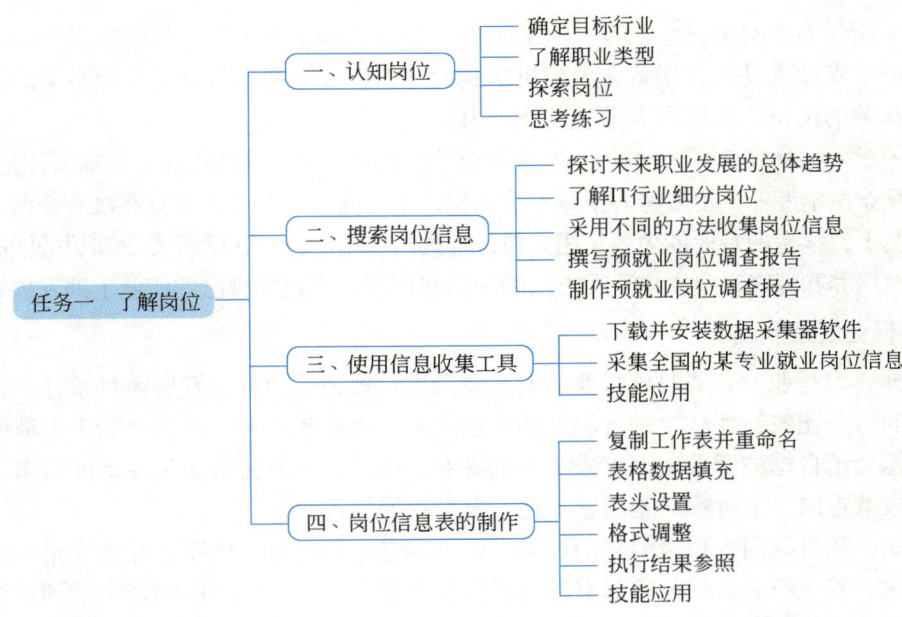

一、认知岗位

职业世界纷繁复杂,许多学生担心自己不能对职业世界有全面的认知,害怕会漏掉适合自己的工作岗位。在了解某份工作之前,学生首先需要对该工作有大方向的认识,即了解该工作属于哪个行业,其次还要对用人单位进行了解。这看似简单,实则有一定难度。一个工作岗位可能隶属于多个行业,如设计师既可以是建筑行业的,也可以是广告行业的。

在确定工作岗位所属的行业时,需要考虑两个方面:一是它隶属于什么行业;二是它隶属于什么职能。将二者结合起来,就能有效地确定一份工作的具体行业类型。

(一)确定目标行业

行业与职业有一个显著的区别:行业是由从事国民经济中同性质的生产或其他经济社会活动的经营单位和个体等构成的组织结构体系;而职业指具体所从事的某种工作。有的人可能在不同的行业或组织里从事相同的职业,有的人可能在相同的行业或组织里从事不同的职业。例如,同在教育行业,有的人的职业是教师,有的人的职业是招生顾问。了解自己以后希望从事职业的行业领域,对学生来说非常重要。它不仅能帮助学生认识未来可能接触的行业和职业,还能使学生在了解的过程中明白自己是否真正喜欢或者适合该行业、该职业,对其职业生涯规划的制订与修改有很大的帮助。

选择自己未来想要从事的行业时,可以从以下 3 个方面来考虑。

1. 自身情况

在考虑将来想要从事的行业时,一定要结合自身的情况。不同行业对从业人员有不同的要求。例如,技术性强的行业需要从业人员具有创造性思维、喜欢接受新鲜事物且乐于挑战；咨询行业则需要从业人员乐于助人、热情开朗。

2. 所学专业

大学所学专业对大学生未来从事的工作类型的影响是很大的。学生找工作时，最好还是以所学专业为基础，毕竟在学校里学到的知识、技能都是与自身专业有关的，应聘与专业相关的岗位，能增强大学生的竞争力。

有的学生不喜欢自身所学的专业，也不想从事与该专业有关的工作。但需要注意的是，就算不喜欢所学专业，也要努力学好专业知识，不能放弃该专业。毕竟在没有任何工作经验的情况下，学生的专业能力就是用人单位考察的基本能力。在学习专业知识的同时，还要积极地培养和提高自身兴趣所在方向的知识和技能，规划好自己的职业生涯发展道路。

3. 行业发展状况

选择一个行业时，要对该行业的发展前景进行评估。通常，发展前景较好、福利待遇较高的行业比较受大学生的青睐。如果进入了发展前景一般，甚至开始走下坡路的行业，可能会给自己的职业生涯带来不好的影响。因此，平时需要多关注新闻时事，多注意国家政策走向，了解哪些是国家支持、鼓励发展的行业。

例如，随着我国人口老龄化的加剧，家庭养老负担过重，国家已经高度重视国人的养老问题。养老产业面临前所未有的机遇，属于朝阳产业。许多民间资本受到政策的鼓励和引导，开始投资养老产业市场，创造了大量的就业岗位。随着我国市场经济的进一步发展，产业结构会不断地调整与变化，这就需要大学生平时关注一些权威的分析预测，对未来的行业发展趋势做到心中有数。

（二）了解职业类型

确定想要从事的行业后，还需要确定职业类型。美国大学入学考试中心在1985年建立了"工作世界地图"，如图2.1.1所示，该图将职业分为6种类型、12个职业组和26个具体的职业类别。通过工作世界地图，学生能从理论层面上认识职业类型。

工作世界地图包含两组维度和四个主要的象限。两组维度分别为人—物、数据—观念，其具体含义如下。

（1）人：人与人之间的一种互动，在工作过程中和其他人有接触和沟通。例如，教师、导游等职业主要是与人打交道的。

（2）物：在工作过程中处理与人无关的事务，很少需要或不需要与他人进行沟通与交流。例如，农夫、工匠等职业主要是与事物打交道的。

（3）数据：对文字、信息等资料进行搜集、整理，比较重视客观事实与理性思维分析。例如，会计、数据录入员等职业主要是与数据打交道的。

（4）观念：人们充分运用主观能动性，在头脑中进行工作，对真理进行探究、创意。例如，科学家、哲学家等职业主要是与观念打交道的。

在工作世界地图里，与人有关的职业类型在左边，与事有关的职业类型在右边，与数据有关的职业类型在上面，与观念有关的职业类型在下面。职业在工作世界地图上的不同位置，也是对这两组维度的不同体现。比如，教育处于"人—观念"象限中，说明该职业类型主要是与人打交道，且在工作过程中要用到分析与思考的能力，与之相关的

项目二 缘聚

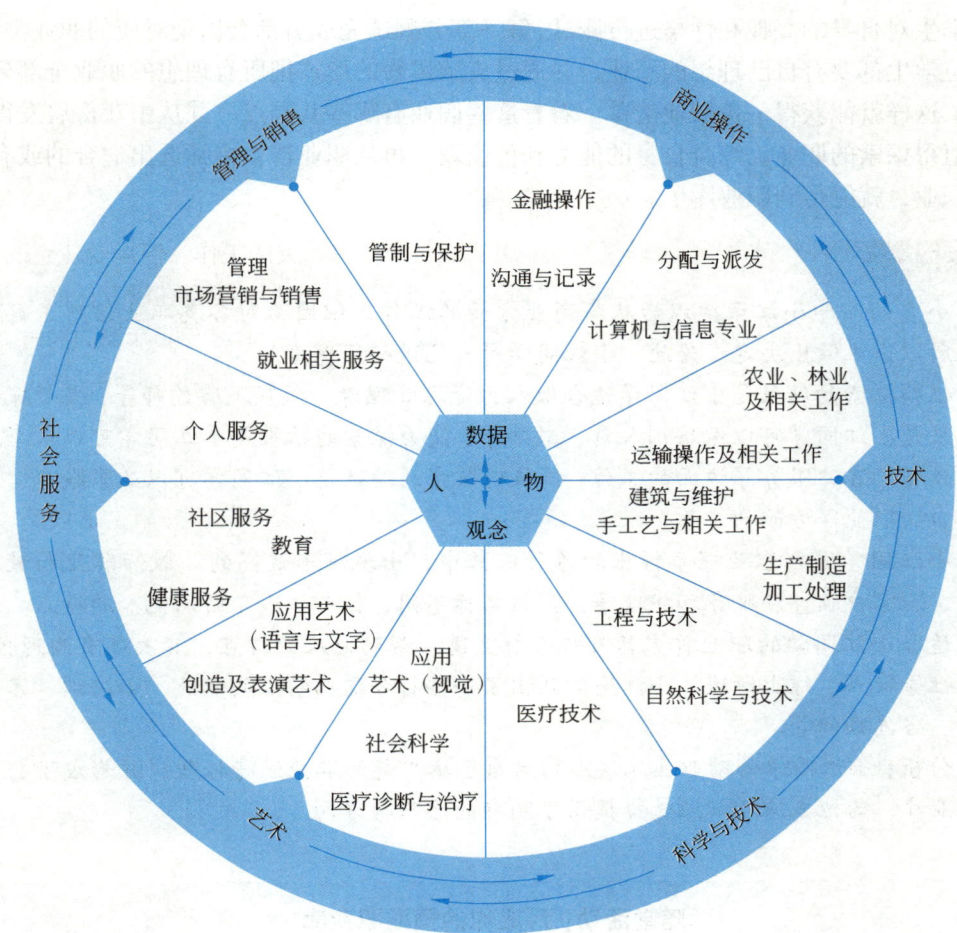

图 2.1.1 工作世界地图

职业有教师、心理咨询师等；而运输及相关工作处于"物—数据"象限中，说明该职业类型强调秩序，与人交往较少，与事物联系较紧密，与之相关的职业有修理工、驾驶员、机器操作员等。

（三）探索岗位

大学是职业世界探索的关键时期，许多大学生求职受挫，就是因为没有对自己想要从事的职业进行分析和实际调研。职业信息浩如烟海，要想找出有利于自己职业生涯规划的关键信息，需要选择并运用一些科学有效的职业探索方法。

1. 形成职业库

很多学生面对广阔的职业世界，无法准确地选择自己想要探索的职业，不能针对性地进行职业信息的分析。此时可以运用职业库法，形成自己的职业库，从而选定一个更适合自己探索的职业范围，便于进行初步的职业世界探索。

职业库就像一个水池，里面盛的都是适合自己的或有意向的职业。学生可以利用职业库进行职业世界的探索。

学生对自身的兴趣和性格进行测试，每一部分测试完成后都会出现对应的职业类型。每一位学生都要有自己理想的职业，并通过头脑风暴的形式把所有理想的职业全部列举出来，这样就能获得一份职业清单。看看这些职业有哪些共同点，并从中获得启发得到更多值得探索的职业。综合自身的能力和价值观，再从职业清单中筛选出适合的或有意向的职业，就能得到职业库了。

案例分析

小袁的同学小江希望以后从事商业方面的工作，但因为对各类职业信息了解甚少，所以很难做出决定。为此，小江同学对自己进行了探索。

性格探索的结果是小江同学适合做人力资源管理者、教师、咨询师等；兴趣探索的结果是小江同学可以做培训人员、教师等；能力探索的结果是小江同学可以从事教育、销售、客户服务等方面的工作；价值观探索的结果是小江同学可以从事服务、护理、自由职业等方面的工作。

小江同学进行职业探索得出的各种选择中，出现频率最高的是教师职业和教育工作，而客户服务、服务和护理等，虽然名称不同，但都体现了帮助他人的特点。所以最适合小江同学的职业首先具有与人打交道、帮助他人的特点，其次还有沟通性、商业性等特点。综上所述，小江同学列出了一些符合这些特点的职业，如培训、客户服务、咨询顾问等。

分析：小江同学借助职业库法成功对自己感兴趣的职业进行梳理，并形成了自己的职业库，为他未来的职业选择提供了明确的思路与方向。

随堂活动：形成你的预期职业库

职业世界有太多的信息，往往让大学生难以抉择。通过下面的练习形成职业库，然后从中挑选出适合自己的职业进行调查。

（1）对职业清单上的职业进行分类和探索。

对自己列出的每一个职业进行分类，并填在下面对应的横线上。例如，"导游"这个职业在自己的兴趣列表和MBTI性格类型对照中都出现过，那就将它列在第一类中。

第一类：很有可能（在兴趣和性格探索结果中都出现过的职业）。

_____

注意：职业探索的结果最可能在此类中，着重了解这些职业的要求和工作环境等细节。

第二类：比较有可能（在兴趣或性格探索结果中出现过的职业）。

_____

注意：该类职业有较大的可能适合自己，可以进行下一步探索。

第三类：有可能（根据兴趣和性格探索结果，符合一方面的情况却与另一方面的情况相冲突的职业）。

注意：假设从事上述职业，可能会出现什么情况，是否有矛盾冲突。

第四类：其他职业（在兴趣和性格探索结果中都未曾出现，但自己特别感兴趣的职业）。

_____

注意：虽然从事该类职业的可能性不大，但可以分析自己为什么会对它感兴趣？动机是什么？这些职业是否与自己的职业目标和信念相匹配？

（2）继续探索职业清单。

重新审视列出的所有职业，结合自身的能力和价值观，在下面的横线上继续列出想要探索的职业。

_____

注意：选择想要继续探索的职业时，不要在没有任何了解的情况下就删除某职业。筛选出的职业数量最好不少于5个、不多于10个。最终筛选出的职业就是最适合自己的职业。

2. 岗位探索

在探索职业世界时，除了形成自己的职业库、确定职业分类，从而深入探索职业世界之外，还可以积极开展各项职业实践活动，多收集、分析和评估行业中的职业信息。

1）开展校内外实践

学生在校期间应合理安排好学业与实践之间的关系，在学习之余利用各种校内外的实践活动来认识和探索职业世界。例如，担任学生干部、进行校内实习、参加学生社团、参与勤工助学项目等。担任学生干部的学生应认真投入，树立服务同学的良好心态，并积极组织开展相关活动，努力完成应尽的职责。这样可以提高自己的综合素质，并逐渐培养组织、沟通、协调及管理能力。

在校内实习基地，学生可以培养自己的专业技能和动手能力。学生应该重视每一次课程实习的机会，并积极参与。另外，学生社团也是大学校园内学生进行实践活动的重要平台。可以根据自己的兴趣和需要，选择性地参加学生社团活动，做好自己分内的工作，从而使自己的综合能力得到提高。

相对校内实践来说，校外的职业实践较为复杂，但收获更大。学生可以根据自己的职业需求寻找与自己的兴趣和专业相关的兼职工作，到与所学专业相关的用人单位去参与实践等。通过校外实践，学生不仅可以对自己有更深入的认识，而且能了解当今社会的就业需求，培养职业能力，发现适合自己的工作岗位，为今后顺利就业打下基础。

2）开展访谈

学生如果有感兴趣的职业，则可以对该职业的从业者进行访谈，从而对某个职业的详细信息有更加深入的了解和判断。为了防止访谈中的主观影响，学生开展访谈时，应确保至少有3位访谈人物。因为每个人的认识、理解和关注点是不一样的，访谈人物越多，学生从中获得的信息就会越全面。

3）开展调研

实践是大学生探索职业世界的最佳途径之一，但即使不具备较好的实践条件，也可以通过调研的方式，有目的、有计划、系统地搜集有关专业与职业信息，判断自己的职业需求。大学生可以搜寻自己所学专业就业的状况追踪、调研报告，对职业进行了解，这是静态的方法；也可以进行个人或团体调研，这是动态的方法。不管采用静态方法还是动态方法，调研时一般包含以下主要内容。

（1）本专业的学生毕业后都能做什么工作？

（2）本专业领域内权威的企业或机构有哪些？

（3）本专业的成功人物都有谁，具体成就有哪些？

（4）与本专业对口的单位对毕业生有哪些要求？

（5）本专业的前几届毕业生目前的状况如何？

（6）怎样才能学好本专业，学习的圈子和资源都有哪些？

> **知识拓展**
>
> 职业信息的来源非常广泛，最常见的就是通过媒体、互联网等途径进行获取。各种求职网站，各个城市的人才招聘网站，各大高校的就业中心的网站，以及一些提供招聘信息的微信公众号、微博等，都是大学生获取职业信息的重要途径。

（四）思考练习

（1）结合自己所学的专业，梳理得到的所有信息并形成自己的职业库。可分别按兴趣、能力、性格、价值观等方式进行梳理，确定自己想要探索的职业岗位，并将梳理的结果写在下方横线上。

_____

_____

（2）完成"职业探索"游戏。

组成课程学习小组，使用头脑风暴法（一群人通过一定的讨论程序和规则，围绕某一话题自由思考，产生新观点的方法；在头脑风暴过程中，自己的观点可以建立在他人的观点之上），列举出本专业相关的职业岗位，可分行业（如服务、IT、教育、建筑、艺术等）列举，并指出你认为的未来发展会更好的职业岗位。写下在"职业探索"游戏中获得的启示。

_____

_____

二、搜索岗位信息

各小组围绕本专业可能涉及的就业领域进行深度探讨，探讨的目的是避免在将来择业时"入错行"。在探讨的同时可借助互联网和AI工具来辅助和验证自己的思路及想法，并撰写一份初步的岗位调查报告。

（一）实施思路

（1）探讨未来职业发展的总体趋势。
（2）了解IT行业的细分岗位。
（3）采用不同的方法收集岗位信息。
（4）撰写预就业岗位调查报告。

（二）实施步骤

1. 探讨未来职业发展的总体趋势

为了准确预测未来职业发展的总体趋势，用"职业望远"的方式，对未来岗位的变化趋势进行深入分析。通过探讨了解未来职业发展的信息。

"职业望远"是指通过观察和分析职业领域的发展趋势、市场动态和竞争态势，为个人或组织提供有关职业发展的建议和指导。这项工作需要具备敏锐的洞察力和分析能力，同时需要了解各种职业领域的知识和信息。"职业望远"可以帮助人们更好地了解自己的职业方向，制订更加合理的职业规划，并为实现职业目标提供有效的支持和帮助。

本次探讨问题以及实施的步骤如下。

1）问题探讨

问题1：未来10年哪些工作岗位可能会逐渐消失？

问题2：IT行业有很多岗位，针对某一个工作，你觉得应该如何做好这个工作？

2）信息收集

按小组进行信息收集，各小组简单讨论并总结问题1和问题2。

要求：问题1聚焦于当今社会及岗位整体形势；问题2聚焦于专业技能和通用技能。

3）总结与发言

讨论并总结输出相关文件。

（1）问题1参照表2.1.1（采用Word文档进行归纳总结）。

表 2.1.1 问题总结

问　　题	总　　结
可能会消失的工作岗位有哪些？	
这些岗位之间的共性是什么？	
这些岗位会被什么技术取代？	

（2）各小组根据问题2的讨论和总结进行发言，将讨论结果的关键词绘制成思维导图并进行现场展示。

2. 了解 IT 行业的细分岗位

1）方向初选

基于 IT 行业以及自己所学习的专业，每人至少写出 3 个未来希望或可能从事的工作岗位。

2）信息收集

信息收集 1：未来 10 年或 20 年什么职业最热门？

信息收集 2：IT 行业或你所学的专业主要有哪些细分岗位，各岗位的待遇情况？

信息收集 3：你希望或可能从事的工作岗位的岗位职责主要是做什么的？

信息收集 4：你希望或可能从事的工作岗位所需要的技术主要有哪些？

信息收集 5：你希望或可能从事的工作岗位的晋升路径是什么？

可以利用以下渠道收集信息。

（1）搜索引擎。如百度、必应等。在搜索引擎里可进行综合信息的搜索。可以直接打开百度或其他搜索引擎，输入某报告的关键词，或者希望了解的主题关键词来进行检索。例如，想了解"90 后"用户的整体情况，可以输入"90 后消费者"+空格+"报告"进行模糊搜索。把想要搜索的相关名词用空格连接，可以搜索到同时包含这些词的内容。

（2）招聘网站。主要搜索岗位相关的信息。如 boss 直聘、智联招聘、猎聘网等。在招聘网站搜索岗位信息时，在搜索栏中输入想要搜索的相关岗位名词，同时再选定一些相关条件即可得到该岗位的相关信息。

（3）共享文库。如百度文库、豆丁文库、道客巴巴等。

（4）政府网站。如国家统计局、工业和信息化部里的数据等。官方机构权威性很高，部分数据的采集也只有官方机构可以做到，很多报告中涉及人口、GDP、受教育水平等的全民数据，都是引用自官方机构。

（5）聚合类报告平台。有一些网络平台专门汇总各行业报告提供给有需要的用户。例如中国互联网信息中心、艾瑞咨询等。使用十分方便，在搜索栏输入关键词，就能查到很多报告。还可以按照报告的类型、标签、行业、发布的时间等来进行挑选。

这些机构都各自有擅长的领域，有需要时还可以去官网或公众号等搜索。

3. 采用不同的方法收集岗位信息

1）信息收集

信息收集 1：未来 10 年或 20 年什么职业最热门？

方法举例：通过搜索引擎查询该问题，然后进行总结，如图 2.1.2 所示。

信息收集 2：IT 行业或自己专业主要有哪些细分岗位，各岗位的待遇如何？

方法举例：打开招聘网站，查看职位类型，如图 2.1.3 所示。

根据招聘网站的结果进行岗位的总结和薪资调研。

信息收集 3：希望或可能从事的工作岗位的岗位职责主要是什么？

方法举例：打开招聘网站，查看职位描述，如图 2.1.4 所示。

未来二十年，什么行业和专业比较吃香？

播报文章

园丁禾合
2023-03-18 11:48 四川 | 培训师,教育领域爱好者,内容评审官

关注

随着科技的不断发展和社会的不断进步，未来二十年的职业市场也将发生巨大的变化。在这个变化的过程中，一些行业和专业将会变得更加重要和受欢迎，而另一些则可能会逐渐式微。本文将从九个方面来分析未来二十年比较吃香的行业和专业。

1. 人工智能和机器学习

人工智能和机器学习是未来职业市场中最热门的行业之一。随着人工智能技术的不断发展和应用，越来越多的企业和组织将需要专业人才来研究和应用人工智能技术，从而提高效率和降低成本。

2. 大数据分析

随着信息技术的不断发展和普及，越来越多的数据被收集和存储。大数据分析专业

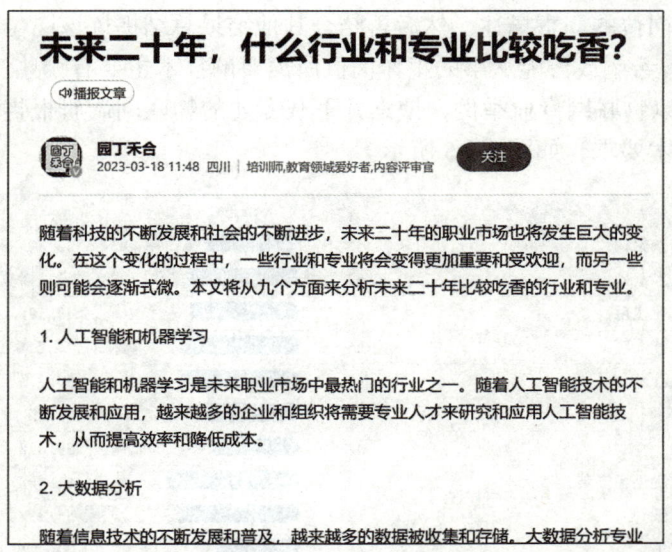

图 2.1.2 搜索结果

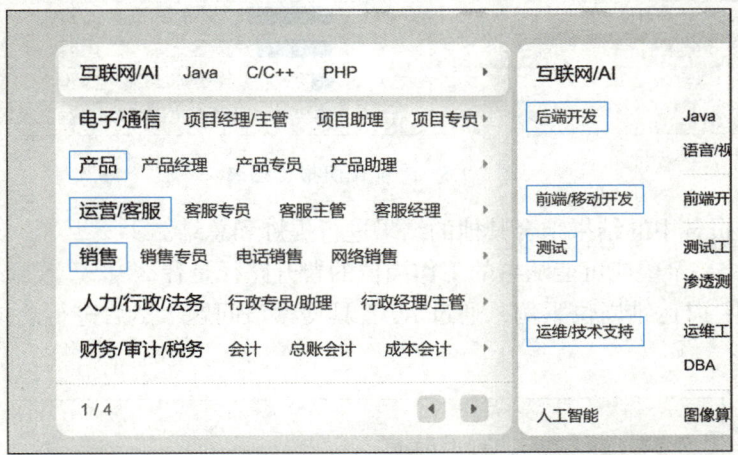

图 2.1.3 查看结果

职责描述：

1. 负责企业内部设备互联互通；
2. 整合自控与IT系统，如MES,WMS,WCS之间串联；
3. 研究行业应用软件和运行架构,满足行业应用的产业化适配。

任职要求：

1. 熟悉物联网系统搭建方案，熟悉MODBUS、MQTT、OPC、OPCUA等各类协议；
2. 有PLC编程经验或SCADA项目经验；
3. 熟悉应用开发语言C#和常用数据库PostgreSQL，熟悉时序数据库如influxdb，或clickhouse；
4. 有视觉识别开发经验优先。

图 2.1.4 职位描述结果

查询多条该岗位的职责描述，然后再结合其他结果总结提炼该岗位的职责。

信息收集 4：希望或可能从事的工作岗位所需要的技术主要有哪些？

方法举例：以物联网专业举例，搜索并下载专业的物联网调研报告。报告中有安装施工类人员的技术要求，如图 2.1.5 所示。

选项	小计	比例
熟悉物联网体系架构	53	43.8%
熟悉物联网技术基础	62	51.24%
熟悉物联网行业应用	60	49.59%
掌握弱电施工技术	66	54.55%
掌握综合布线技术	67	55.37%
掌握电工技术	53	43.8%
熟悉电子技术	48	39.67%
熟悉物联网常用设备安装、调试	74	61.16%
能看懂工程图纸	67	55.37%
能绘制工程图纸	46	38.02%
熟悉常用传感器接口电气参数	45	37.19%
熟悉 XMind 等思维导图工具	26	21.49%
熟悉 Visio、CAD 等制图工具	47	38.84%
熟悉工程文档的撰写	42	34.71%
其他	12	9.92%
（空）	10	8.26%

图 2.1.5　专业调研报告结果

根据调研报告中的结果结合其他的结果进行提炼和总结。

信息收集 5：希望或可能从事的工作岗位的晋升路径是什么？

方法举例：以运维岗位举例，通过 AI 工具搜索该问题，然后进行总结，如图 2.1.6 所示。

> 在运维岗位中，通常有以下的晋升路径。
>
> 1. 运维工程师：这是运维岗位的初始职级。作为一个运维工程师，你将负责系统维护、故障处理、监控和日常运维等任务。
>
> 2. 运维专家：在成为一名有经验的运维工程师后，你可以晋升为运维专家。作为运维专家，你需要具备广泛的技术知识和熟练的技能，能够解决复杂的问题，并提供高效的解决方案。
>
> 3. 运维主管/团队领导：如果你在团队中表现出色并展示了良好的管理能力，你可能会晋升为运维主管或团队领导。在这个职位上，你将负责团队的管理和协调工作，领导团队完成项目任务，并提供一定程度的技术指导和培训。
>
> 4. 运维经理/部门经理：在成为一名有丰富管理经验的运维主管后，你可能会晋升为运维经理或部门经理。在这个职位上，你将负责整个运维部门的运作和管理，包括人员管理、预算管理、资源分配和项目规划等。

图 2.1.6　AI 搜索结果

根据 AI 工具的结果，结合其他信息提炼总结。

2）小组讨论与总结

用 Word 文档记录收集的信息，并把小组讨论后的信息进行汇总和总结。

4. 撰写预就业岗位调查报告

根据搜索到的信息，每个小组完成一份"预就业岗位调查报告"。报告内容主要包含以下部分。

（1）前言（200 字以内）。

（2）市场整体需求（例如，软件专业市场整体需求）。

（3）什么是×××××（例如，什么是前端工程师。该前端工程师是在市场整体需求中提到的岗位）？

（4）哪些单位需要×××××（例如，哪些单位需要前端工程师）？

（5）该岗位的岗位职责主要是什么？

（6）该岗位的技术要求主要是什么？

（7）要学习哪些课程才能满足技术需求？

5. 制作预就业岗位调查报告

1）封面制作

为预就业岗位调查报告制作一个封面。封面制作参考以下步骤。

（1）页面设置，包括以下几项。

① 纸张大小：A4。

② 页边距：上、下 2.5 cm、左 3 cm，右 2 cm。

③ 页眉：预就业职业调查报告，隶书三号字居中，页眉距边界 2 cm，首页无页眉页脚。

④ 页脚：页码用小五号字底端居中，页脚距边界 1.75 cm。正文页脚和目录不同，详见模板。

⑤ 首页不显示页眉页脚。

（2）摘要：黑体，小二号，1.5 倍行距，段前后 0 磅，居中。

（3）摘要正文：宋体，小四，1.5 倍行距，段前后 0 磅，两端对齐，首行缩进 2 字符。

（4）摘要关键词：黑体，小四，1.5 倍行距，段前后 0 磅，无首行缩进。

（5）目录：黑体，小二号，1.5 倍行距，段前后 0 磅，居中。

（6）目录正文：宋体，小四，1.5 倍行距。正文从第 1 页开始。

2）正文编写以及格式调整

按照要求编写预就业岗位调查报告的内容，并按照格式要求调整预就业报告的整体格式。

（1）内容要求，包括以下几项。

① 前言：300 字左右。

② 市场整体需求：图文表结合，内容一页以上。

③ 什么是×××××？图文表结合 500 字或半页以上。

④ 哪些单位需要×××××？图文表结合，500 字或半页以上。

⑤该岗位的岗位职责主要是什么？图文表结合，500字或半页以上。
⑥该岗位的技术要求主要是什么？图文表结合500字或半页以上。
⑦要学习哪些课程才能满足技术需求？图文表结合500字或半页以上。
（2）格式要求，包括以下几项。
①报告名称格式：黑体，小二号，不加粗，居中，1.5倍行距。
②标题格式：黑体，四号，不加粗，左对齐，1.5倍行距，段前12磅，段后6磅。
③正文格式：宋体，小四，不加粗，首行缩进2个字符，1.5倍行距，段前后0磅。
④图名格式：宋体，五号，加粗，嵌入性居中，1.5倍行距，段前后0磅。
⑤表名格式：宋体，五号，加粗，居中，1.5倍行距，段前后0磅。
⑥表格内容格式：宋体，五号，不加粗。

（三）思考练习

完成岗位信息可信度分析。组成课程学习小组，使用头脑风暴法分析预就业报告中相关岗位调查的可靠性，如表2.1.2所示。

表2.1.2 岗位调查数据可靠性分析

成员	市场需求可靠性	单位需求可靠性	岗位要求可靠性	技术要求可靠性
成员1				
成员2				
成员3				

三、使用信息收集工具

在数据收集的过程中，收集的数据越多，偏差越小，越接近真实情况。相反，收集的数据越少，偏差就越大，会导致数据不准确和不完整。因此，在进行数据收集时，要尽可能地收集更多的数据，减少偏差并提高数据的准确性。

为了找到更多岗位的相关数据，小袁同学希望能找到一款能够高效地收集、整理和分析数据的工具。他对工具的要求非常明确，必须能快速抓取和存储数据，同时要保证数据的准确性和完整性。

（一）实施思路

（1）下载并安装数据采集器软件。
（2）采集全国的某专业就业岗位信息。
（3）采集某地区某专业就业岗位信息。

（二）实施步骤

1. 下载并安装数据采集器软件

（1）使用下载地址：使用搜索引擎搜索后羿采集器，进入官网下载，如图2.1.7所示。

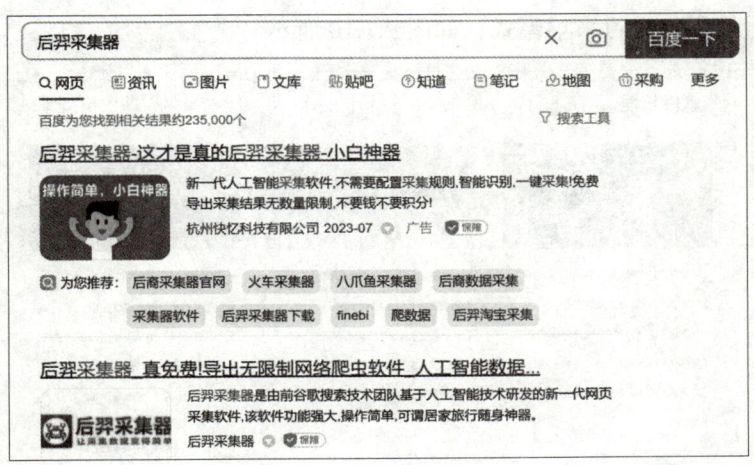

图 2.1.7　搜索后羿采集器

数据采集器的下载，如图 2.1.8 所示。

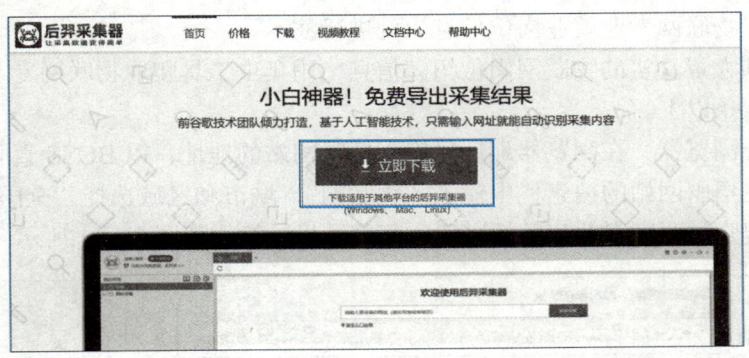

图 2.1.8　软件下载

（2）下载后进行软件安装。

（3）打开后羿采集器（该软件不注册也能使用）。打开后有新手入门，采集功能有流程图模式和智能模式，本书使用智能模式，如图 2.1.9 所示，其他采集方法可通过教程自学。

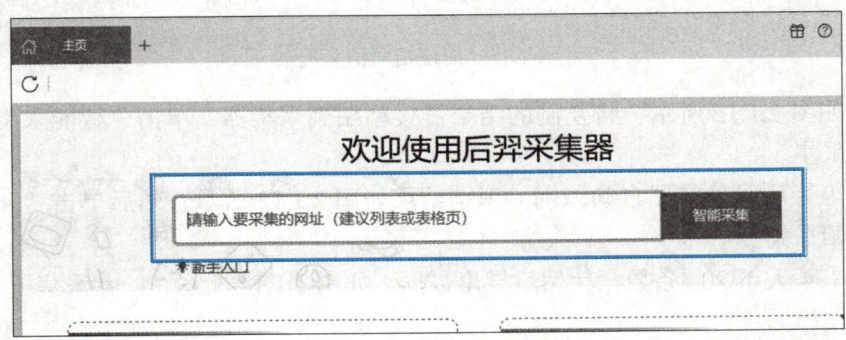

图 2.1.9　采集器页面

（4）查看教程，学习采集模式，如图2.1.10所示。

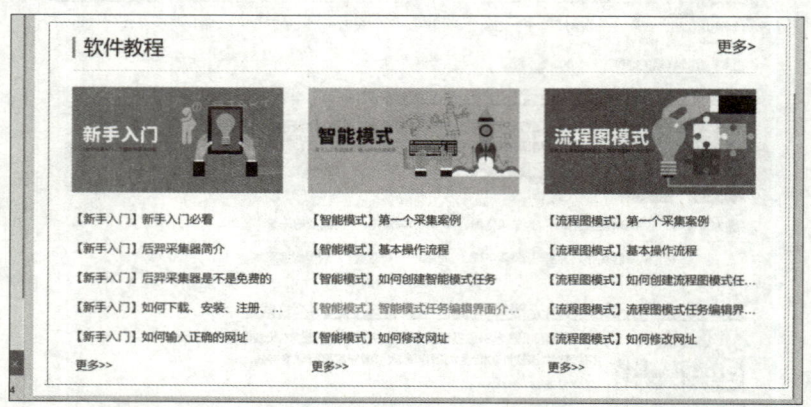

图2.1.10　软件教程页面

2. 采集全国的某专业就业岗位信息

此过程以物联网专业就业岗位信息为例进行演示。

为了得到大量真实的物联网岗位招聘信息，用爬虫工具爬取物联网专业全国的工作岗位信息200条以上。

（1）打开浏览器，在浏览器地址栏输入招聘网站的地址，以BOSS直聘为例。打开招聘网站，在招聘网站的搜索栏中输入"物联网"，城市和区域选择"全国"，单击"搜索"按钮，搜索物联网专业相关的岗位，复制结果链接，如图2.1.11所示。

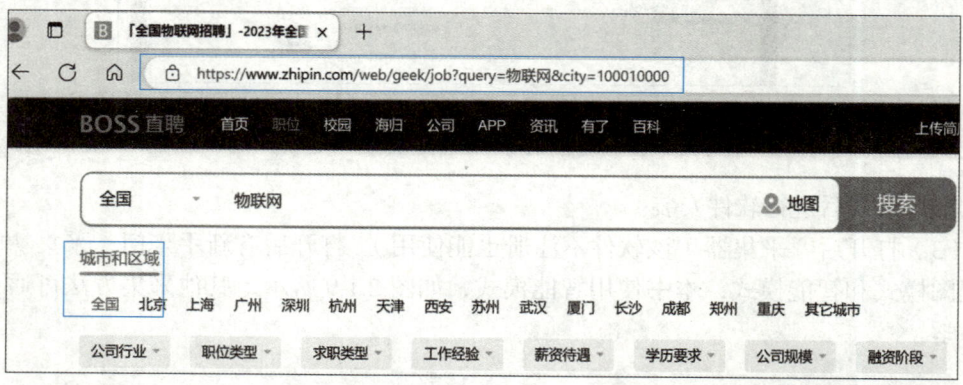

图2.1.11　岗位招聘信息搜索

（2）如图2.1.12所示，将复制的结果链接粘贴到采集器，单击"智能采集"按钮，进行数据采集。

（3）等待后羿采集器自动识别。识别结果如图2.1.13所示，然后单击"开始采集"按钮，开始采集。

（4）采集大于200条数据，然后导出数据。如图2.1.14所示，一共采集了278条岗位数据。

（5）将采集的278条数据保存为.xls格式，如图2.1.15所示。

图 2.1.12　粘贴网页地址

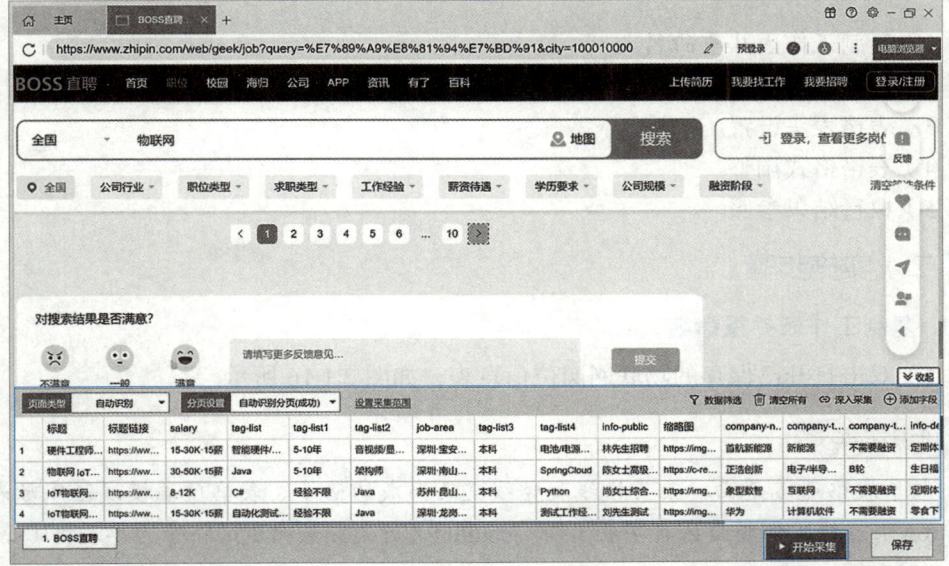

图 2.1.13　自动识别结果

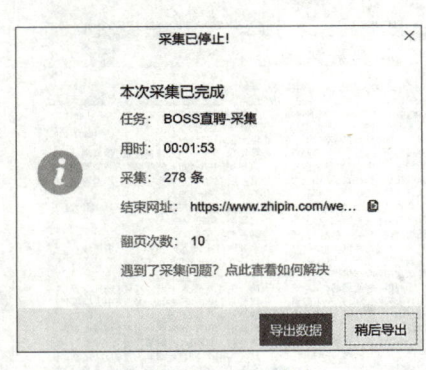

图 2.1.14　导出数据　　　　　图 2.1.15　保存采集的原始数据

3. 技能应用

采集成都地区的岗位信息，为后面的数据分析做好准备。各小组也可按照自己的专业及地区进行信息采集。

（三）课后练习

（1）采集全国某专业就业岗位信息一份（200条以上）。
（2）采集某城市某专业就业岗位信息一份（200条以上）。

四、岗位信息表的制作

采集到的数据属于原始数据，比较杂乱，用 Excel 对原始数据进行简单处理，方便后期使用。

（一）实施思路

（1）复制工作表并重命名。
（2）表格数据填充。
（3）表格表头设置。
（4）表格格式调整。
（5）执行结果参照。

（二）实施步骤

1. 复制工作表并重命名

（1）双击打开已保存的物联网岗位信息表，如图 2.1.16 所示。

> **知识拓展**
>
> 电子表格通常是由一条条横线和竖线交叉而成的格子。表格顶端横线区字母表示行（row），表格左侧竖线区数字表示列（column），行列相交而成的格子为单元格（cell）。

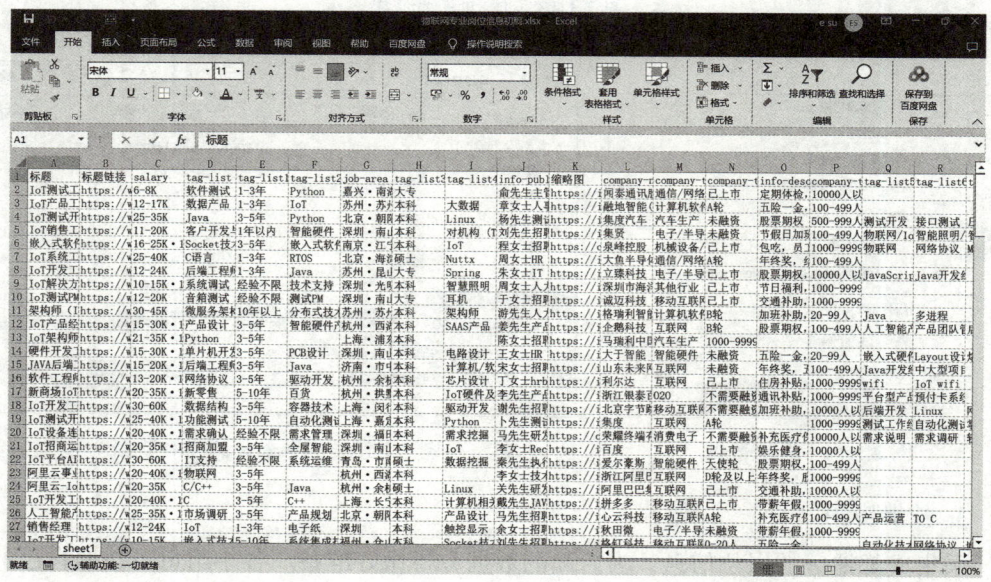

图 2.1.16 岗位信息原始表

（2）重命名工作表，以"Sheet1"工作表为例。右击"Sheet1"标签，在弹出的快捷菜单中选择"重命名"命令，将该工作表名称改为"物联网岗位信息（原始）"，如图 2.1.17 和图 2.1.18 所示。

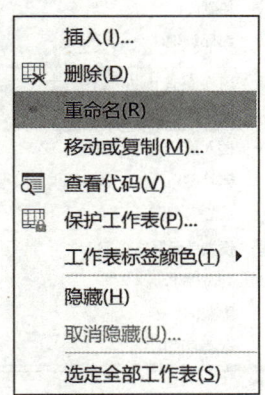

图 2.1.17　重命名工作表

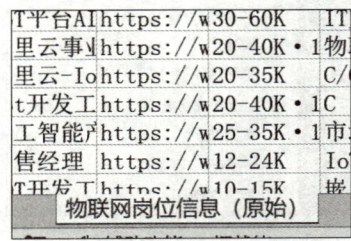

图 2.1.18　重命名后的工作表

> **技能拓展**
>
> 重命名电子表格除了右击工作表标签重命名之外，还可以用双击工作表标签进行重命名。

（3）复制原始数据工作表。为了保留原始数据，方便后面再做分析，将该工作表重新复制一份。

以"物联网岗位信息（原始）"工作表为例，在工作表编辑区单击"+"按钮即可在现有工作表末尾插入一个新的工作表"Sheet1"，如图 2.1.19 所示。

双击"Sheet1"工作表标签，将其名称更改为"物联网岗位信息"，如图 2.1.20 所示。

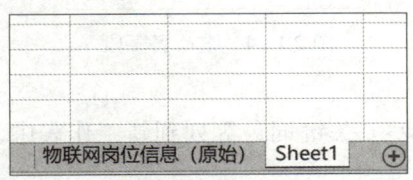

图 2.1.19　新建工作表

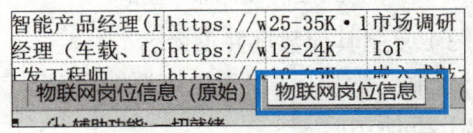

图 2.1.20　重命名工作表

2. 表格数据填充

1）复制数据到新工作表中

（1）如图 2.1.21 所示，选择"物联网岗位信息（原始）"工作表代表岗位名称的那一列，图中为 A 列，右击，在弹出的快捷菜单中选择"复制"命令 A 列。

（2）如图 2.1.22 所示，选择"物联网岗位信息"工作表的 A 列，右击，在弹出的快捷菜单中选择"插入复制的单元格"命令。

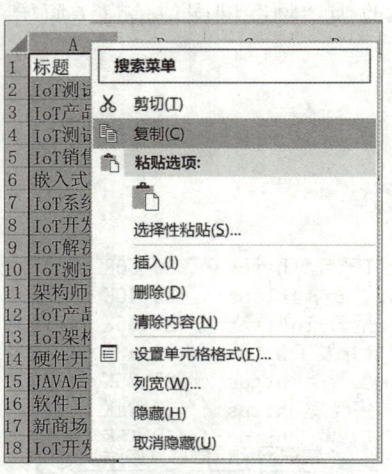

图 2.1.21　复制岗位信息

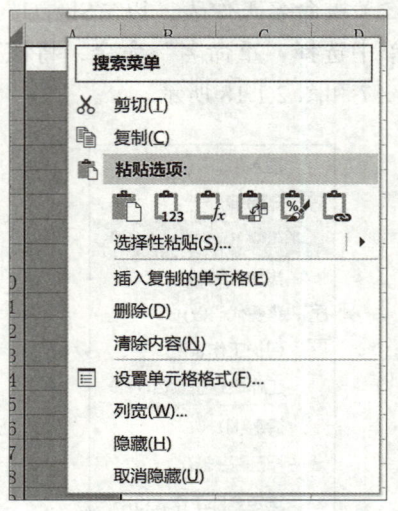

图 2.1.22　粘贴岗位信息

2）字段重命名

如图 2.1.23 所示，复制的数据表头为“标题”，将其修改为“岗位名称”并加粗，如图 2.1.24 所示。

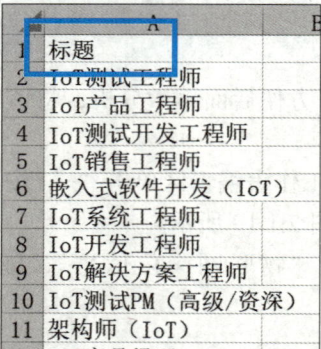

1	标题
2	IoT测试工程师
3	IoT产品工程师
4	IoT测试开发工程师
5	IoT销售工程师
6	嵌入式软件开发（IoT）
7	IoT系统工程师
8	IoT开发工程师
9	IoT解决方案工程师
10	IoT测试PM（高级/资深）
11	架构师（IoT）

图 2.1.23　复制原始数据

1	**岗位名称**
2	IoT测试工程师
3	IoT产品工程师
4	IoT测试开发工程师
5	IoT销售工程师
6	嵌入式软件开发（IoT）
7	IoT系统工程师
8	IoT开发工程师
9	IoT解决方案工程师
10	IoT测试PM（高级/资深）

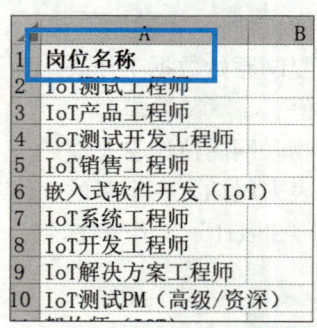

图 2.1.24　重命名字段

3）复制其他数据并重命名

复制“学历”“工作地点”“薪资”“工作经验”“关键词”等列到新工作表中，如图 2.1.25 所示。

	A	B	C	D	E	F	G	H	I	J	K
1	**岗位名称**	salary	tag-list1	tag-list3	job-area	tag-list	tag-list2	tag-list4	tag-list5	tag-list6	tag-list7
2	IoT测试工程师	6-8K	1-3年	大专	嘉兴·南湖	软件测试	Python				
3	IoT产品工程师	12-17K	1-3年	本科	苏州·苏州	数据产品	IoT	大数据			
4	IoT测试开发工程师	25-35K	3-5年	本科	北京·朝阳	Java	Python	Linux	测试开发	接口测试	压力测试
5	IoT销售工程师	11-20K	1年以内	本科	深圳·南山	客户开发与	智能硬件	对机构（T	物联网/Io	智能照明/	智能家居
6	嵌入式软件开发（Io	16-25K·1	3-5年	本科	南京·江宁	Socket技术	嵌入式软件	IoT	物联网	网络协议	MQTT
7	IoT系统工程师	25-40K	1-3年	硕士	北京·海淀	C语言	RTOS	Nuttx			
8	IoT开发工程师	12-24K	1-3年	大专	苏州·昆山	后端工程师	Java	Spring	JavaScrip	Java开发经	
9	IoT解决方案工程师	10-15K·1	经验不限	本科	深圳·光明	系统调试	技术支持	智慧照明			
10	IoT测试PM（高级/资	12-20K	经验不限	大专	深圳·南山	音箱测试	测试PM	耳机			
11	架构师（IoT）	30-45K	10年以上	本科	苏州·苏州	微服务架构	分布式技术	架构师	Java	多进程	
12	IoT产品经理	15-30K·1	3-5年	本科	杭州·西湖	产品设计	智能硬件产	SAAS产品	人工智能产	产品团队经	后台产品

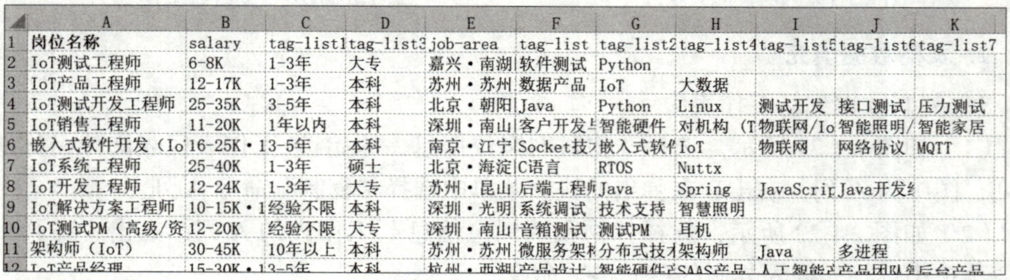

图 2.1.25　复制原始数据列

将数据列的表头重命名，如图 2.1.26 所示。

	A	B	C	D	E	F	G	H	I	J	K
1	岗位名称	薪资	工作经验	学历	工作地点	关键词1	关键词2	关键词3	关键词4	关键词5	关键词6
2	IoT测试工程师	6-8K	1-3年	大专	嘉兴·南湖	软件测试	Python				
3	IoT产品工程师	12-17K	1-3年	本科	苏州·苏州	数据产品	IoT	大数据			
4	IoT测试开发工程师	25-35K	3-5年	本科	北京·朝阳	Java	Python	Linux	测试开发	接口测试	压力测试
5	IoT销售工程师	11-20K	1年以内	本科	深圳·南山	客户开发	智能硬件	对机构（T	物联网/IoT	智能照明/	智能家居
6	嵌入式软件开发（Io	16-25K·1	3-5年	本科	南京·江宁	Socket技	嵌入式软件	IoT	物联网	网络协议	MQTT
7	IoT系统工程师	25-40K	1-3年	硕士	北京·海淀	C语言	RTOS	Nuttx			
8	IoT开发工程师	12-24K	1-3年	大专	苏州·昆山	后端工程	Java	Spring	JavaScript	Java开发	
9	IoT解决方案工程师	10-15K·1	经验不限	本科	深圳·光明	系统调试	技术支持	智慧照明			
10	IoT测试PM（高级/资	12-20K	经验不限	大专	深圳·南山	音箱测试	测试PM	耳机			
11	架构师（IoT）	30-45K	10年以上	本科	苏州·苏州	微服务架	分布式技术	架构师	Java	多进程	

图 2.1.26 复制数据列重命名

3. 表头设置

1）表名设置

（1）插入空白行。如图 2.1.27 所示，在第 1 行位置右击，在弹出的快捷菜单中选择“插入”命令，插入空白。

（2）如图 2.1.28 所示，选中第一行的 A~K 列，单击“合并居中”按钮。

在单元格输入“物联网岗位数据”。格式设置为宋体，20 号，加粗，居中，底端对齐，如图 2.1.29 所示。

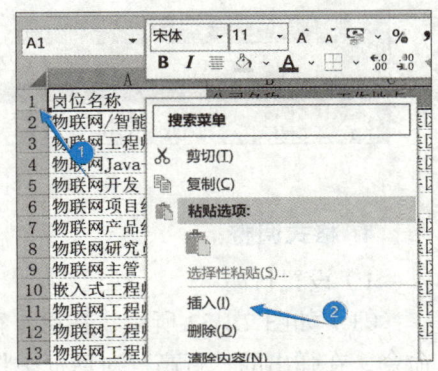

图 2.1.27 插入一行空白表格

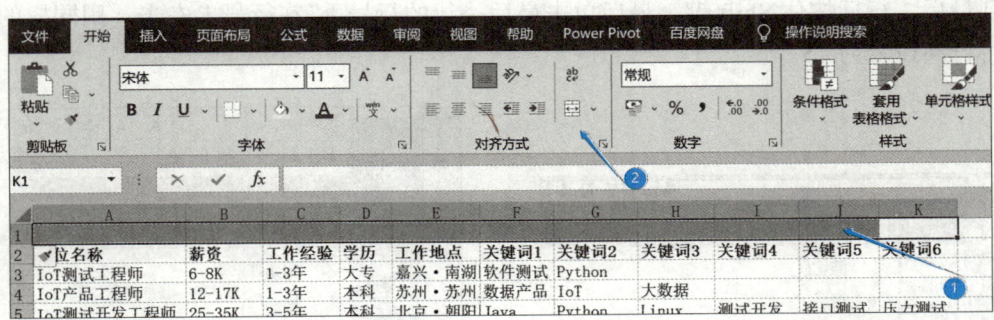

图 2.1.28 合并单元格

	A	B	C	D	E	F	G	H	I	J	K
	物联网岗位数据										
	岗位名称	薪资	工作经验	学历	工作地点	关键词1	关键词2	关键词3	关键词4	关键词5	关键词6
	IoT测试工程师	6-8K	1-3年	大专	嘉兴·南湖	软件测试	Python				
	IoT产品工程师	12-17K	1-3年	本科	苏州·苏州	数据产品	IoT	大数据			

图 2.1.29 表名

2）字段格式

如图 2.1.30 所示，选中表头（第 2 行 A~K 列），单击“填充颜色”下拉按钮，在弹出的下拉列表中设置填充颜色为灰色 25%，字体加粗，效果如图 2.1.31 所示。

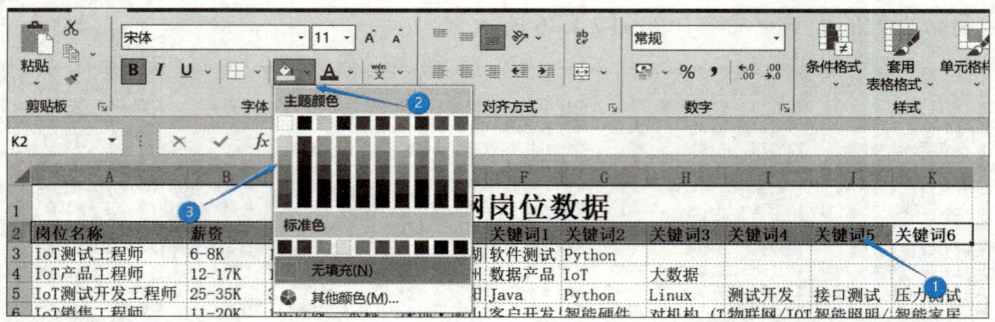

图 2.1.30　设置字段

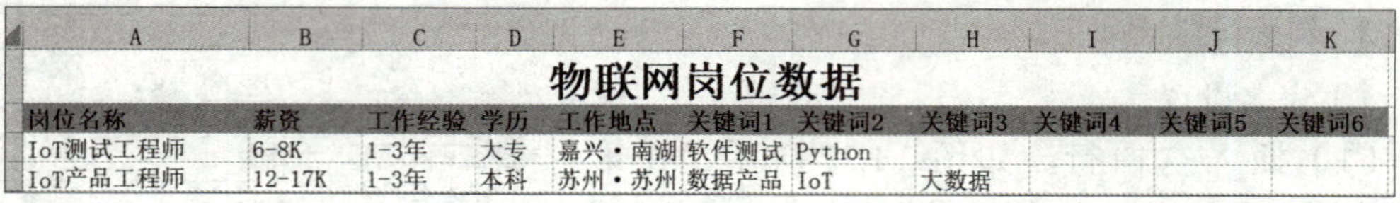

图 2.1.31　设置后的效果

4. 格式调整

1）设置行高

（1）如图 2.1.32 所示，在第 1 行行号位置右击，在弹出的快捷菜单中选择"行高"命令，在弹出的"行高"对话框中将行高设置为 30 磅。

（2）如图 2.1.33 所示，选中其他行（首先单击第 2 行的行号选中整个第 2 行，然后找到最后 1 行后按住 Shift 键，最后单击最后一行的行号），在行号上右击，用同样的方法将行高设置为 15。

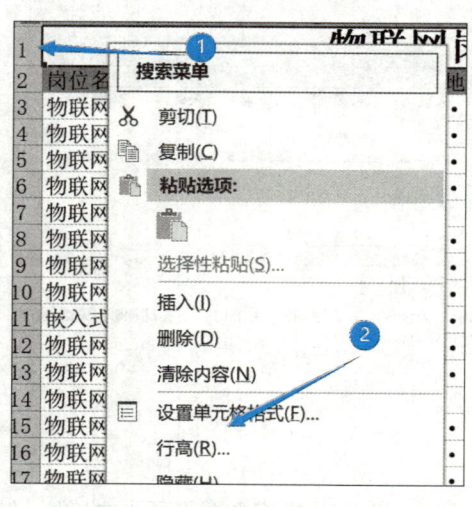

图 2.1.32　设置首行行高

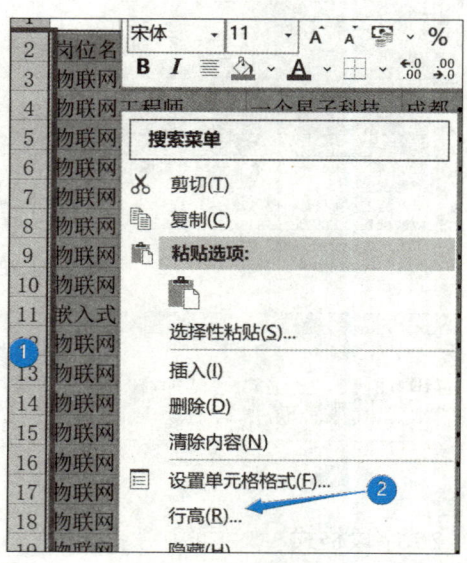

图 2.1.33　设置其他行行高

2）设置列宽

（1）设置 A 列列宽 20 磅，E~K 列列宽 10 磅。如图 2.1.34 所示，右击 A 列，设置列宽为 20 磅。相同操作设置 E~K 列列宽。

（2）设置 B、C、D 为自动列宽。鼠标移动到 C、D 之间，出现"十"字时双击即可。同样的方法完成 B、D 列列宽设置，如图 2.1.35 所示。

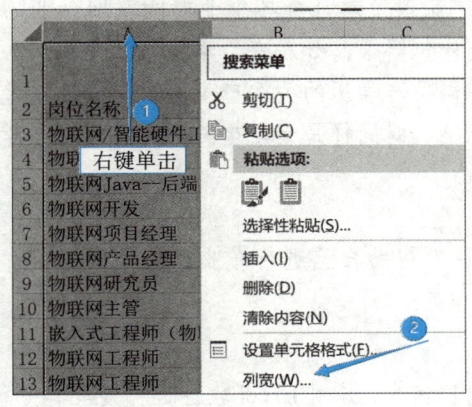

图 2.1.34　设置列宽

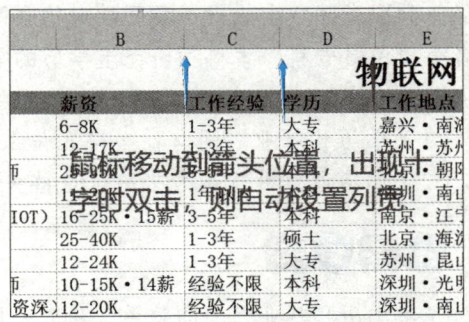

图 2.1.35　设置自动列宽

5. 执行结果参照

输出物联网信息表。格式要求如图 2.1.36 所示。

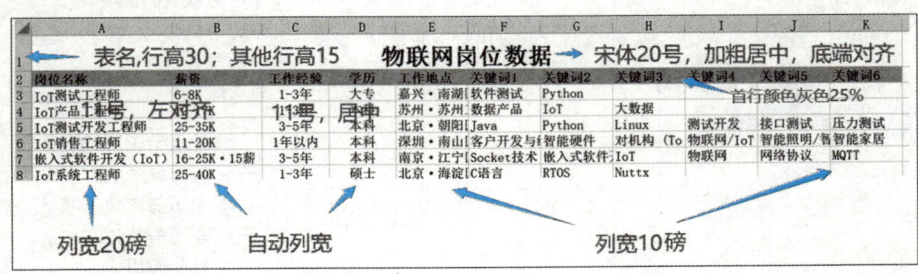

图 2.1.36　整体格式要求

6. 技能应用

按照相同的方法处理其他岗位信息。

（三）思考练习

收集岗位数据，旨在减少对岗位认知的偏差并提高数据的准确性。在此基础上，运用这些数据来支撑并验证对岗位的见解，为择业提供更有力的支持。请思考以下问题。

（1）如何在这些数据中分析出学历、地域、薪资等信息和岗位之间的关系？

（2）如何通过 Excel 处理和分析这些数据，并且以简单易懂的图形展示？

任务二 分析岗位学历要求

小袁同学为了更好地规划自己的职业发展,深入了解社会各企业对物联网专业的需求。通过前期的调研,他已了解到物联网招聘的岗位要求,如薪资、学历、工作地点、工作经验和职责等。由此,小袁同学对物联网相关岗位与学历的关系产生了浓厚兴趣,尤其是各个岗位对专科、本科和研究生学历的需求比例。对同样是大学生的你而言,请思考以下问题。

(1)学历和就业之间有什么样的关系?
(2)如何通过数据图表来验证这些关系,从而帮助自己进行择业?

了解学历和就业之间的关系。获取大量的岗位信息,并用 Excel 软件进行处理和分析。通过筛选、排序和统计等功能,整理出不同学历背景的求职者在物联网行业中的就业情况。

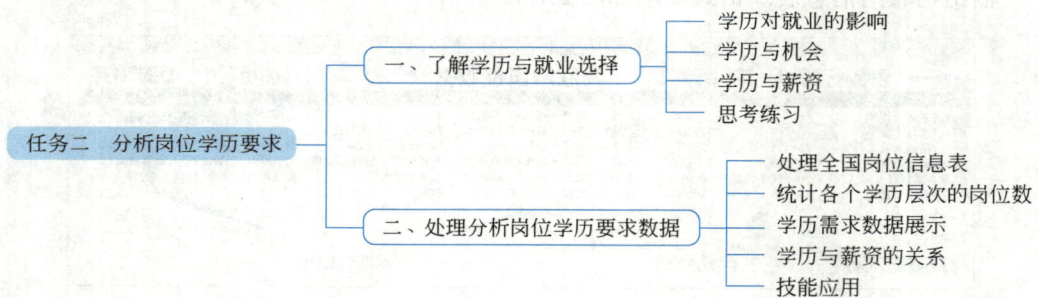

一、了解学历与就业选择

(一)学历对就业的影响

学历和就业之间的关系是一个复杂的话题,涉及许多因素。学历是就业的敲门砖。随着社会的发展,企业和组织对员工的学历要求越来越高。一般来说,学历高的人更容易获得更好的就业机会。这是因为学历高的人通常具备的知识和技能更广泛,能够更好地适应复杂的工作环境。

学历并不是唯一的决定因素。在许多情况下,工作经验、技能、个人能力、人际关系等也非常重要。拥有相关技能和经验的人可能比学历高的人更有竞争力。因此,学历和就业之间的关系是多元化的,不能简单地用学历高低来衡量一个人的就业竞争力。

不同行业对学历的要求也不同。一些传统行业可能更注重学历,而一些新兴行业可能更注重技能和实践经验。因此，在选择职业时，需要根据自己的兴趣、能力和行业特点来综合考虑。

（二）学历与机会

学历和岗位机会之间涉及许多因素，包括社会需求、经济发展和个人能力等。从总体上看，学历和岗位之间存在一定的关系，但这种关系并不是绝对的。

通常，学历高的人会拥有更多的就业机会和更高的薪资待遇。因为学历高的人通常具备更广泛的知识体系和更深入的专业技能，能够胜任更高层次的工作。因此，在许多行业和领域中，高学历的人往往更容易获得高岗位、高收入的工作机会。

我们也需要认识到学历并不是唯一的就业因素。在某些领域中，低学历的人也可以通过自己的努力和实践经验获得成功。此外，社会需求、经济发展和个人能力等因素也会对就业产生影响。一些行业或领域可能对某种特定技能或经验有更高的需求，而不太关注学历高低。

（三）学历与薪资

学历与薪资之间的关系一直是人们关注的焦点。许多人认为学历是决定薪资水平的关键因素，但实际上，这个问题远比想象的要复杂得多。

学历与薪资之间的确存在一定的关联。根据众多研究显示，教育程度较高的人往往能够获得更高的薪资。这是因为高等教育通常意味着更高的知识水平和专业技能，而这些正是许多高薪职位所必需的。例如，拥有硕士或博士学位的人往往可以获得更高的起薪，这主要是因为他们在学术和专业领域内的知识和经验更丰富。

尽管学历在很大程度上影响了人们的薪资水平，但是这并不是唯一的因素。工作经验、工作能力、行业发展趋势及个人职业规划等同样重要。例如，一位刚刚毕业的硕士生的薪资可能没有一位经验丰富的中专毕业生的薪资高，因为后者拥有更为丰富的实践经验和技能。

不同行业对学历和技能的需求也不同。在一些传统行业中，如制造业和零售业，对学历的要求相对较低，更看重的是工作经验和实际操作能力。而在高科技、金融、医疗等行业，学历则显得尤为重要，因为这些行业需要具备丰富的专业知识和技能。

学历与薪资之间的关系是复杂而多维的。虽然学历在一定程度上决定了人们的薪资水平，但是它并不是唯一的决定因素。工作经验、行业需求、个人职业规划等多个因素都会对薪资产生影响。因此在追求高薪的过程中不能只依赖学历，还需要注重提升自己的实际工作能力和工作经验，了解行业发展趋势和市场需求。只有这样，才能在激烈的竞争中获得更好的薪资待遇。

（四）思考练习

组成课程学习小组，使用头脑风暴法分析以下两个问题。

（1）如何从数据上验证学历和就业之间的关系？

（2）如果要验证这样的关系需要分析哪些数据？

二、处理分析岗位学历要求数据

小袁同学运用 Excel 软件对物联网岗位招聘信息进行数据处理和分析。这不仅能够锻炼自己的 Excel 技能，还能准确了解当前物联网相关岗位对学历的实际需求。基于这些真实数据，小袁同学能够更有针对性地规划自己的就业方向和学业。

（一）实施思路

（1）处理全国岗位信息表。
（2）统计各个学历层次的岗位数。
（3）学历需求数据展示。
（4）学历与薪资的关系。

（二）实施步骤

1. 处理全国岗位信息表

1）打开岗位信息表

打开第一部分保存的岗位信息表，如图 2.2.1 所示。

图 2.2.1　岗位信息表

2）新建学历需求表

为了保留原始数据，在该工作簿下新建一个工作表。

（1）以"物联网岗位信息"工作表为例，单击"+"按钮即可在现有工作表末尾插入一个新的工作表"Sheet1"，如图 2.2.2 所示。

（2）双击"Sheet1"工作表标签，将名称更改为"物联网岗位学历需求"，如图 2.2.3 所示。

3）复制数据到"物联网岗位学历需求"工作表中

"物联网岗位学历需求"工作表主要对学历数据进行处理和分析。在此任务中，将代表岗位、学历和薪资的列复制到新工作表。

（1）如图 2.2.4 所示，选择"物联网岗位信息"工作表中"岗位名称"列，图中为 A 列，右击，在弹出的快捷菜单中选择"复制"命令，复制 A 列整列。

（2）如图 2.2.5 所示，选择"物联网岗位学历需求"工作表的 A 列，右击，在弹出的快捷菜单中选择"插入复制的单元格"命令。

（3）按照同样的方法把"物联网岗位信息"工作表中代表"学历"和"薪资/千元"

的列粘贴到"物联网岗位学历需求"工作表中的 B、C 列，如图 2.2.6 所示。

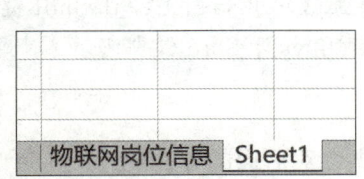

图 2.2.2　新建工作表

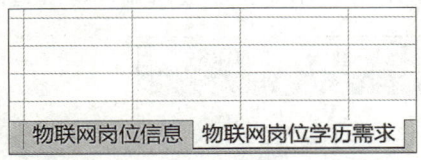

图 2.2.3　重命名新工作表

图 2.2.4　复制岗位信息

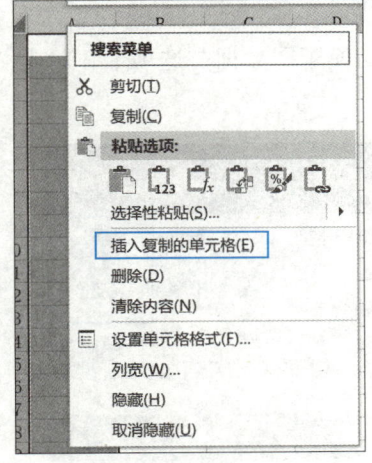

图 2.2.5　粘贴岗位信息

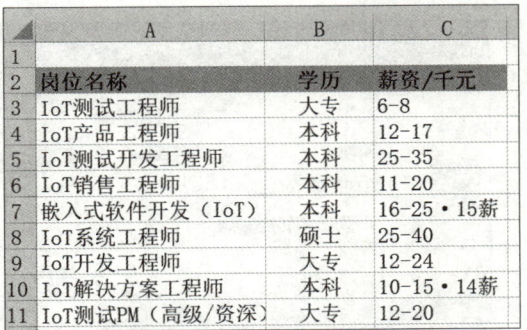

图 2.2.6　粘贴后的表格数据

🛠 技能拓展

① 选择整行：当鼠标移到最左边的那一列数字时，鼠标箭头会变成横向的加黑小箭头，此时再单击就可以选择这一行。

② 选择整列：当鼠标移到最上边的那一行字母时，鼠标箭头会变成纵向的加黑小箭头，此时再单击就可以选择这一列。

③ 利用 Ctrl 键选择不连续的多行：按住 Ctrl 键后，再单击选择多行，选择完成后，松开 Ctrl 键即可。

④ 利用 Ctrl 键选择不连续的多列：按住 Ctrl 键后，再单击选择多列，选择完成后，松开 Ctrl 键即可。

⑤ 利用 Shift 键选择连续的多行。先单击选中开始行，按住 Shift 键后，可拖动至结束行，也可以直接单击结束行所在的数字，松开 Shift 键即可。

⑥ 利用 Shift 键选择连续的多列。先单击选中开始列，按住 Shift 键后，可拖动至结束列，也可以直接单击结束列所在的字母，松开 Shift 键即可。

4）清除脏数据

爬取的数据中存在一些脏数据，这些数据会对后面的分析统计产生影响，因此要把这些脏数据清洗掉。数据清洗的方法有很多种，这里使用筛选的方法清洗脏数据。

（1）删除第一行空白行，如图 2.2.7 所示。（若第一行非空白行，可跳过此步骤）

	A	B	C
1	岗位名称	学历	薪资/千元
2	IoT测试工程师	大专	6-8
3	IoT产品工程师	本科	12-17
4	IoT测试开发工程师	本科	25-35
5	IoT销售工程师	本科	11-20

图 2.2.7　删除第一行空白行

（2）如图 2.2.8 所示，选中第一行标题（表头），切换至"数据"选项卡，单击"筛选"按钮进行数据筛选。

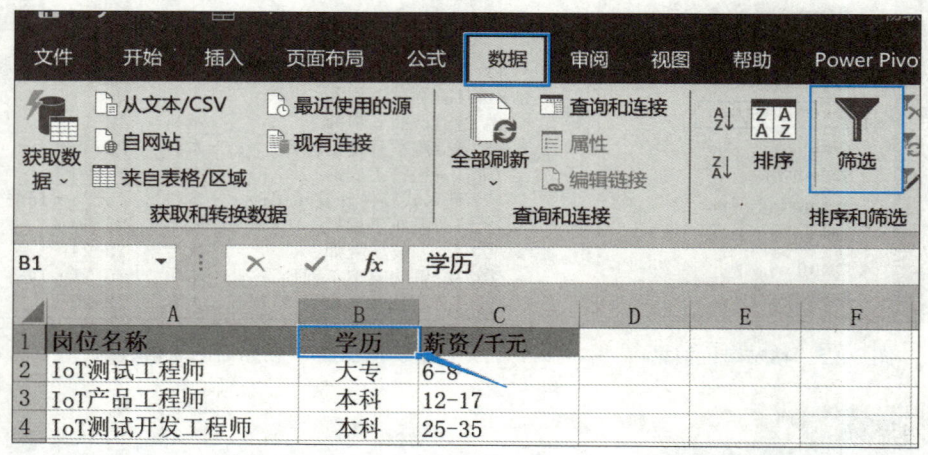

图 2.2.8　进行数据筛选

（3）如图 2.2.9 所示，单击"学历要求"单元格中的下拉符号。在"学历要求"中有"空白""3 个月""6 个月"不符合规范的选项。勾选不符合学历要求选项，单击"确定"按钮，筛选出脏数据。

（4）如图 2.2.10 所示，选中这几行不符合规范的数据，右击，在弹出的快捷菜单中选择"删除行"命令。

删除脏数据后还剩下 273 行，如图 2.2.11 所示。去除第一行的标题，还剩下 272 条岗位数据。将 A 列的列宽调整到合适的宽度。

项目二 缘聚

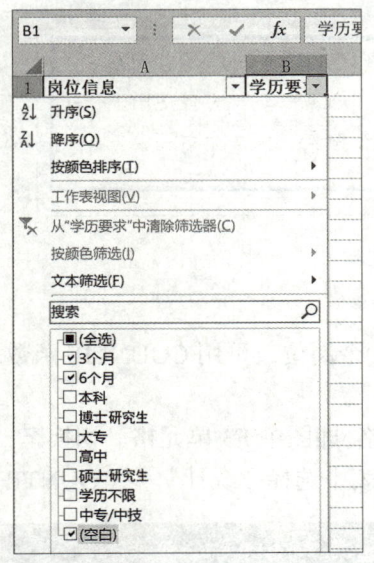

图 2.2.9 筛选不符合规范的数据

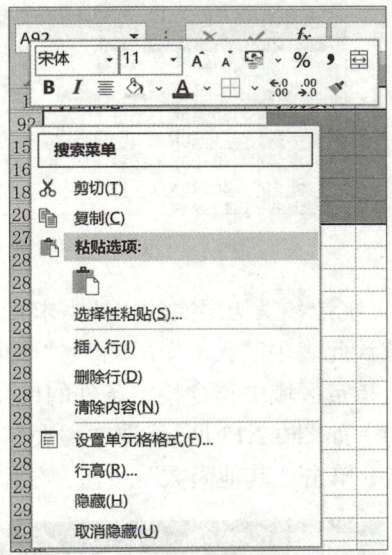

图 2.2.10 删除不符合规范的数据

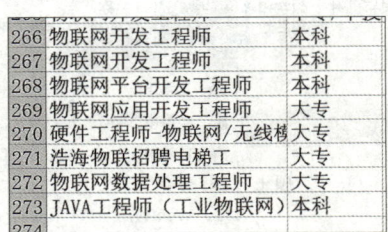

图 2.2.11 剩余数据总行数

> **技能拓展**
>
> 调整行高和列宽的方法有三种。
> （1）选中表格中需要调整列宽或行高的单元格，右击，在弹出的快捷菜单中选择"列宽"或"行高"命令，弹出"列宽"或"行高"对话框，设置好数值，单击"确定"按钮即可。
> （2）选中整个 Excel 表格，切换至"开始"选项卡，单击"行和列"按钮，在弹出的下拉列表中选择"列宽"或"行高"命令，弹出"列宽"或"行高"对话框，设置好数值，单击"确定"按钮即可。
> （3）移动鼠标到需要调整的行或列边缘，光标变成加号后，拖动至合适的行高或列宽，松开鼠标即可。

2. 统计各个学历层次的岗位数

1）输入统计表格标题

在 F，G，H，I 列分别输入"大专""本科""硕士研究生"（以下简写为"硕士"）"其他"四个标题，如图 2.2.12 所示。

95

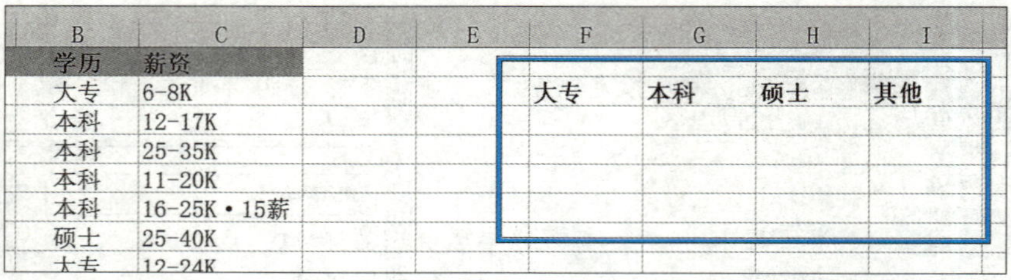

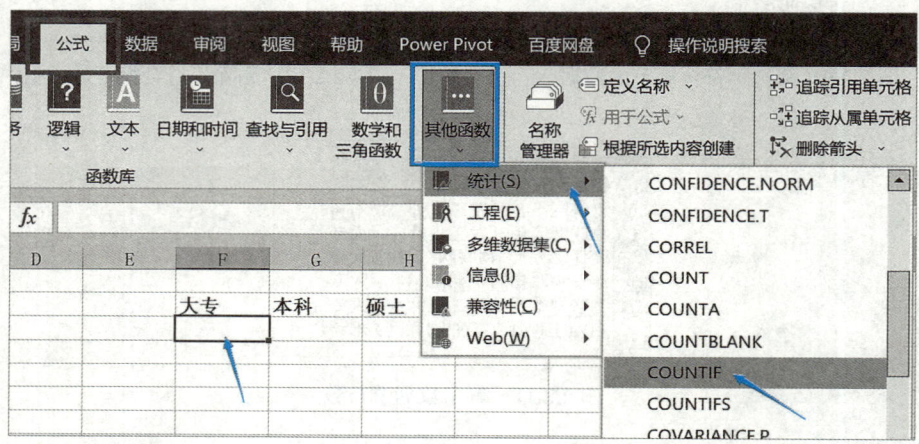

图 2.2.12　输入表头

2）统计各学历层次的岗位需求量

统计此表中"大专""本科""硕士"各有多少个岗位，可用 COUNTIF 函数。该函数可对指定区域中符合指定条件的单元格计数。

（1）如图 2.2.13 所示，选中"大专"下的单元格，即图中 F3 单元格。切换至"公式"选项卡，单击"其他函数"按钮，在弹出的下拉列表中选择"统计"→COUNTIF 命令。

图 2.2.13　选中 COUNTIF 函数

（2）如图 2.2.14 所示，在弹出的"函数参数"对话框中，单击 Range 文本框后的↑按钮，在工作表中选择 B 列（也可直接在 Range 文本框中输入"B:B"来选择 B 列）。在 Criteria 文本框中输入"大专"。

（3）单击"确定"按钮，即可在单元格中统计出大专岗位数量，共有 62 个。按照同样的方法，统计出"本科""硕士"的岗位数量，如图 2.2.15 所示。

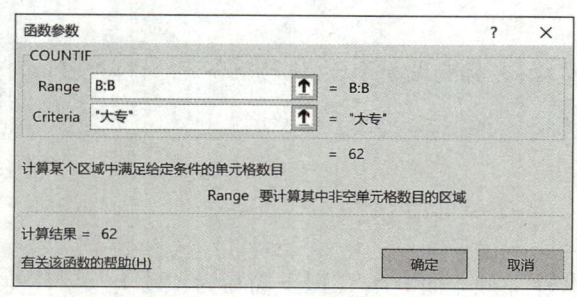

图 2.2.14　设定 COUNTIF 函数参数

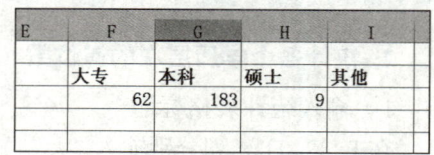

图 2.2.15　各学历层次需求结果

> **知识拓展**
>
> COUNTIF 函数是 Excel 中对指定区域中符合指定条件的单元格计数的一个函数。该函数的语法规则如下。
>
> COUNTIF（Range，Criteria）
>
> 参数 Range：要计算其中非空单元格数目的区域。
>
> 参数 Criteria：以数字、表达式或文本形式定义的条件。
>
> 例如：
>
> （1）求空白单元格个数：=COUNTIF(数据区，"")；
>
> （2）求大于 50 的单元格个数：=COUNTIF(数据区，">50")；
>
> （3）小于 E5 单元格的值：=COUNTIF(数据区，"<&E5")。

3）计算其他学历层次的需求数

计算出大专、本科和硕士的岗位数量，用总数 272 减去大专、本科和硕士的岗位数量，就可以得到其他学历岗位数量。

如图 2.2.16 所示，选中 I3 单元格，输入公式"=272-E3-F3-G3"，按 Enter 键后得到其他学历的人数。最终结果如图 2.2.17 所示。

4）设置表格的格式

如图 2.2.18 所示，将统计的表格设置格式。选中数据，切换至"开始"选项卡单击"水平居中"按钮和"垂直居中"按钮，然后单击"边框"下拉按钮，在弹出的下拉列表中选择"所有框线"命令。

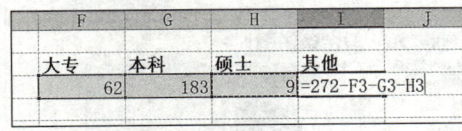

图 2.2.16 其他的数量计算

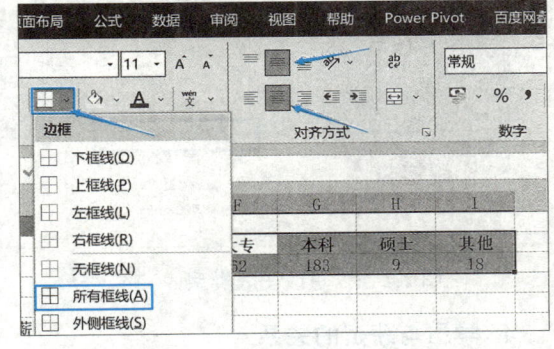

图 2.2.17 最终结果　　　　图 2.2.18 调整格式

3. 学历需求数据展示

为了让学历数据更加直观，将刚才的统计表格生成饼图。

（1）如图 2.2.19 所示，选中统计表格中的标题和数据，切换至"插入"选项卡，单击"插入饼图或圆环图"下拉按钮，在弹出的下拉列表中单击"二维饼图"中的"饼图"按钮，生成饼图。

（2）切换至"图表设计"选项卡，单击"图表设计-样式 11"按钮。然后更改图名为"物联网岗位学历需求"。最终呈现结果如图 2.2.20 所示。在该饼图中，硕士和其他占比较小，文字也挤压在较小的扇形区间，为了有更好的视觉效果，可以更改饼图的图表类型。

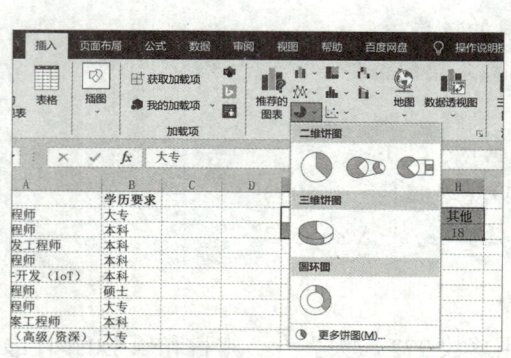

图 2.2.19　生成饼图　　　　　　　　图 2.2.20　样式 11 饼图

（3）如图 2.2.21 所示，在饼图的空白处右击，在弹出的快捷菜单中选择"更改图表类型"命令。如图 2.2.22 所示，在弹出的对话框中，切换至"所有图表"选项卡，单击"饼图"标签，再单击"复合条饼图"按钮。

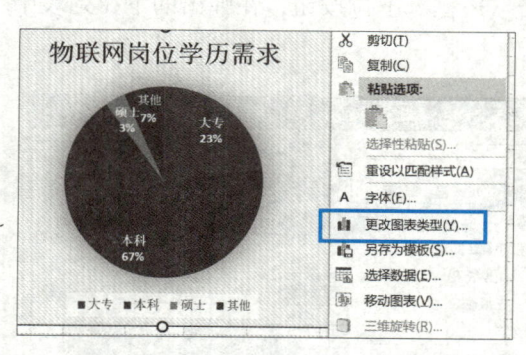 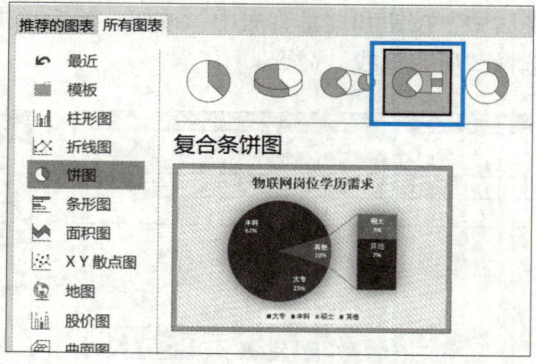

图 2.2.21　更改图表类型　　　　　　图 2.2.22　复合条饼图

4. 学历与薪资的关系

在前面的步骤中，通过数据的处理和展示，了解了市场上物联网专业岗位对各个学历的需求占比。接下来通过处理薪资数据，了解各学历层次的薪资差距。

1）薪资数据处理

（1）爬取的薪资数据无法直接进行计算，因此需要对薪资数据进行处理。如图 2.2.23 所示，选中 C 列，切换至"数据"选项卡，单击"分列"按钮。在弹出的对话框中，选中"分隔符号"单选按钮，单击"下一步"按钮，勾选"Tab 键"和"其他"复选框，并在"其他"复选框后的文本框中输入分列符号"-"，单击"下一步"按钮，选中"常规"单选按钮，最后单击"完成"按钮，完成数据分列。

（2）如图 2.2.24 所示，选中 D 列，用同样的方法进行数据分列，分列符号为"K"。

项目二 缘聚

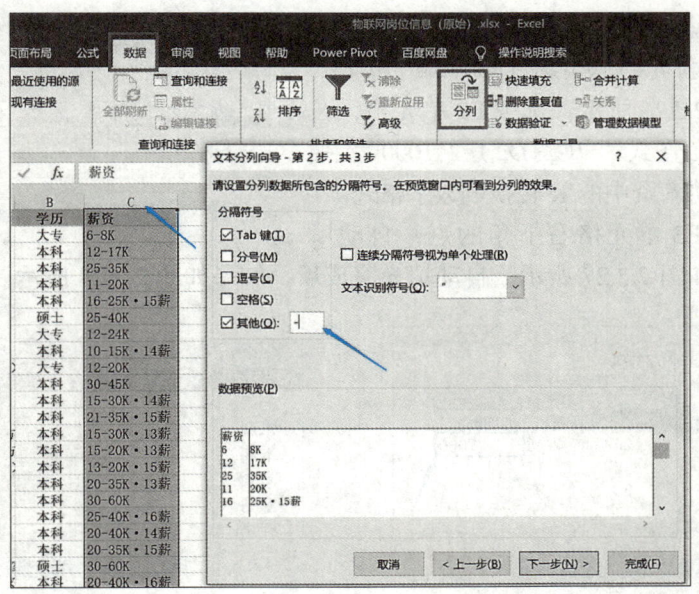

图 2.2.23 最低薪资分列

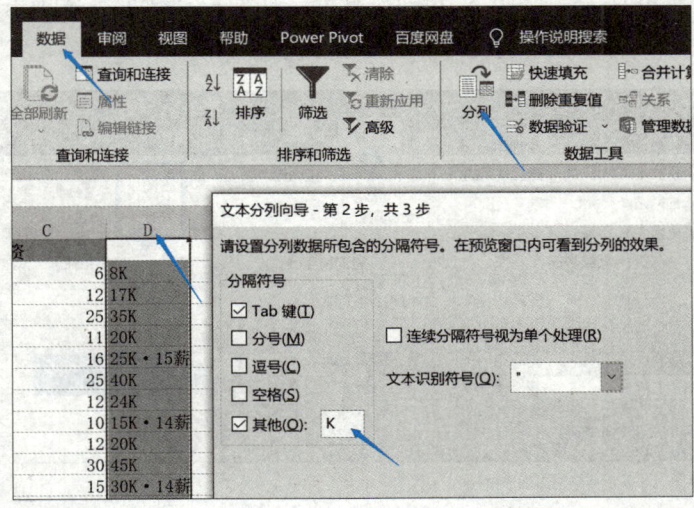

图 2.2.24 最高薪资分列

（3）如图 2.2.25 所示，把 E 列的数据清除，然后插入两列空白列，分别将 C、D、E 列的字段命名为"最低薪资""最高薪资""平均薪资"。

学历	最低薪资	最高薪资	平均薪资			
大专	6	8				大专
本科	12	17				62
本科	25	35				
本科	11	20				
本科	16	25				
硕士	25	40				
大专	12	24				

图 2.2.25 薪资字段

2）计算平均薪资

公式：平均薪资=（最低薪资+最高薪资）÷2

（1）如图 2.2.26 所示，选中 E2 单元格，在单元格中输入公式"=(C2+D2)/2*1000"，乘 1000 的目的是将薪资中的 K 转换成数字格式。

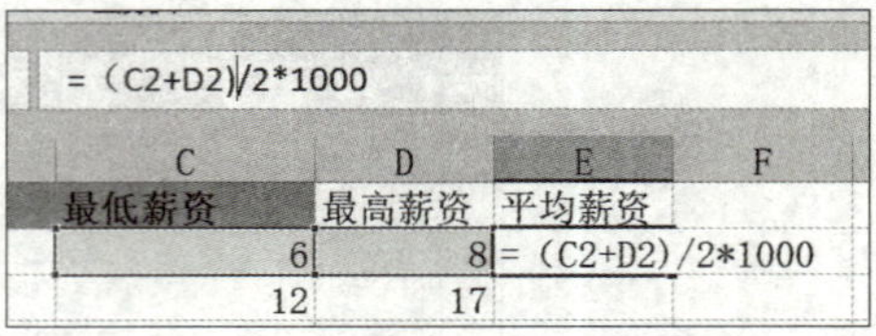

图 2.2.26　计算平均薪资

（2）双击 E3 单元格右下角的点，自动填充整个表格，如图 2.2.27 所示。自动填充完成后，结果如图 2.2.28 所示。

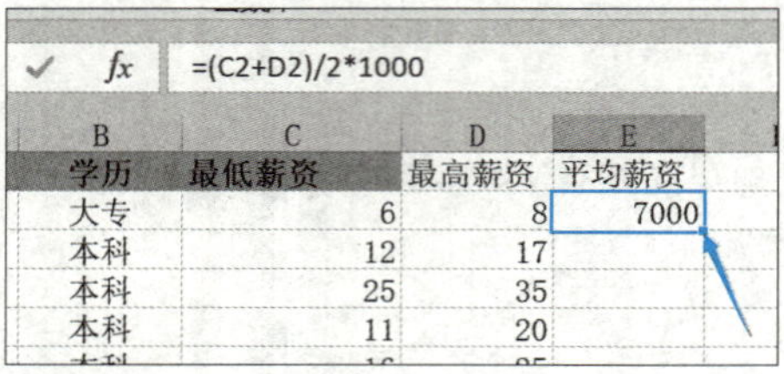

图 2.2.27　自动填充

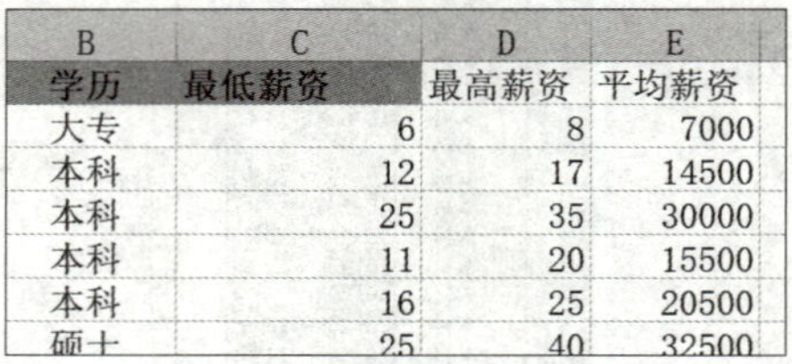

图 2.2.28　填充结果

3）计算各学历层次待遇

（1）如图 2.2.29 所示，选中 A~E 列的数据，切换至"数据"选项卡，单击"排序"按钮，弹出"排序"对话框，将排序依据设置为"学历""升序"。

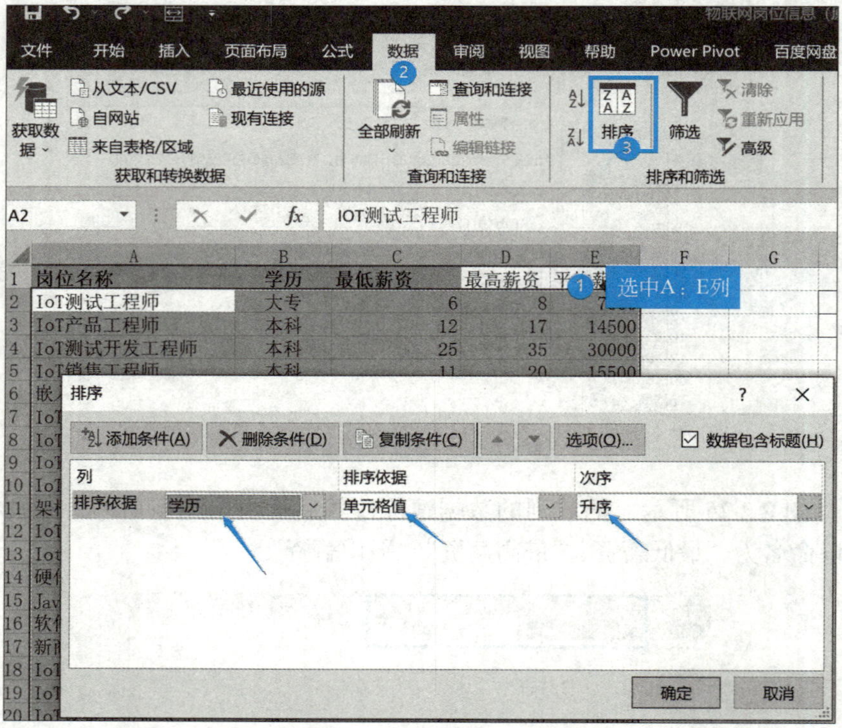

图 2.2.29　数据排序

（2）检查数据，本科学历的薪资数据为第 2 行到第 184 行，大专学历的薪资数据从第 186 行开始，如图 2.2.30 所示。

183	物联网平台开发工程师	本科	10	15	12500
184	Java工程师（工业物联网	本科	6	10	8000
185	物联网行业高级研究员	博士	20	30	25000
186	IoT测试工程师	大专	6	8	7000
187	IoT开发工程师	大专	12	24	18000

图 2.2.30　本科数据范围

（3）在本科岗位数下方的单元格运用公式，如图 2.2.31 所示为 I4 单元格。切换至“公式”选项卡，单击“自动求和”下拉按钮，在弹出的下拉菜单中选择“平均值”命令，拖动选择公式作用范围为 E2~E184。

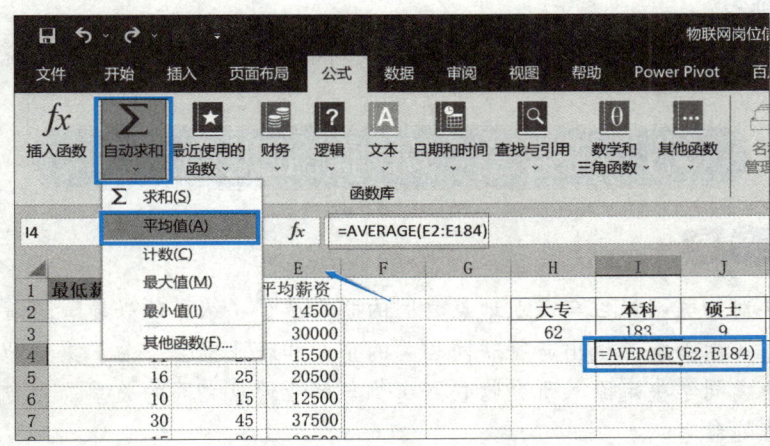

图 2.2.31　计算本科岗位平均薪资

（4）按照相同的方法计算出大专、硕士学历的平均薪资，如图 2.2.32 所示。

4）格式化表格

给表格加上表头信息，加上框线，如图 2.2.33 所示。

大专	本科	硕士	其他
62	183	9	18
9927.419	17396.17	9927.419	

图 2.2.32　各学历层次岗位平均薪资

	大专	本科	硕士	其他
岗位数	62	183	9	18
平均薪水	9927.419	17396.17	9927.419	

图 2.2.33　最终表格

5. 技能应用

按照相同的方法，处理“成都地区物联网专业就业岗位信息”表，为后面的分析和总结做好数据支撑。

（三）分析总结

1. 执行结果

（1）输出岗位学历需求的可视化图形（全国及成都地区）。

（2）输出各学历层次平均薪资和岗位数表格（全国及成都地区）。

2. 总结展示

（1）各小组根据结果进行讨论，分别总结升学和就业两大方向选择的优势和劣势，并填入表2.2.1中。

表2.2.1 优劣势分析

	优　势	劣　势
毕业后升学		
毕业后就业		

（2）展示本次信息处理的结果，分享学历的规划以及规划的原因。

3. 思考练习

如果以专科生的身份选择就业，应该以哪些岗位方向为主？请用数据说明。

任务三　规划就业地点

小袁同学对物联网岗位与就业地点之间的联系产生了浓厚的兴趣。随着物联网行业的蓬勃发展，各地纷纷涌现出与物联网相关的企业和就业机会。为了更好地规划自己的职业发展，小袁同学决定深入研究物联网岗位与就业地点之间的关系，为自己的成长提供更多有价值的参考。

请从小袁同学的角度思考以下问题。

（1）地点和就业之间有什么样的关系？

（2）如何通过数据图表来验证这些关系，从而帮助自己进行择业？

了解就业地点与岗位的关系。根据获取的大量岗位信息，用Excel软件对物联网岗位招聘信息中的就业地点数据进行处理和分析。

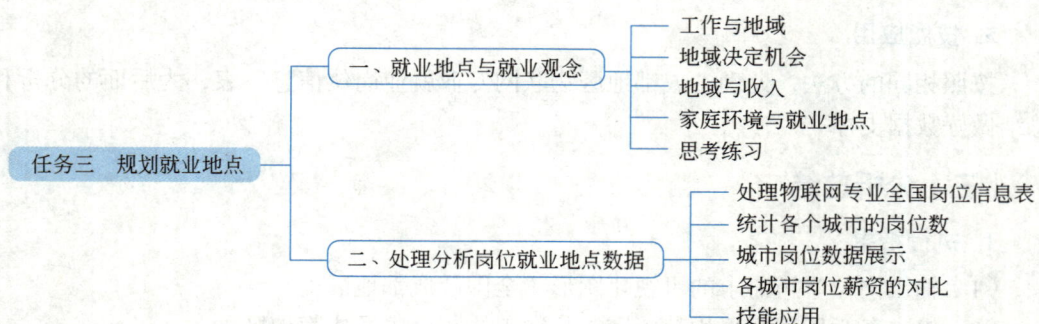

一、就业地点与就业观念

（一）工作与地域

工作与地域之间的关系是紧密而复杂的。地域不仅决定了可获得的工作种类和数量，还影响了工作的性质和要求。在某些地区，由于特定的产业或经济活动集中，工作机会往往更加丰富。比如，硅谷地区的科技公司众多，提供了大量的技术岗位；而纽约市则是金融和媒体的中心，相应的工作机会也更为丰富。

不同的地域也可能带来不同的工作文化和生活方式。在大城市，工作节奏往往更快，竞争也更激烈，但也能提供更多的发展机会。在小城镇或乡村地区，工作生活可能更为悠闲，但相应的机会也较少。

因此，工作地点对于寻找理想的工作和实现职业发展至关重要。了解不同地域的工作文化和机会分布，有助于做出明智的决策。

（二）地域决定机会

地域在很大程度上决定了人们能够获得的机会。这不仅仅局限于工作机会，还包括教育、文化、社会等各种类型的机遇。在不同的地区，由于历史、文化、经济和社会状况的差异，机会的分布和丰富程度也大不相同。

例如，某些地区可能拥有丰富的自然资源，从而为当地的居民提供了开采或贸易的机会；某些地区，由于政策的倾斜或大型企业的入驻，可能会带来大量的就业机会。此外大城市的资源和人口密集度更高，可以提供更多教育、文化和社交的机会。

因此，选择合适的地区至关重要。了解不同地区的优势和特点，结合个人的兴趣和目标，可以更好地规划自己的发展道路。

（三）地域与收入

地域与收入之间的关系是非常明显的。通常，大城市的平均收入水平要高于小城镇或乡村地区，这是因为大城市的经济活动更为集中和丰富。例如，纽约、伦敦和东京等国际大都市吸引了大量的高收入人群和企业，从而拉高了当地的平均收入水平。

但这并不意味着所有大城市的居民都能获得高收入。竞争的激烈和生活成本的昂贵可能会抵消一部分收入优势。在一些工业或资源型城市，尽管平均收入可能较高，但随着产业的衰退或资源的枯竭，收入可能会受到影响。

因此，选择地域时不仅要考虑平均收入水平，还要综合考虑生活成本、行业发展状况和个人职业前景等多方面因素。

（四）家庭环境与就业地点

家庭环境包括家人的职业、家庭经济状况等。家庭环境对个体的成长有重大的影响，其产生的影响早于学校环境对个体的影响。因此在做职业生涯地点规划的时候，大学生需要结合家庭的实际情况，考虑家庭成员提供的意见。

1. 家庭教育

俗话说，"父母是孩子的第一位老师"。家庭教育的方式和内容能影响孩子的性格与家庭关系。比如，民主的教育方式，会让孩子从小得到充分的尊重，拥有很好的思考能力，并且家庭关系和睦，这些孩子长大后在做职业决策时，能较好地结合自身条件并会充分考虑家庭成员的意见。

2. 家庭资源

家庭成员的人际关系网或社会资本，如就业机会、社会关系资源等，在一定程度上会影响大学生就业的心态和地点的取向。家庭资源丰富，往往能增强大学生的就业信心，减少就业前期的择业成本，还可能增加就业机会和提高就业待遇。家庭资源较差，大学生在前期的择业和工作搜寻上的成本通常会增加，使大学生就业时承担的压力相对较大。

3. 家庭就业观念

家庭长辈的就业观念在一定程度上也会影响子女的就业观念，例如，父母希望子女在当地从事稳定的职业，子女往往就会选择当教师、公务员等。

（五）思考练习

组成课程学习小组，分析以下三个问题。
（1）物联网专业的学生在哪些城市的就业机会比较高？
（2）如果要在本省省会进行专业对口就业应该考虑哪些区域？
（3）如果要验证这样的关系需要分析哪些数据？

二、处理分析岗位就业地点数据

小袁同学计划运用 Excel 软件对物联网岗位招聘信息进行数据处理和分析。通过实践，他希望能够准确了解物联网在各个区域的就业机会和待遇。基于这些数据，能够更有针对性地规划自己的就业地点。

（一）实施思路

（1）处理物联网专业全国岗位信息表。
（2）统计各个城市的岗位数。
（3）城市岗位数据展示。
（4）各城市岗位薪资的对比。

（二）实施步骤

1. 处理物联网专业全国岗位信息表

（1）打开"物联网岗位信息"工作表，如图 2.3.1 所示。

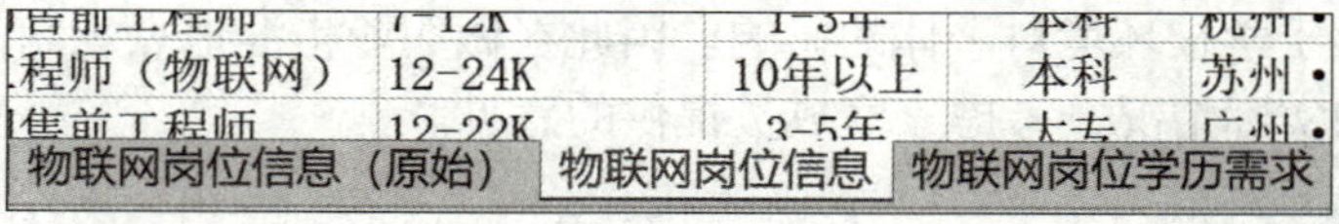

图 2.3.1　岗位信息表

（2）隐藏原始数据。“物联网岗位信息（原始）”工作表暂时用不上，所以先将其隐藏，需要的时候再取消隐藏。如图 2.3.2 所示，右击“物联网岗位信息（原始）”工作表标签，在弹出的快捷菜单中选择“隐藏”命令即可隐藏此工作表。

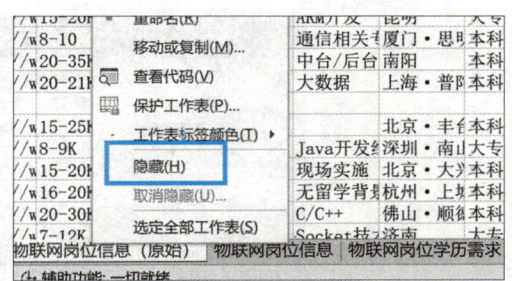

图 2.3.2　隐藏原始数据

（3）新建“物联网岗位地域分布”工作表。以“物联网岗位信息”工作表为例，单击“+”按钮即可在现有工作表末尾插入一个新的工作表，将其名称更改为“物联网岗位地域分布”，如图 2.3.3 所示。

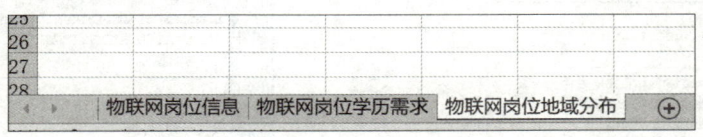

图 2.3.3　新建工作表

（4）复制数据到“物联网岗位地域分布”工作表中。“物联网岗位地域分布”工作表主要对岗位数据进行处理和分析，只需把有用的信息复制粘贴过来即可。将岗位名称、工作地点和薪资的列复制粘贴到此工作表即可，如图 2.3.4 所示。

（5）清洗脏数据。爬取的数据中存在一些脏数据，这些数据会对后面的分析统计产生影响，因此要把这些脏数据清洗掉。数据清洗的方法有很多种，这里使用筛选的方法清除脏数据。

① 删除第一行空白行，如图 2.3.5 所示（若第一行非空白行，可跳过此步骤）。

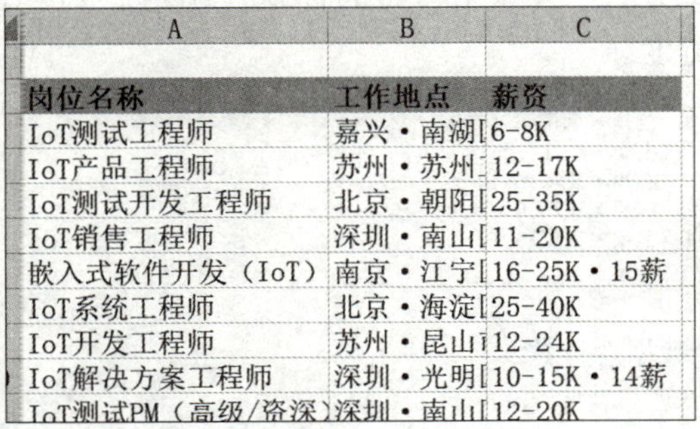

A	B	C
岗位名称	工作地点	薪资
IoT测试工程师	嘉兴・南湖[	6-8K
IoT产品工程师	苏州・苏州]	12-17K
IoT测试开发工程师	北京・朝阳[	25-35K
IoT销售工程师	深圳・南山[	11-20K
嵌入式软件开发（IoT）	南京・江宁[	16-25K・15薪
IoT系统工程师	北京・海淀[	25-40K
IoT开发工程师	苏州・昆山i	12-24K
IoT解决方案工程师	深圳・光明[	10-15K・14薪
IoT测试PM（高级/资深）	深圳・南山[	12-20K

图 2.3.4　粘贴后的表格数据

	A	B	C
1	岗位名称	学历	薪资
2	IoT测试工程师	大专	6-8K
3	IoT产品工程师	本科	12-17K
4	IoT测试开发工程师	本科	25-35K
5	IoT销售工程师	本科	11-20K

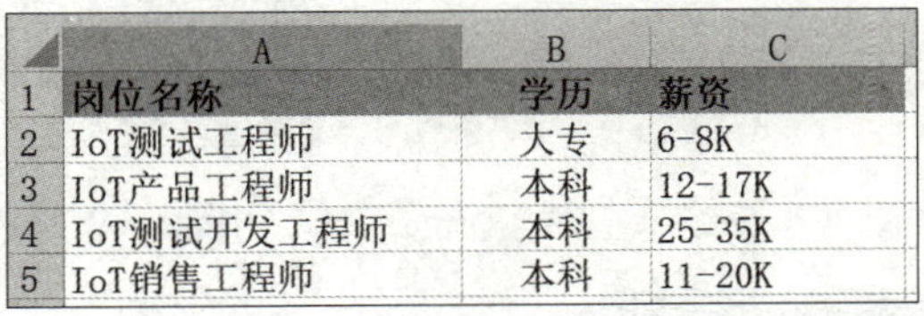

图 2.3.5　删除第一行空白行

② 如图 2.3.6 所示，选中第一行标题位置（表头），切换至“数据”选项卡，单击“筛选”按钮进行数据筛选。

③ 如图 2.3.7 所示，单击“工作地点”单元格中的下拉符号。勾选“空白”复选框，单击“确定”按钮筛选出脏数据。

④ 如图 2.3.8 所示，选中这几行数据，右击，在弹出的快捷菜单中选择“删除行”命令。

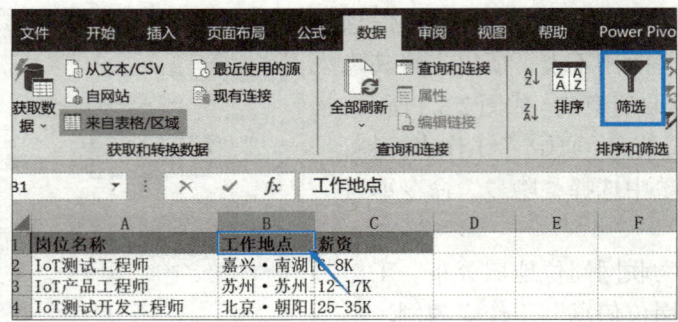

图 2.3.6　进行数据筛选

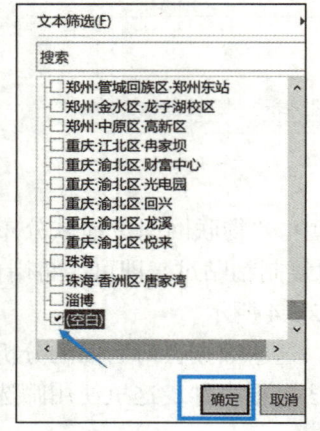

图 2.3.7　筛选不符合规范的数据

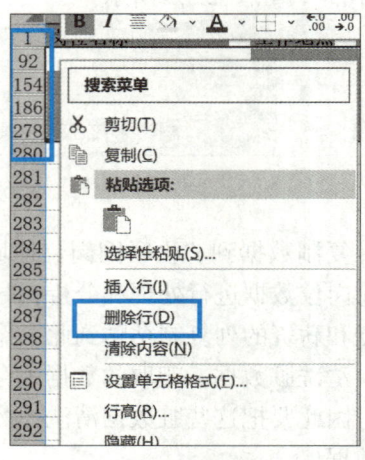

图 2.3.8　删除空白数据

删除脏数据后还剩下 275 行，如图 2.3.9 所示。去除第一行的标题，还剩下 274 条岗位数据。将 A、B 列的列宽调整到合适的宽度。

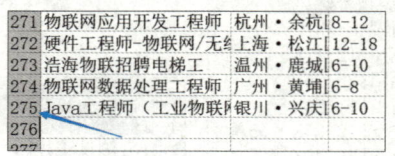

图 2.3.9　剩余数据总行数

技能拓展

调整行高和列宽的方法如下。

（1）选中表格中需要调整列宽或行高的单元格，右击，找到【列宽】或【行高】选项并单击，然后设置数值并确定。

（2）拖动鼠标选中整个 Excel 表格，在【开始】菜单中找到并单击【行和列】，设定【列宽】或【行高】。

（3）将鼠标放在某行或某列边缘，光标变成加号后，按住鼠标左键并拖动。

2. 统计各个城市的岗位数

1）处理工作地点数据

（1）在"工作地点"列后面插入一列空白列，如图 2.3.10 所示，选中"工作地点"列后的"薪资"列，右击，在弹出的快捷菜单中选择"插入"命令，插入后的效果如图 2.3.11 所示。

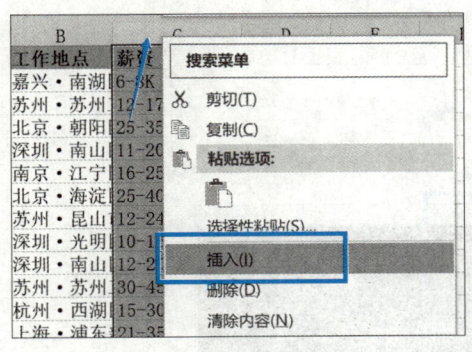

图 2.3.10　插入空白列　　　　　　　　图 2.3.11　插入后的效果

（2）选中"工作地点"列，参考本项目任务二中"学历与薪资的关系"部分的内容进行分列操作，分列符号为"·"，如图 2.3.12 所示。为了防止数据被覆盖，在下一步中，如图 2.3.13 所示，在"数据预览"选项区域，选中最后一列，选中"不导入此列"单选按钮，此时该列成为忽略列。

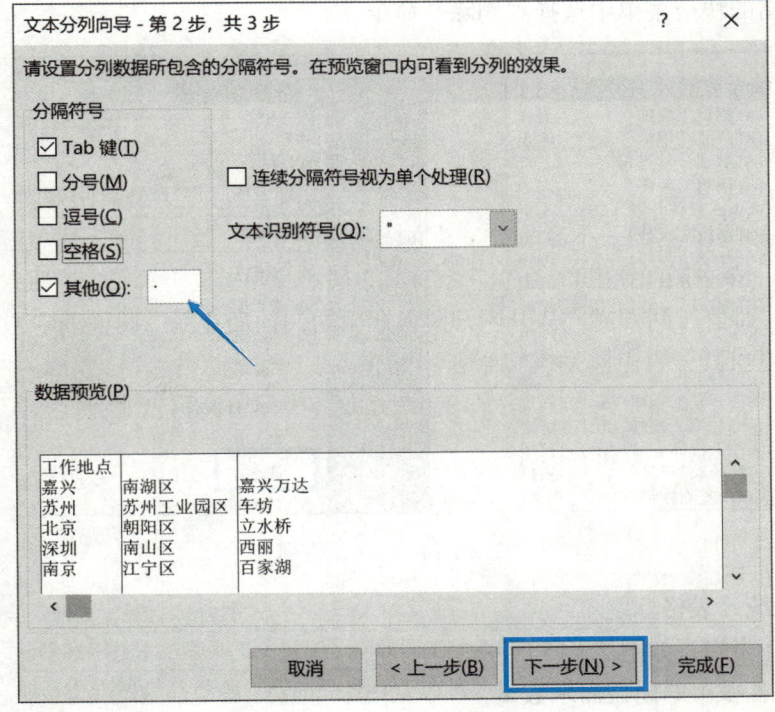

图 2.3.12　数据分列

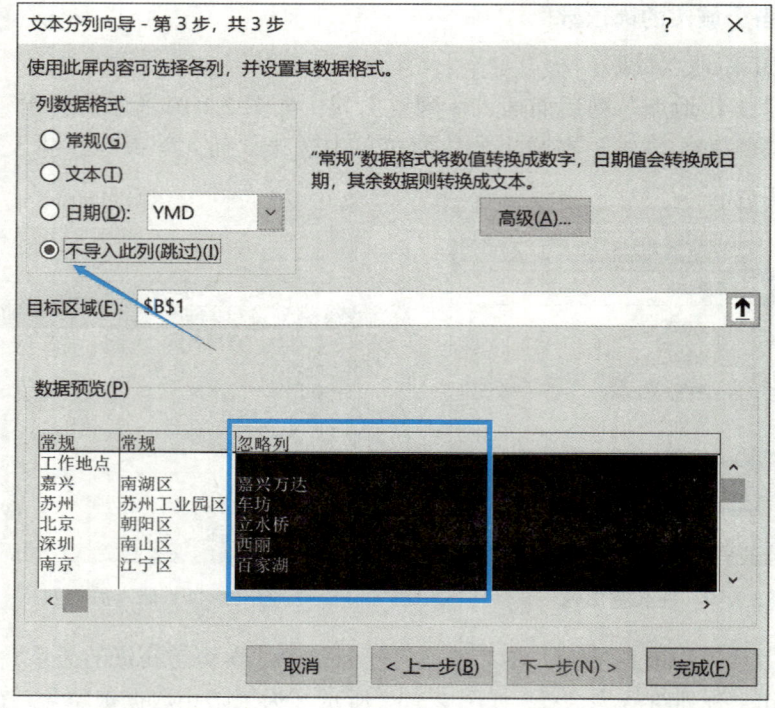

图 2.3.13 忽略最后一列

（3）因为数据统计只针对城市，所以保留 B 列，删除 C 列，如图 2.3.14 所示，右击 C 列，在弹出的快捷菜单中选择"删除"命令。

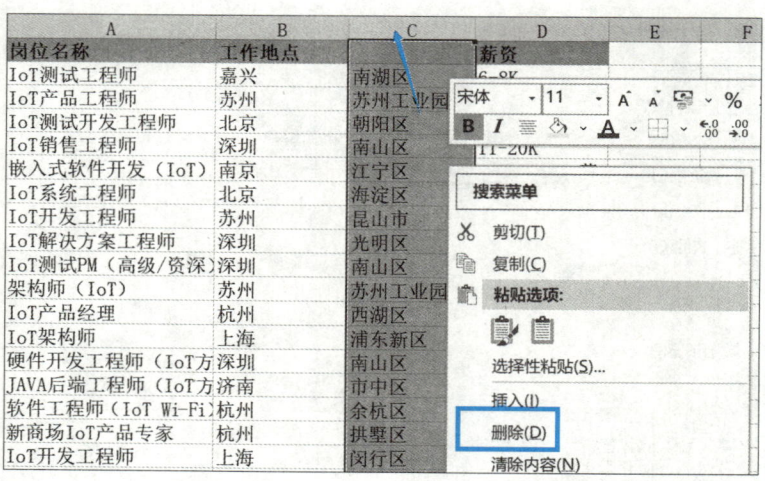

图 2.3.14 保留城市列

2）输入统计表格标题

制作统计表格，如图 2.3.15 所示。

3）统计各城市的岗位需求数量

要统计此表中各个城市各有多少个岗位，可采用 COUNTIF 函数。该函数可对指定区域中符合指定条件的单元格计数。

（1）如图 2.3.16 所示，选中 G5 单元格，参考本项目任务二中"统计各个学历层次的岗位数"部分的内容插入 COUNTIF 函数（为了方便复制公式，在设置参数时，对工作地点添加绝对引用符号"$"）条件值选择"北京"二字所在的 G4 单元格。

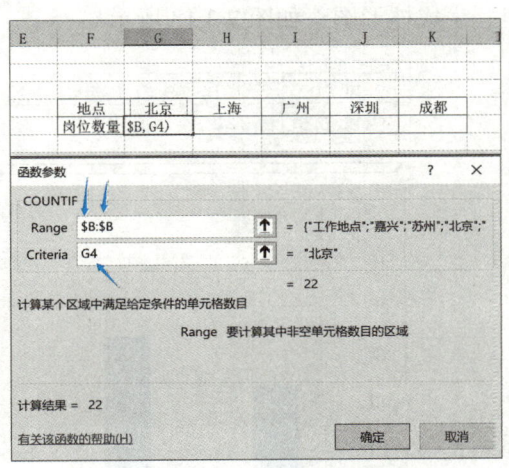

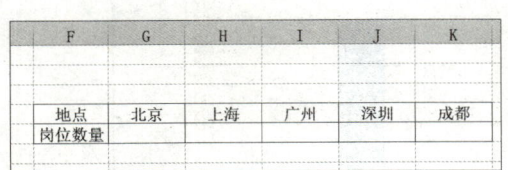

图 2.3.15　统计表格　　　　　　　　图 2.3.16　各学历层次岗位需求结果

🔧 技能拓展

① 绝对引用

"$"符号表示绝对引用，字母前面加"$"表示绝对引用列，数字前加"$"表示绝对引用行。

绝对引用固定位置后，复制公式时，绝对引用地址永远不会改变。

② 相对引用

直接用列标和行号表示单元格，这是默认的引用方式，如 C1。

复制公式时，相对引用地址会随目标单元格的变化而发生相应变化。

（2）采用填充的方式复制该公式，统计最终结果，如图 2.3.17 所示。

地点	北京	上海	广州	深圳	成都
岗位数量	22	27	8	30	6

图 2.3.17　各城市岗位数量结果

🔧 技能拓展

公式复制有以下方法。

① 直接复制公式。

右击要复制公式的单元格或区域，在弹出的快捷菜单中选择"复制"选项，到指定的单元格或区域粘贴即可。

② 拖动复制公式法（适合单元格连续时的情况）。

选中要复制公式的单元格或区域，将鼠标移动到单元格区域的右下角，当鼠标变成"+"字形状时，拖动到指定位置，即可自动粘贴并应用公式。

3. 城市岗位数据展示

为了让城市岗位数据更加直观，将统计表格生成柱状图。

（1）选中统计表格中的标题和数据，切换至"插入"选项卡，单击"插入柱形图或条形图"下拉按钮，在弹出的下拉列表中的"二维柱形图"区域单击"簇状柱形图"按钮，生成柱形图，如图 2.3.18 所示。

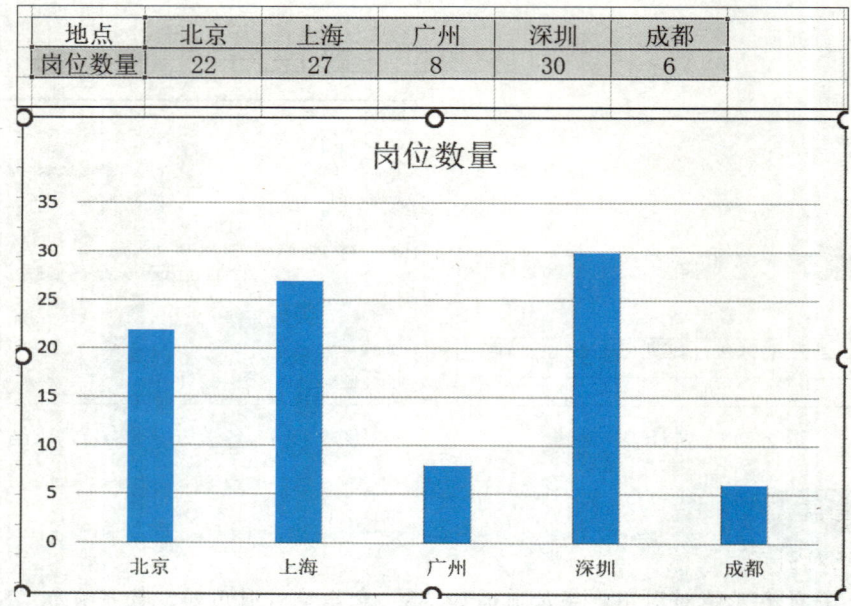

图 2.3.18　生成柱状图

（2）切换至图表设计选项卡，单击"更改颜色"下拉按钮，在弹出的下拉列表的"彩色"区域单击"彩色调色板 3"按钮，结果如图 2.3.19 所示。

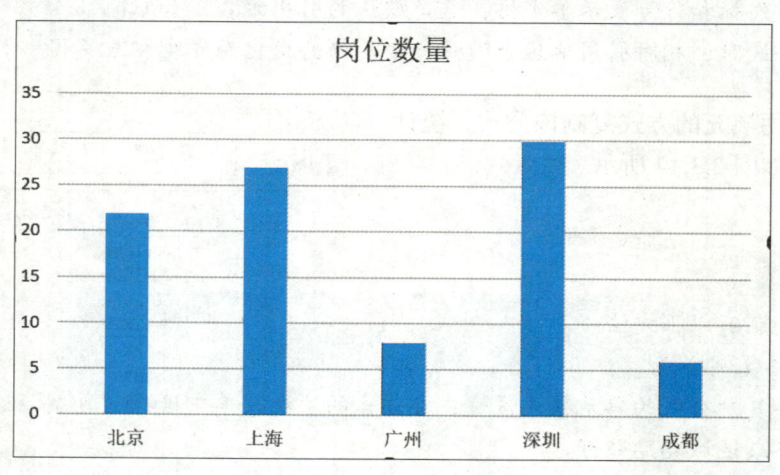

图 2.3.19　调色后柱状图

（3）如图 2.3.20 所示，单击"添加图表元素"下拉按钮，在弹出的下拉列表中选择"数据标签"→"数据标签外"命令，生成柱状图，数据标签位于柱状图之外。

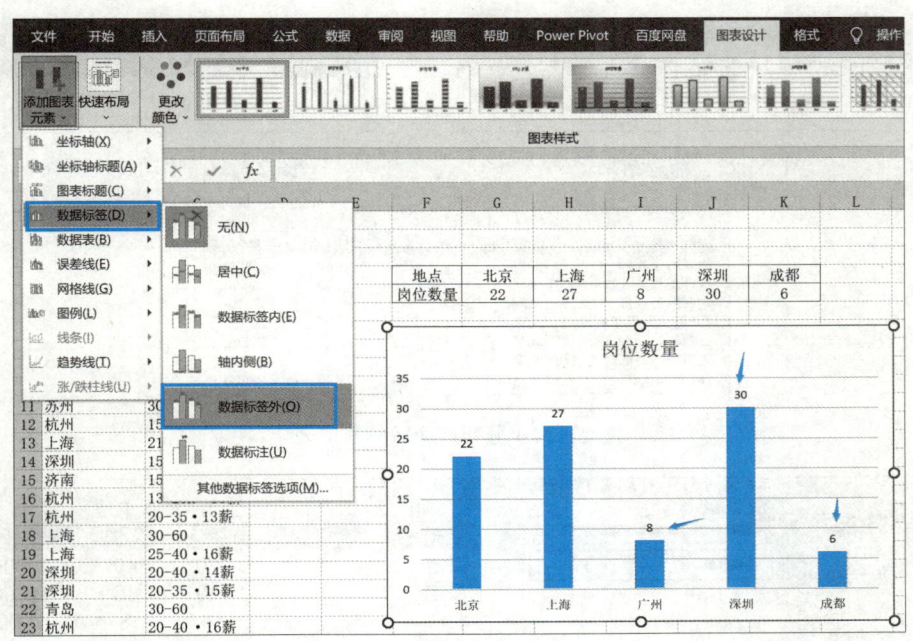

图 2.3.20　添加数据标签

4. 各城市岗位薪资的对比

通过数据处理，展示了一线城市和成都的物联网专业岗位需求数量。接下来通过数据处理了解多个城市的薪资差距。

1）清除不规范的薪资

（1）采用筛选的方式，筛选出按天计费的薪资，如图 2.3.21 和图 2.3.22 所示。

（2）将按天计费的薪资手动改为月薪资，如图 2.3.23 所示。

2）薪资数据的处理

薪资数据的处理可参考本项目任务二"学历与薪资的关系"部分的内容，处理效果如图 2.3.24 所示。

3）删除多余的数据

（1）如图 2.3.25 所示，插入空白列。

（2）如图 2.3.26 所示，将 F 列中的数据复制粘贴到 C 列中，粘贴时选择"只粘贴数值"命令。

（3）删除 D、E、F 列，最终保留的数据如图 2.3.27 所示。

4）制作数据透视表

（1）如图 2.3.28 所示，选中数据，切换至"插入"选项卡，单击"数据透视表"按钮。

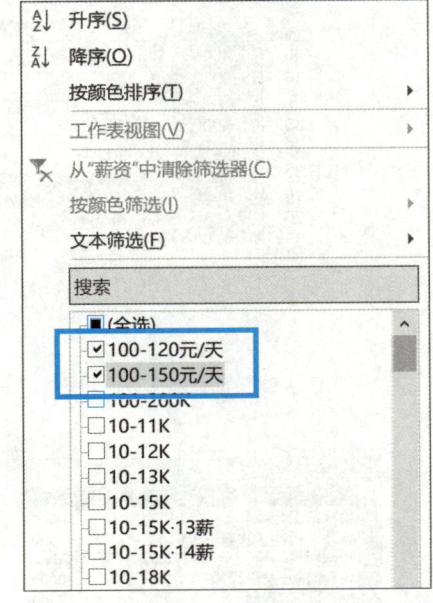

图 2.3.21　筛选按天计费的薪资

图 2.3.22　筛选结果

图 2.3.23　手动转换薪资

图 2.3.24　分列转换后的薪资表

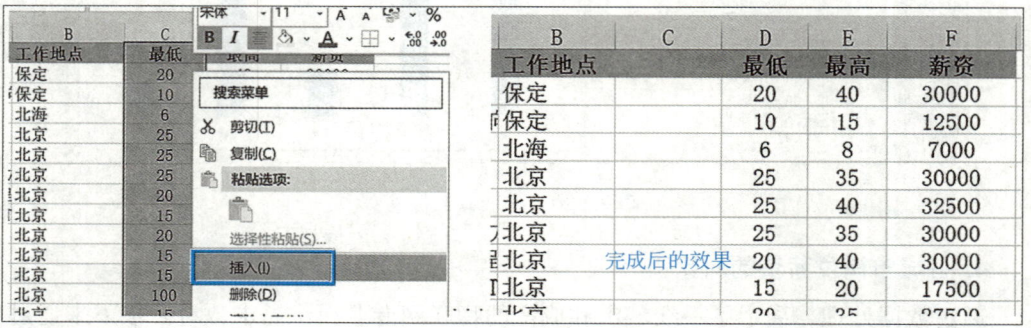

图 2.3.25　插入空白列操作以及完成后的效果

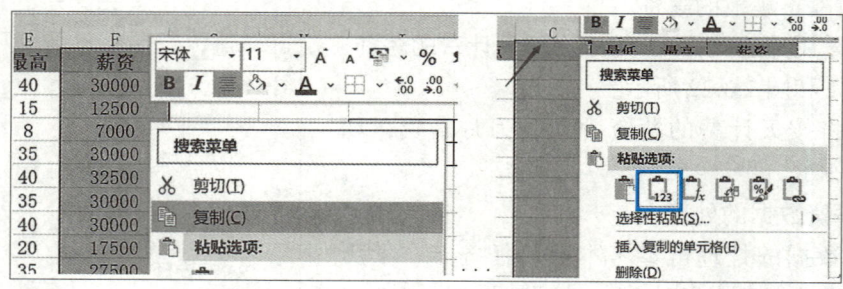

图 2.3.26　复制并粘贴数值

图 2.3.27　保留的数据列

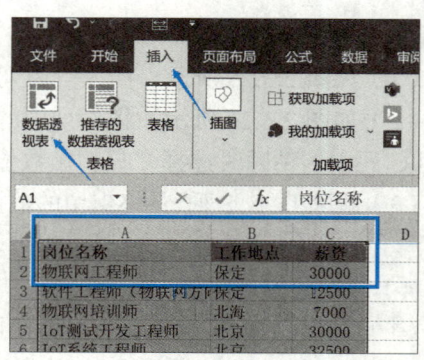

图 2.3.28　插入数据透视表

（2）如图 2.3.29 所示，在弹出的对话框中选中"现有工作表"单选按钮放置数据透视表，放置位置为空白区域即可（图中为 F13），单击"确定"按钮。

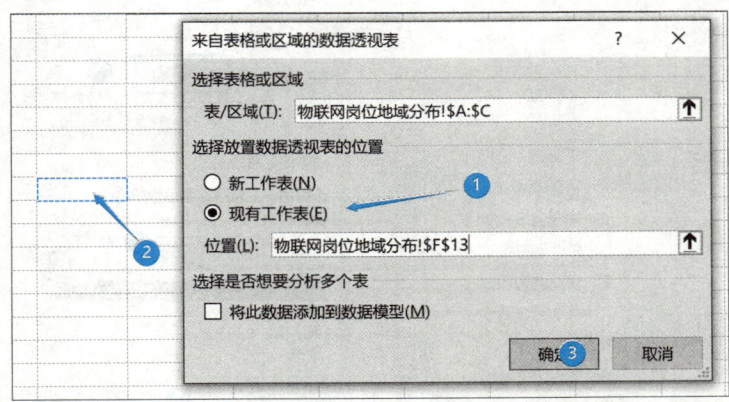

图 2.3.29　放置数据透视表

（3）如图 2.3.30 所示，在"数据透视表字段"窗格中，分别将"工作地点"字段拖动到"行"区域，"岗位名称"和"薪资"字段拖拽到"值"区域。

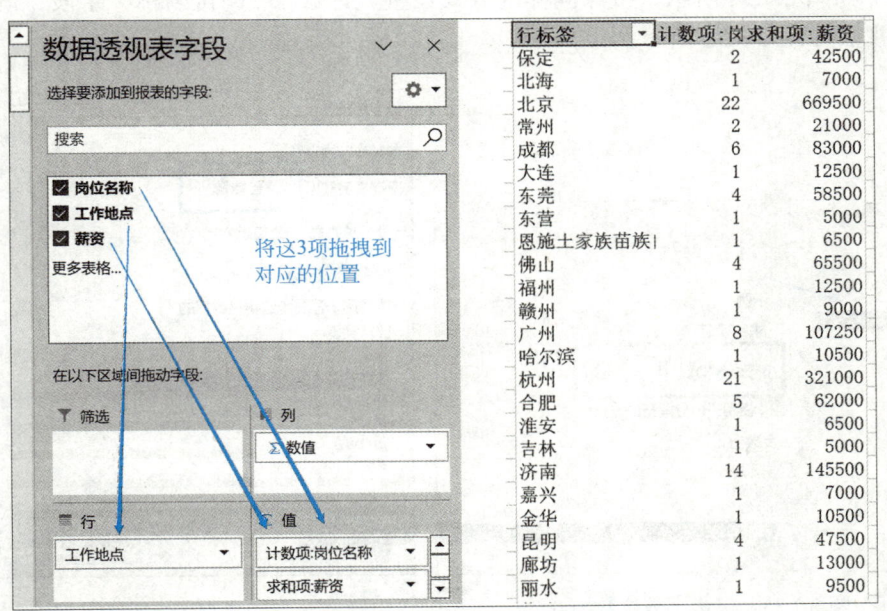

图 2.3.30　拖拽及拖拽后的效果

5）设置数据透视表

（1）如图 2.3.31 所示，单击"求和项：薪资"字段，在弹出的快捷菜单中，选择"值字段设置"命令。

（2）如图 2.3.32 所示，在弹出的"值字段设置"对话框中，自定义薪资的名称为"地区薪资"，"值字段汇总方式"设置为"平均值"，单击"数字格式"按钮，弹出的对话框如图 2.3.33 所示，在此对话框中设置数字格式为"数值"，保留小数位数为 0。

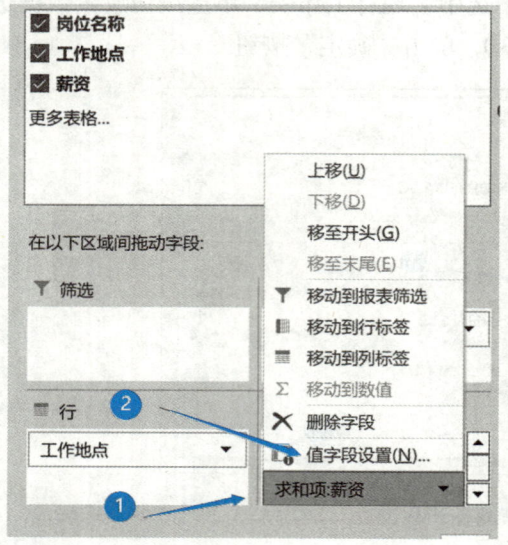

图 2.3.31 值字段设置

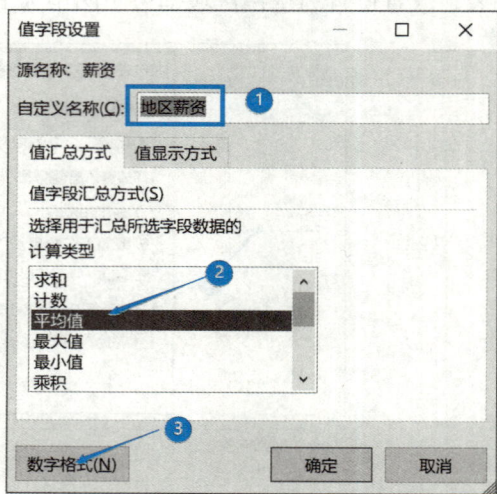

图 2.3.32 设置为平均值

（3）如图 2.3.34 所示，按照同样的方式设置"计数项：岗位名称"字段，设置后的数据透视表如图 2.3.35 所示。

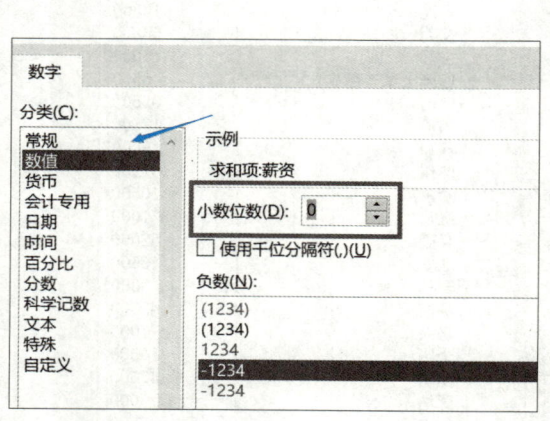

图 2.3.33 保留小数位数为 0　　　　　图 2.3.34 自定义名称

（4）数据透视表中的城市太多，为了方便观察，将各城市的岗位数量进行排序。如图 2.3.36 所示，单"行标签"列的"筛选"按钮。

（5）如图 2.3.37 所示，在弹出的下拉列表中选择"其他排序选项"命令。

（6）如图 2.3.38 所示，在弹出的对话框中设置为降序排序，排序依据设置为"岗位数量"。

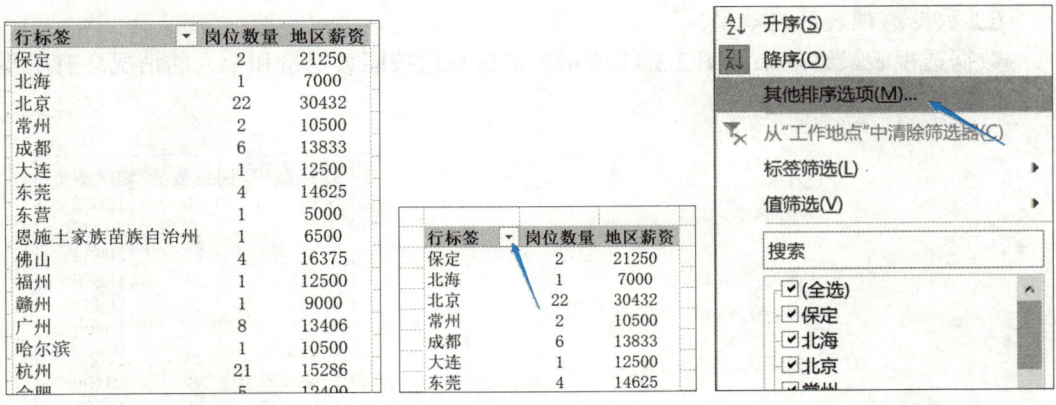

图 2.3.35 设置后的数据透视表　　图 2.3.36 设置行标签　　图 2.3.37 选择排序选项

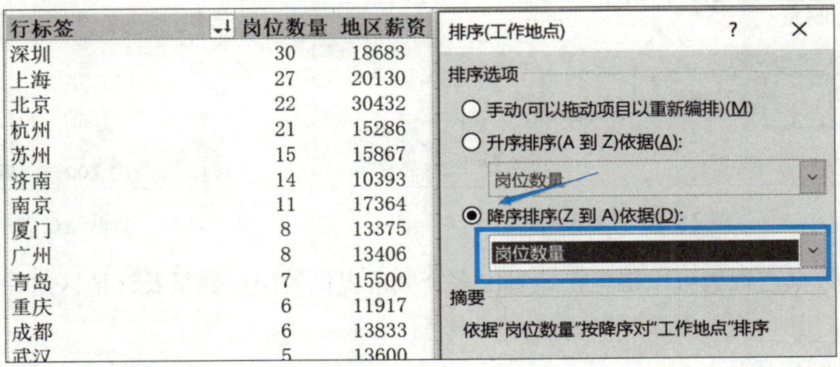

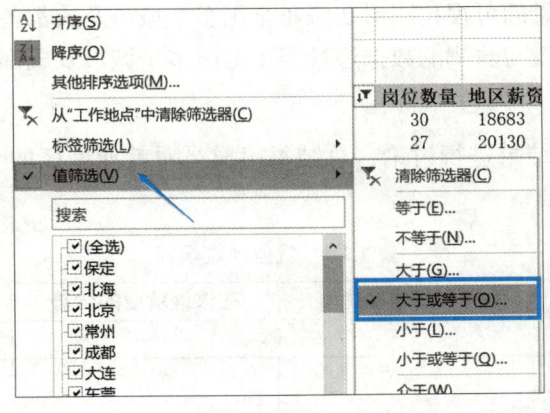

图 2.3.38 设置降序排序

（7）数据透视表中有的城市只有少量岗位，不具备参考价值。为了方便分析，筛选需求量较多的城市。如图 2.3.39 所示，单击"行标签"列的"筛选"按钮，在弹出的下拉列表中选择"值筛选"→"大于或等于"命令。

图 2.3.39 进行值筛选

（8）如图 2.3.40 所示，在弹出的对话框中设置值筛选的字段为"岗位数量"大于或等于 5。

6）数据透视表最终效果

数据透视表最终效果如图2.3.41所示。筛选数量按照数据量和个人的情况会有所不同，但操作方法类似。

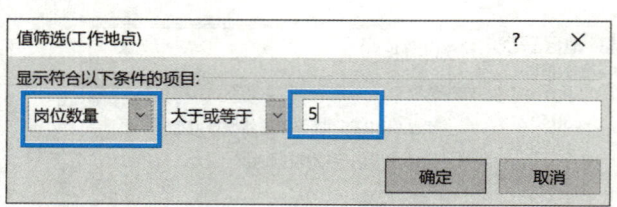

图2.3.40 值筛选设置

图2.3.41 数据透视表最终效果

通过数据透视表可以很轻松地看出多个城市提供的岗位数量及该地区这一类岗位的平均薪资。

5. 技能应用

按照相同的方法，处理爬取的另外一张"成都地区物联网专业就业岗位信息"工作表。

（三）分析总结

1. 执行结果

（1）输出岗位数量的可视化图形2张（全国多个城市及成都各地区）。

（2）输出岗位数量与薪酬的数据透视表（全国多个城市及成都各地区）。

2. 总结展示

（1）各小组根据结果进行讨论，总结每组成员对就业地区的个人规划（表2.3.1），并使用数据来支撑观点。

表2.3.1 就业地点规划

你的就业地点规划	为什么规划在这里	在该地就业的优势	在该地就业的劣势

（2）各小组展示分享本次统计的结果及对就业地点规划。

3. 思考练习

物联网专业是一个充满机遇的领域，随着物联网技术的不断发展，相关的岗位数量也在不断增加。面对众多的岗位，如何选择一个具有发展空间的岗位是许多物联网专业学生和从业者关注的焦点。请思考如何找出哪一类岗位更有发展空间？

任务四　分析岗位薪资

任务背景

小袁同学将未来的职业规划定位于物联网领域。然而，物联网行业涉及的岗位种类繁多，各岗位间存在一定的差异性，使得薪资水平也有所不同。对此小袁同学产生了浓厚的探究欲望。他深知，了解各岗位的薪资差异及发展前景对于个人职业发展至关重要。为了更精准地规划自己的职业生涯，小袁同学决定投入更多的时间和精力，深入研究物联网行业各岗位的薪资差异，统计出更多有价值的参考依据，促进个人成长。

请从小袁同学的角度思考以下问题。
（1）自己所学的专业面对这么多的岗位类别，哪些岗位更有性价比？
（2）如何通过数据图表帮助自己进行岗位目标的选择？

任务目标

了解专业和岗位之间的关系以及各个岗位之间的薪资差异。根据获取的岗位信息，运用 Excel 软件对物联网岗位招聘信息中的岗位和薪资数据进行处理和分析。

任务实施思路

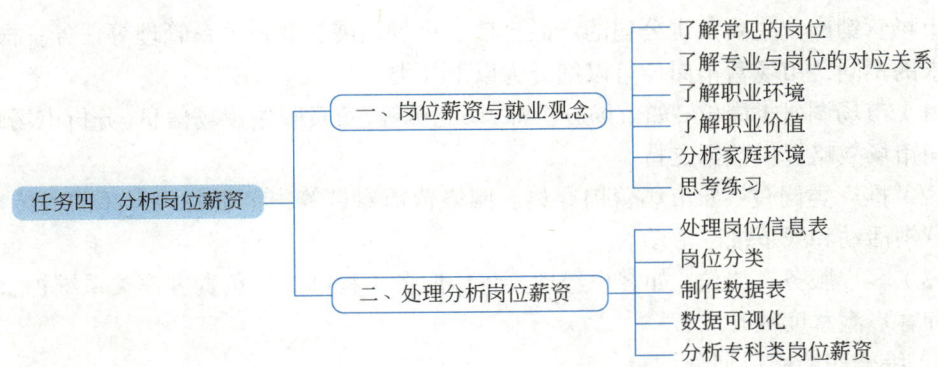

一、岗位薪资与就业观念

小袁同学已确立职业生涯的目标为 IT 领域。IT 行业岗位丰富多样，为确保职业生涯规划更为明晰，他期望深入探讨各岗位特质及选择岗位时需关注的关键要素。

(一)了解常见的岗位

公司岗位划分是指根据公司业务发展和组织架构,将各项工作任务分配给不同的员工负责,从而实现公司运营目标的过程。在企业发展的过程中,合理的岗位划分对于提高工作效率、降低人力成本及实现公司战略目标具有重要意义。本文对公司常见的岗位划分进行详细解析,帮助读者更好地了解企业内部的岗位设置。

1)管理岗位划分

管理岗位主要负责公司的战略规划、组织协调、人力资源管理、财务管理等任务。根据公司规模和业务范围的不同,管理岗位可以细分为以下几类。

(1)高层管理岗位:如董事长、副董事长、总经理、副总经理等,负责公司整体战略规划、资源整合和决策制定。

(2)中层管理岗位:如部门经理、项目经理等,负责部门或项目的日常运营和管理,协调内部资源,确保业务目标的实现。

(3)基层管理岗位:如团队负责人、主管等,负责团队内部的人员管理、任务分配和沟通协调等工作。

2)专业技术岗位划分

专业技术岗位主要负责公司的技术研发、产品设计、运维支持等任务。根据公司业务领域的不同,专业技术岗位可以细分为以下几类。

(1)研发类岗位:如软件工程师、硬件工程师、算法工程师等,负责公司产品的研发和技术创新。

(2)设计类岗位:如产品经理、用户界面(user interface,UI)设计师、用户体验(user experience,UX)设计师等,负责产品设计、用户体验和界面美观。

(3)运维类岗位:如系统管理员、网络工程师、安全工程师等,负责公司信息系统和网络设备的运维保障。

3)市场营销岗位划分

市场营销岗位主要负责公司的产品推广、市场拓展、客户关系管理等任务。根据市场需求的不同,市场营销岗位可以细分为以下几类。

(1)市场调研类岗位:如市场分析师、研究员等,负责收集市场信息、分析市场趋势,为公司市场战略提供数据支持。

(2)推广类岗位:如市场营销专员、网络营销专员等,负责公司产品的宣传推广、线上营销活动和线下推广活动。

(3)客户服务类岗位:如客户经理、售后服务工程师等,负责客户关系维护、售后服务和客户满意度提升。

4)综合职能岗位划分

综合职能岗位主要负责公司内部的人力资源、财务管理、行政后勤等任务。根据公司规模和业务需求,综合职能岗位可以细分为以下几类。

(1)人力资源类岗位:如招聘专员、薪酬福利专员、培训讲师等,负责人力资源招聘、员工培训和薪酬福利管理。

（2）财务类岗位：如会计、出纳、审计等，负责公司财务报表、资金管理和内部审计工作。

（3）行政后勤类岗位：如行政专员、采购专员、保卫科等，负责公司内部行政管理、物资采购和后勤保障。

企业岗位的划分通常依据业务拓展和组织架构进行。对 IT 专业的学生而言，熟悉 IT 公司常见的岗位类型将有助于他们在就业时做出更为精细的选择。如图 2.4.1 所示，IT 公司的主要岗位类别包括技术、产品、运营、市场、设计和职能六大类。

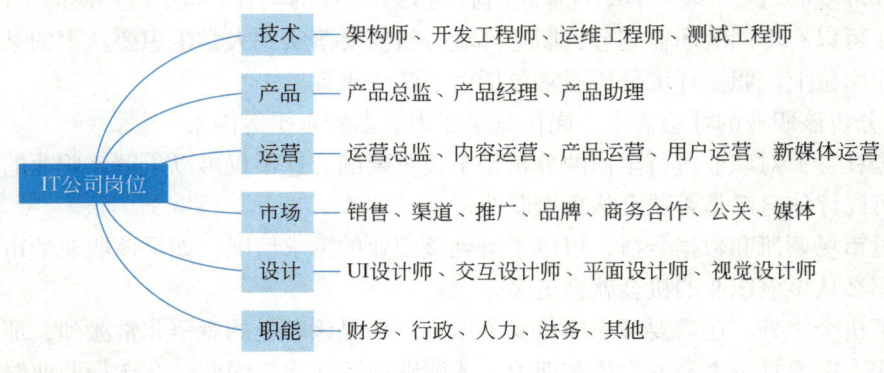

图 2.4.1　IT 公司岗位

（二）了解专业与岗位的对应关系

不同岗位对求职者的知识、技能、素质的要求是不一样的，大学生在校期间通过专业学习所获取的知识、技能、素质正是各类岗位所需要的。从经济和效率的角度来看，大学生在大学里所选择的专业，应该是其毕业后将从事的行业，专业所学知识和技能则是实现职业目标所需要的知识和技能。但从专业与职业的相关性来讲，两者并不是一一对应的关系，而是呈现出一对一、一对多、多对一等复杂关系。

比如，比较适合烹饪专业毕业生的职业是厨师；但建筑专业的毕业生可以从事室内设计、建筑设计等多种职业。所以大学生在做规划时，就要研究和分析专业与职业的相关性，看它们是一对一、一对多还是多对一的关系。

1）一对一

一对一即一个专业方向对应一个职业目标，这类专业通常开设于职业类学校。这类专业的培养目标单一、明确，职业技术含量较高，属于学业规划中比较主动的一种态势。这类专业和职业适用于专业技术人员。

2）一对多

一对多即一个专业对应多个职业目标，这类专业普遍开设于普通高校，人们常说的"宽口径、厚基础"就是指这类专业。

3）多对一

多对一即多种专业对应一种职业目标。这类职业属于企业型人才擅长的职业，如项目经理。这种方式适合先确定职业目标、后确定专业方向的情况。它和第一种情形比较类似，能让大学生在做规划时处于比较主动的态势，从而找到一条求学成本最低的学业路线。

在确定专业方向后,大学生还要确定适合自身发展的职业目标,然后根据具体职业目标的要求,有针对性地学习和掌握必要的知识与技能。以影视动画专业为例,大学生在学习影视动画专业知识的同时,还需要了解整个影视动画的制作流程,并根据具体的岗位要求进行学习。

(三)了解职业环境

职业环境和行业环境不同,行业是所有同类型企业的集合,职业指具体的工作岗位。每种行业可以有不同的职业划分,职业环境分析需要落实到大学生想要从事的某一个具体的工作岗位上。职业环境分析通常包括以下两个步骤。

1)分析该职业的社会需求、岗位竞争压力、薪资水平等因素

当今社会,对职业进行全面的分析是至关重要的。这不仅可以了解该职业的基本情况,还可以评估自己是否适合从事该职业。

通过市场调研和数据分析,可以了解到该职业的需求情况。如果该职业的市场需求较大,那么从事该职业的机会就会更多。

除了机会之外,还需要考虑岗位竞争压力。如果该职业的竞争非常激烈,那么从事该职业的人需要具备更高的素质和能力,才能够脱颖而出。因此,在选择职业时,需要充分考虑自己的优势和劣势,以便更好地适应职场竞争。

薪资是衡量职业价值的重要标准之一。通过了解该职业的薪资水平,评估从事该职业的经济效益。同时,需要了解该职业的福利待遇,如社保、公积金等,以便更好地评估该职业的整体价值。

2)具体落实到大学生有意向的企业上

比如,分析该企业的整体实力、企业文化、企业发展状况、企业中该职业的用人需求、薪资福利待遇等方面的内容。这样大学生才能明确自己的意向,才能了解如果进入该企业能获得多大的职业发展和提升空间,以及明白自己在该企业中实现自我价值的可能性。

(四)了解职业价值

1)经济价值的考量

无论在什么组织工作,薪酬和福利待遇的最重要标准就是求职者能为所服务的组织创造的经济价值。能为组织创造的经济价值越大,获取的经济收入就越高。同时待遇与工作岗位之间存在着密切的关系,这种关系通常受到多种因素的影响。

工作岗位的职责和要求是决定员工待遇的重要因素之一。不同的工作岗位需要不同的技能、知识和经验,因此对应的薪酬和福利待遇也会有所不同。一般来说,需要高度专业化技能和承担更大责任的工作岗位,薪酬会更高、福利待遇会更丰厚,以吸引和留住具备相关能力和经验的人才。

工作岗位的挑战性和发展空间也会影响员工的待遇。具有挑战性和发展机会的工作岗位往往能够激发员工的工作热情和创造力,从而提高工作效率和质量。为了激励员工更好地发挥自己的能力,企业通常会为这些岗位提供更具吸引力的薪酬和福利待遇。

2）工作的精神价值需要深度思考

在经济价值之外，工作也为人们带来了精神上的充实和满足感。可惜的是不少职场人士每天忙忙碌碌，早上匆匆忙忙起床，自己开车或赶地铁、公交等各种交通工具，到了办公室开始一天紧张的工作，打电话、发邮件，不停地活动让人们陷入一种充实的错觉。

这种充实会带来烦心事，因为时间不足，负面的评价随之而来，所以很多人时而希望能够财务自由，过上时间自主的生活，时而想去向往的地方旅行，时而玩游戏，做其他感兴趣的事。

大部分人的大部分时间都奉献给了工作，工作是自身生命活动方式的重要组成部分，应该给予足够的尊重。除了较高的物质收入，还应尽量从工作中获得精神成长，这样才是对待工作的最佳方式。

（五）分析家庭环境

岗位价值观念的选择，在很大程度上也会受到家庭环境的影响。

1）家庭教育

家庭教育与岗位选择之间存在密切的联系。这种关系可以从多个方面进行分析和探讨，其中涉及文化背景、教育程度、家庭经济状况、社会网络等方面的影响。

例如，在某些背景下，家庭更倾向于让孩子从事稳定的传统行业，如医生、律师、工程师等高薪职业，这种观念往往源于对传统职业的尊重和对稳定的追求；相反在另一些文化背景下，家庭更愿意鼓励孩子追求自己的兴趣，从事新兴行业或创业，这种观念则更注重创新和冒险精神。

2）家庭经济状况

家庭经济状况在一定程度上也会影响个体的职业决策。一个经济条件较好的家庭，可以减轻子女的经济压力，子女可以选择继续读书深造或自由选择工作范围；而经济条件不太好的家庭，子女可能要考虑现实需求来调整自己的职业发展路线，暂时选择一份收益较高的职业来减轻家庭的经济负担。

（六）思考练习

组成课程学习小组，各自分析以下三个问题。

（1）物联网专业的学生在哪些岗位的就业薪资比较高？

（2）如果专科毕业后就想就业，选择哪些岗位待遇较好？

（3）如果要验证这些关系需要分析哪些数据？

二、处理分析岗位薪资

小袁同学计划运用Excel软件对物联网岗位进行分类并进行数据处理和分析。通过实践，他希望能够准确了解物联网各个岗位之间的待遇差距。基于这些数据，小袁同学能够更有针对性地规划自己的职业岗位目标。

（一）实施思路

（1）处理岗位信息表。

（2）岗位分类。

（3）制作数据表。

（4）数据可视化。

（二）实施步骤

参考本项目任务二"处理全国岗位信息表"部分的内容，完成本节内容。

1. 处理岗位信息表

1）新建物联网岗位薪资信息表

为了保留原始数据，方便后面再做分析。在该工作簿下新建一张工作表。

以"物联网岗位信息"工作表为例，单击"+"按钮即可插入一个新的工作表"Sheet1"，将名称更改为"物联网岗位薪资信息"，如图2.4.2所示。

图 2.4.2 新建工作表

2）复制数据到新表中

将原始数据中代表岗位信息的列和薪资信息的列复制粘贴到新工作表中，如图2.4.3所示。

3）数据清洗

（1）清除脏数据。爬取的数据中存在一些脏数据，这些数据会对后面的分析统计产生影响，因此要把这些脏数据清洗掉。数据清洗的方法有很多种，这里使用筛选的方式来清洗脏数据。

① 选中第一行标题（表头），切换至"数据"选项卡，单击"筛选"按钮进行数据筛选。

② 单击"薪资信息"单元格中的下拉符号。在"薪资信息"中有"空白""按天计薪"等不符合规范的选项。勾选这些选项，单击"确定"按钮，结果如图2.4.4所示。（按天计算薪资的岗位往往属于临时工或实习生，不属于我们调研的范围）

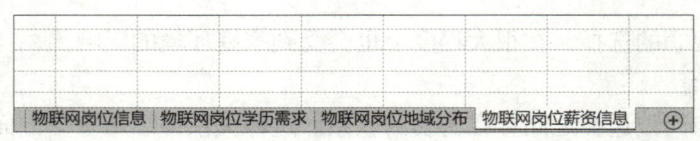

图 2.4.3 粘贴后的表格数据

③ 如图2.4.5所示，选中不符合规范的数据，右击，在弹出的快捷菜单中选择"删除整行"命令。

删除脏数据后还剩下273行，如图2.4.6所示。去除第一行的标题，还剩下272条岗位数据。

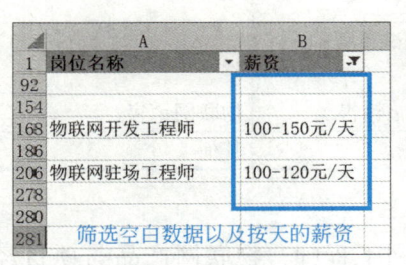

图 2.4.4　筛选不符合规范数据

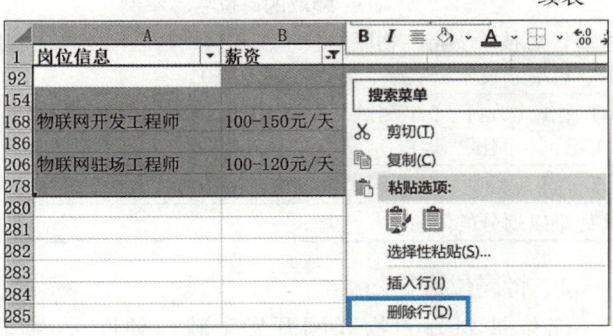

图 2.4.5　删除不符合规范数据

（2）处理薪资数据。爬取的薪资数据没法进行计算，因此需要对薪资数据进行处理。

要求："起薪"和"最高"都采用常规计数。"平均薪资"则为"起薪"和"最高"的平均值。处理完之后的效果如图 2.4.7 所示。

	A	B
267	物联网开发工程师	8-13K
268	物联网平台开发工程师	10-15K
269	物联网应用开发工程师	8-12K
270	硬件工程师-物联网/无线模块	12-18K・14薪
271	浩海物联招聘电梯工	6-10K
272	物联网数据处理工程师	6-8K
273	Java工程师（工业物联网）	6-10K
274		
275		

图 2.4.6　剩余数据总行数

A 岗位名称	B 起薪	C 最高	D 平均薪资
IoT测试工程师	6000	8000	7000
IoT产品工程师	12000	17000	14500
IoT测试开发工程师	25000	35000	30000
IoT销售工程师	11000	20000	15500
嵌入式软件开发（IoT）	16000	25000	20500
IoT系统工程师	25000	40000	32500
IoT开发工程师	12000	24000	18000
IoT解决方案工程师	10000	15000	12500
IoT测试PM（高级/资深）	12000	20000	16000
架构师（IoT）	30000	45000	37500
IoT产品经理	15000	30000	22500
IoT架构师	21000	35000	28000

图 2.4.7　薪资数处理结果

2. 岗位分类

1）划分物联网岗位类别

通过收集数据了解到，每个公司对各自公司的岗位命名不一样，所以爬取的岗位信息中岗位名称特别多。为了让岗位信息数据更具有参考价值，将相似的岗位统一划分到一类。

以物联网专业为例，就业面向岗位划分为物联网开发、物联网工程师、物联网产品与项目经理、技术支持（售前售后）、系统测试运维、物联网销售、其他这几大类。其他专业可根据各自专业进行岗位归类，如表 2.4.1 所示。

表 2.4.1　物联网专业面向岗位类别划分（仅供参考）

爬取的岗位名称举例	归属类别
硬件开发工程师（IoT方向）、物联网硬件工程师、物联网智能硬件开发、嵌入式软件开发（IoT）、物联网软件工程师、软件工程师（物联网方向）……（关键词：开发、研发、硬件、软件）	物联网开发（软、硬件）
物联网工程师、物联网技术工程师（关键词：物联网工程师）	物联网工程师
IoT产品工程师、物联网产品经理、产品经理（IoT方向）、项目经理……（关键词：产品，项目）	物联网产品与项目经理

爬取的岗位名称举例	归属类别
售前售后技术支持、物联网技术工程师、物联网实施工程师（关键词：售前、售后、技术、实施、方案、需求等）	技术支持（售前售后）
IoT 测试工程师、IoT 测试开发工程师、物联网运维、物联网测试工程师……（关键词：测试、运维）	系统测试运维
IoT 销售工程师、物联网销售、物联网销售代表……（关键词：销售）	物联网销售
其他难以划分的岗位	其他

2）将岗位进行归类

岗位被划分为物联网开发（软、硬件）、物联网工程师、物联网产品与项目经理、系统测试运维、技术支持（售前售后）、物联网销售、其他这几大类。接下来把 272 条岗位数据划分为这几类岗位。在岗位名称后面插入一列空白列，方便进行分类，如图 2.4.8 所示。

图 2.4.8　插入空白列

（1）物联网工程师相关岗位归类。

岗位关键词：物联网工程师。

① 如图 2.4.9 所示，在筛选中搜索岗位的关键词"物联网工程师"。单击"确定"按钮，得到所有跟物联网工程师有关的岗位。

② 在岗位类别中输入"物联网工程师"，然后使用自动填充功能，将筛选出来的岗位都划分为物联网工程师，如图 2.4.10 所示。填充后的效果如图 2.4.11 所示。

（2）物联网开发相关岗位归类。

岗位关键词：开发、研发、硬件、软件

① 关键词较多，采用双关键词搜索。如图 2.4.12 所示，在筛选中选择"文本筛选"→"包含"命令，弹出"自定义自动筛选"对话框，如图 2.4.13 所示，第一个关键词选择"开发"，第二个关键词选择"研发"，选中"或"单选按钮，最后单击"确定"按钮，归类结果如图 2.4.14 所示。

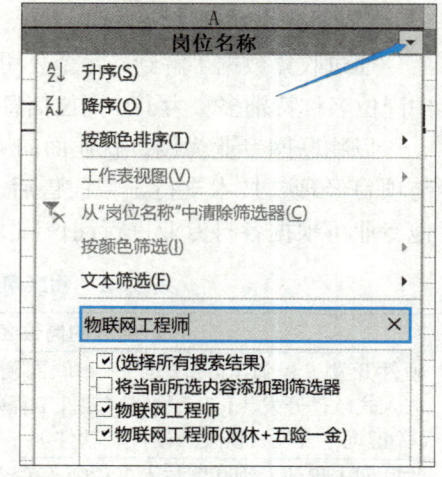

图 2.4.9　筛选硬件类岗位

	A	B	C	D
1	岗位名称	岗位类别	起薪	最高
46	物联网工程师	物联网工程师	10000	20000
47	物联网工程师	物联网工程师	6000	8000
48	物联网工程师		12000	20000
49	物联网工程师		8000	13000
50	物联网工程师		8000	13000

图 2.4.10　划分岗位类别

	A	B	C	D	E
1	岗位名称	岗位类别	起薪	最高	平均薪资
103	物联网工程师	物联网工程师	15000	25000	20000
104	物联网工程师	物联网工程师	7000	12000	9500
105	物联网工程师	物联网工程师	15000	25000	20000
106	物联网工程师	物联网工程师	4000	6000	5000
107	物联网工程师	物联网工程师	7000	12000	9500
108	物联网工程师	物联网工程师	10000	12000	11000
109	物联网工程师	物联网工程师	10000	15000	12500
112	物联网工程师	物联网工程师	6000	10000	8000
113	物联网工程师	物联网工程师	15000	25000	20000
115	物联网工程师	物联网工程师	12000	22000	17000
116	物联网工程师	物联网工程师	15000	16000	15500
235	物联网工程师（双休+五险一金）	物联网工程师	12000	20000	16000

图 2.4.11　填充效果

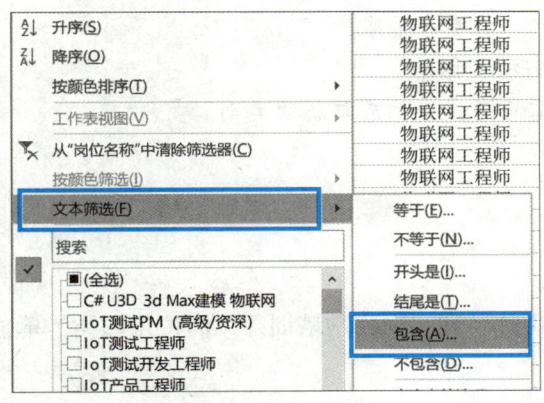

图 2.4.12　文本筛选

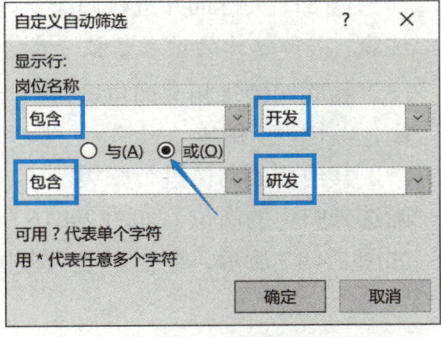

图 2.4.13　关键词设置

	A	B	C	D	E
1	岗位名称	岗位类别	起薪	最高	平均薪资
4	IoT测试开发工程师	物联网开发	25000	35000	30000
6	嵌入式软件开发（IoT）	物联网开发	16000	25000	20500
8	IoT开发工程师	物联网开发	12000	24000	18000
14	硬件开发工程师（IoT方向）	物联网开发	15000	30000	22500
18	IoT开发工程师	物联网开发	30000	60000	45000
19	IoT测试开发工程师	物联网开发	25000	40000	32500
24	阿里云-IoT事业部-Java开发	物联网开发	20000	35000	27500
25	IoT开发工程师	物联网开发	20000	40000	30000
28	IoT开发工程师	物联网开发	10000	15000	12500
29	IoT嵌入式软件开发工程师	物联网开发	20000	40000	30000
33	IoT嵌入式软件开发工程师	物联网开发	11000	22000	16500

图 2.4.14　归类结果

②按照相同的方法搜索关键词"硬件"和"软件"将其划分为"物联网开发"岗位。
（3）物联网产品与项目经理相关岗位归类。
岗位关键词：产品、项目。

筛选这两个关键词并进行归类。操作方法类似。

注意：若筛选出的结果已被分类，则需思考该岗位应归属的类别。

如图 2.4.15 所示，筛选"产品"和"项目"的结果时，出现已经被分类的岗位，根据描述，该岗位"物联网产品开发工程师"依然归为"物联网开发"岗位，而不是被划分到物联网产品与项目经理相关岗位。

226	工业物联网产品经理		12000	20000	16000
230	产品经理（数据中台/物联网）		12000	20000	16000
232	物联网产品开发工程师	物联网开发	10000	15000	12500
242	医疗物联网项目经理		15000	25000	20000
246	工业物联网产品经理		25000	40000	32500
261	平台产品经理（物联网平台）		18000	30000	24000

图 2.4.15 归类冲突

（4）系统测试运维相关岗位进行归类。

岗位关键词：测试、运维。

筛选这两个关键词并进行归类。操作方法类似。

注意：若筛选出的结果已被分类，则需思考该岗位应归属的类别。

（5）技术支持（售前售后）相关岗位进行归类。

岗位关键词：售前、售后、技术、实施、方案、需求。

筛选这 6 个关键词并进行归类。操作方法类似。

注意：若筛选出的结果已被分类，则需思考该岗位应归属的类别。

（6）物联网销售相关岗位进行归类。

岗位关键词：销售。

（7）其他相关岗位进行归类。

筛选未归类的岗位，如图 2.4.16 所示。

如图 2.4.17 所示，存在多个"物联网讲师"和"物联网培训师"岗位未归类，单独

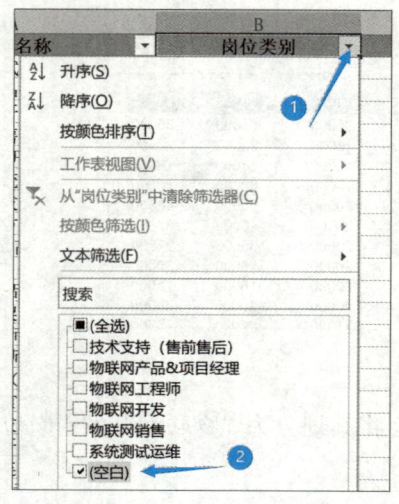

20	IoT设备连接需求SE	20000	40000
21	IoT招商运营经理	20000	35000
22	IoT平台AI&大数据PM专家	30000	60000
36	C# u3d 3dmax建模 物联网	20000	30000
37	物联网	4000	5000
40	物联网讲师	11000	17000
41	物联网	6000	11000
42	物联网	5000	8000
45	物联网讲师	10000	11000
56	物联网主管	16000	30000
57	物联网讲师	10000	15000
79	物联网讲师	14000	18000
82	物联网CEO	100000	200000
83	物联网讲师	5000	8000
96	物联网助理工程师	2000	3000
99	物联网电气工程师	8000	13000
100	物联网应用工程师	9000	14000
114	物联网讲师（厦门）	11000	18000
117	物联网培训师	6000	8000
119	物联网培训讲师	20000	24000

图 2.4.16 筛选未归类的岗位　　图 2.4.17 总结未归类的岗位

增加一类岗位"物联网培训"并筛选出来。

"物联网培训"岗位关键词：讲师、培训。筛选结果如图 2.4.18 所示。

	A	B	C	D	E
1	岗位名称	岗位类别	起薪	最高	平均薪资
40	物联网讲师	物联网培训	11000	17000	14000
45	物联网讲师	物联网培训	10000	11000	10500
57	物联网讲师	物联网培训	10000	15000	12500
79	物联网讲师	物联网培训	14000	18000	16000
83	物联网讲师	物联网培训	5000	8000	6500
14	物联网讲师（厦门）	物联网培训	11000	18000	14500
17	物联网培训师	物联网培训	6000	8000	7000
19	物联网培训讲师	物联网培训	20000	24000	22000

图 2.4.18　新增"物联网培训"岗位

（8）删除其他未归类的岗位。

对其他未归类的岗位，可根据岗位描述进行手动划分到某一类，也可直接删除。

3. 制作数据表

参考本项目任务三中"各城市岗位薪资的对比"部分的内容，完成本节内容。

（1）制作数据透视表。选中所有的数据，在空白区域生成数据透视表，如图 2.4.19 所示。

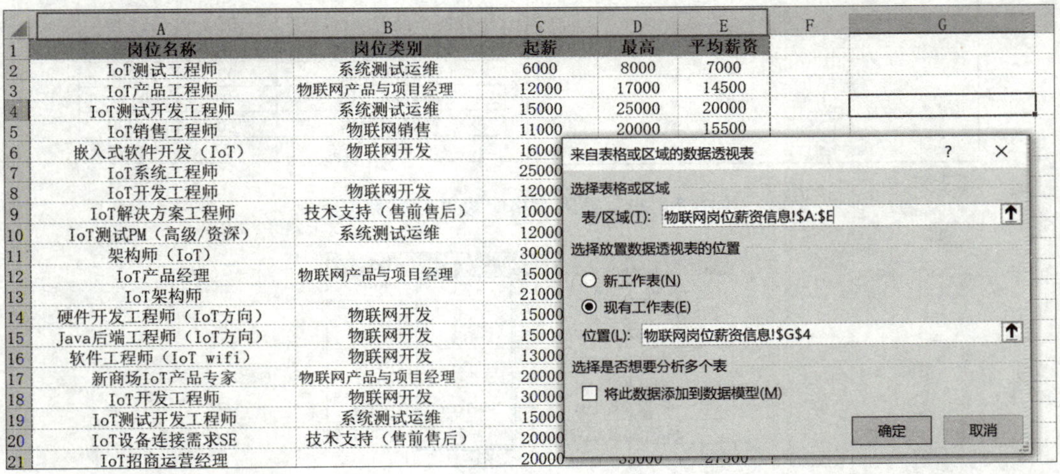

图 2.4.19　插入数据透视表

（2）设置数据透视表的字段，如图 2.4.20 所示。

（3）设置相关的参数，最终效果如图 2.4.21 所示。

4. 数据可视化

1）制作可视化表格

在空白区域输入表格字段，然后把数据透视表中的数据粘贴过去，如图 2.4.22 所示。将"岗位数量"均改为负值，如图 2.4.23 所示。

2）插入组合图形

选中新制作的表格，切换至"插入"选项卡，单击"推荐的图表"按钮，弹出"插

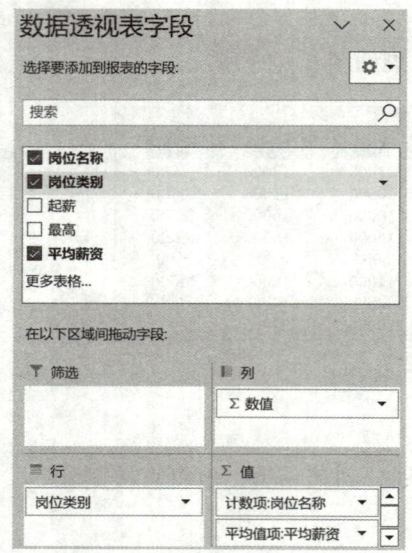

图 2.4.20 设置数据透视表字段　　图 2.4.21 设置相关参数

岗位	岗位数量	平均待遇

岗位	岗位数量	平均待遇
技术支持（售前售后）	33	12227
物联网产品与项目经理	56	17339
物联网工程师	38	13105
物联网开发	93	15258
物联网培训	9	12111
物联网销售	10	10900
系统测试运维	7	12786

图 2.4.22 输入表格字段并粘贴数据

岗位	岗位数量	平均待遇
技术支持（售前售后）	-33	12227
物联网产品与项目经理	-56	17339
物联网工程师	-38	13105
物联网开发	-93	15258
物联网培训	-9	12111
物联网销售	-10	10900
系统测试运维	-7	12786

图 2.4.23 修改岗位数量值

入图表"对话框，如图 2.2.24 所示，单击"所有图表"标签，再单击"组合图"标签，单击"自定义组合"按钮，设置好图表类型和轴，如图 2.4.24 所示。

3）设置参数

（1）设置坐标轴刻度（次坐标轴）。如图 2.4.25 所示右击上坐标轴，在弹出的快捷菜单中选择"设置坐标轴格式"命令，在弹出的窗格中将最小值改为最大值的负数。

（2）设置下坐标轴刻度（主坐标轴）。如图 2.4.26 所示右击下坐标轴，在弹出的快捷菜单中选择"设置坐标轴格式"命令，在弹出的窗格中将最大值改为最小值的负数。

（3）设置完成后效果如图 2.4.27 所示。

项目二 缘聚

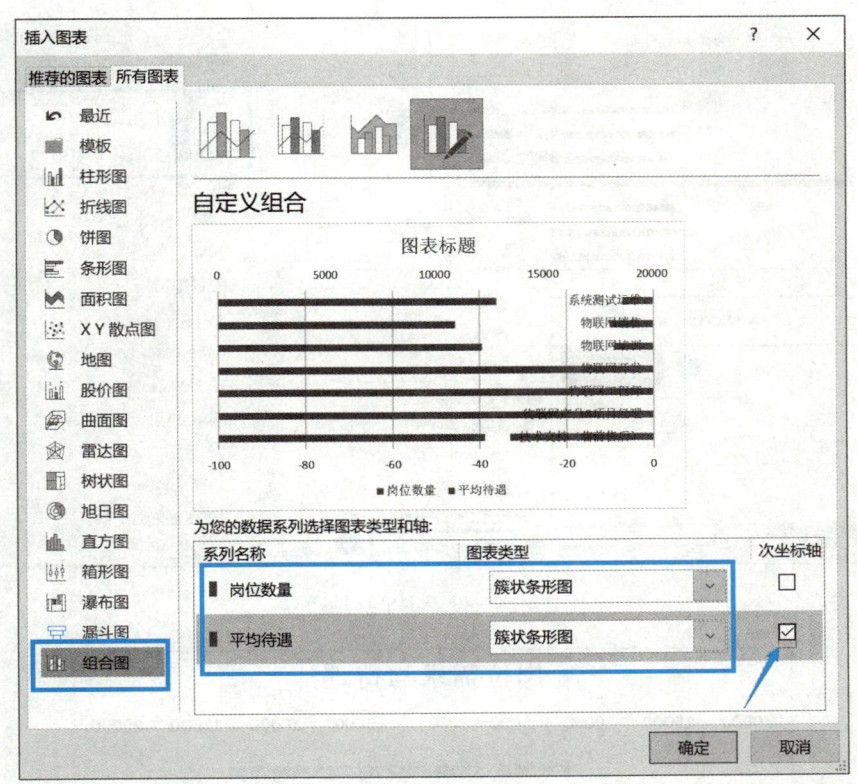

图 2.4.24 插入组合图形

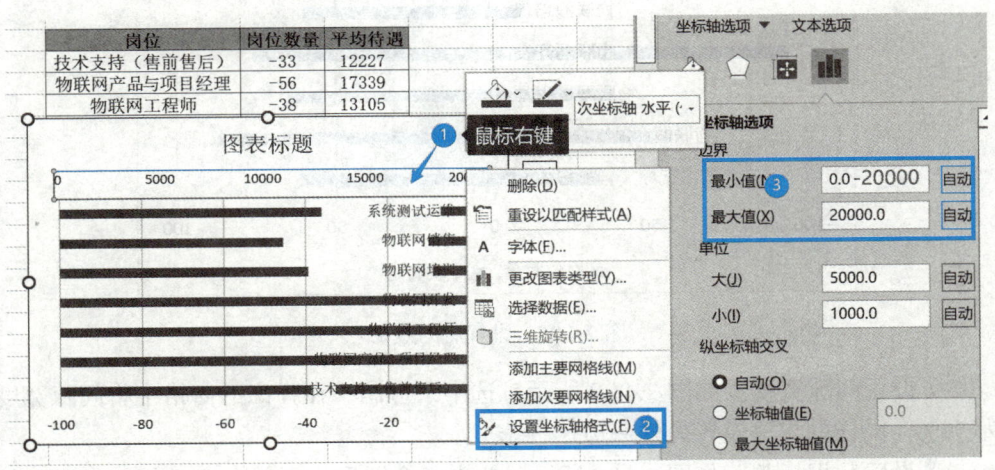

图 2.4.25 设置次坐标轴边界

（4）图中物联网岗位名称的标签处于中间，不方便查看，所以将标签设置到两边。如图 2.4.28 所示，右击"物联网岗位名称"的标签，在弹出的快捷菜单中选择"设置坐标轴"格式命令，在弹出的窗格中单击"标签"下拉按钮，在下拉列表中将"标签位置"改为"低"或"高"。

129

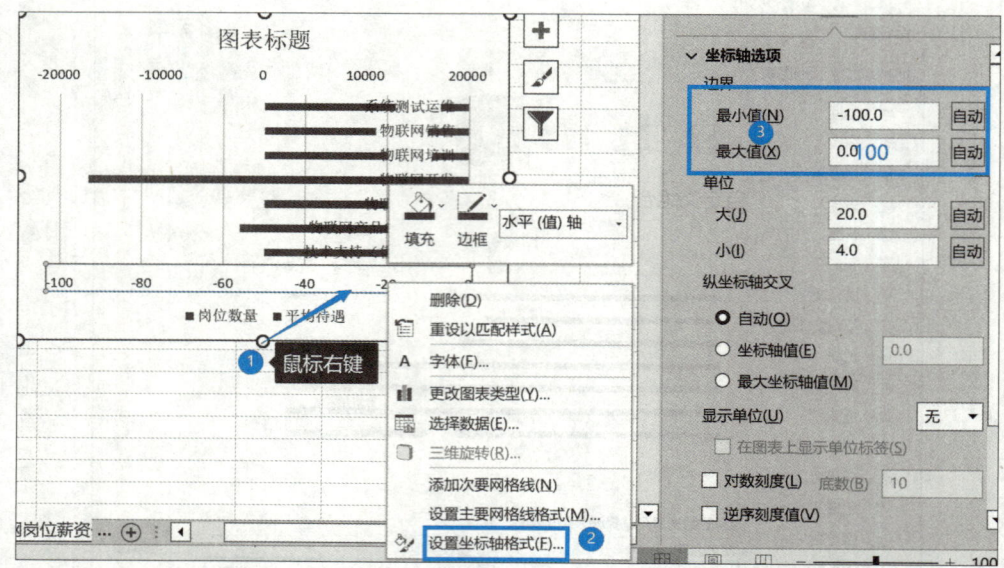

图 2.4.26　设置主坐标轴边界

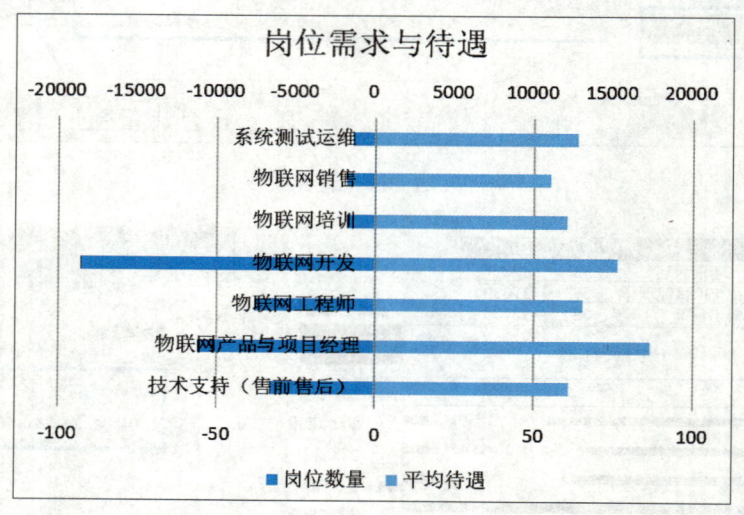

图 2.4.27　设置后的效果

（5）设置间隙宽度。如图 2.4.29 所示，选中条形图，在弹出的窗格中将间隙宽度设置为 50%。同样的方法设置另外一边。

（6）设置数据标签。如图 2.4.30 所示，单击组合图形，再单击 ➕ 按钮，在弹出的快捷菜单中勾选"数据标签"复选框，并单击其下拉列表，选择"数据标签外"命令。

（7）将数据标签中的负数更改为正数。如图 2.4.31 所示，选中负数数据，右击，在弹出的快捷菜单中选择"设置数据标签格式"命令，在弹出的窗格中勾选"值"和"单元格中的值"复选框，单击"选择范围"按钮，弹出"数据标签区域"对话框，选择数据透视表的"岗位数量"数据区域，单击"确定"按钮，将该数据重新定向到数据透视表中的数据。

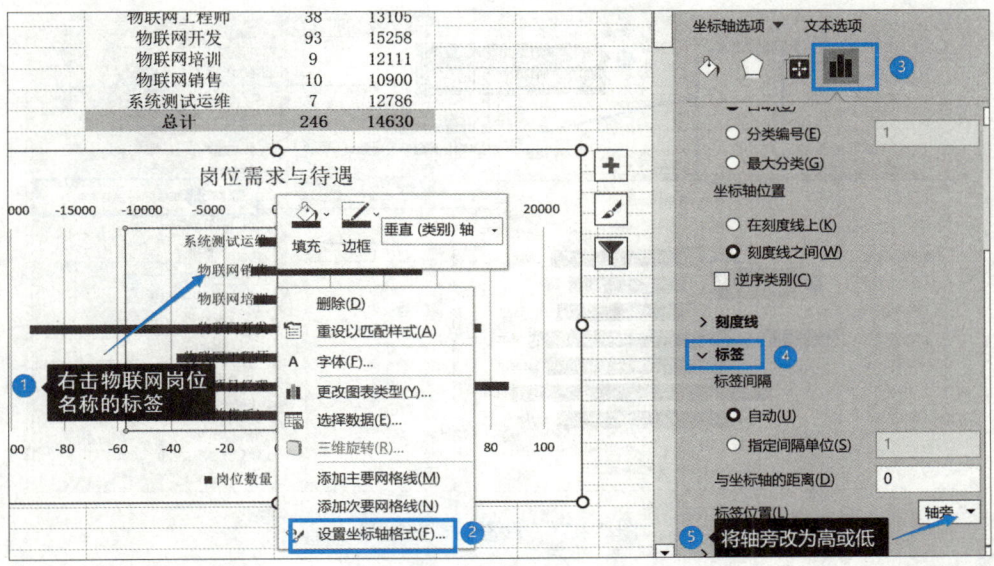

图 2.4.28　设置标签位置

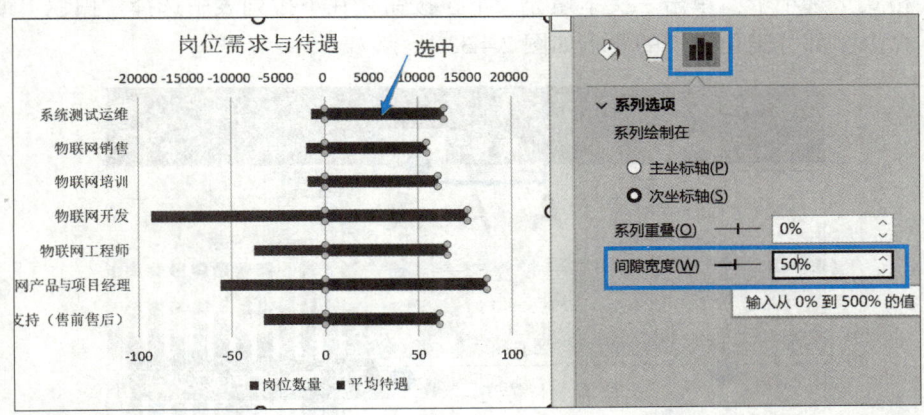

图 2.4.29　设置间隙宽度

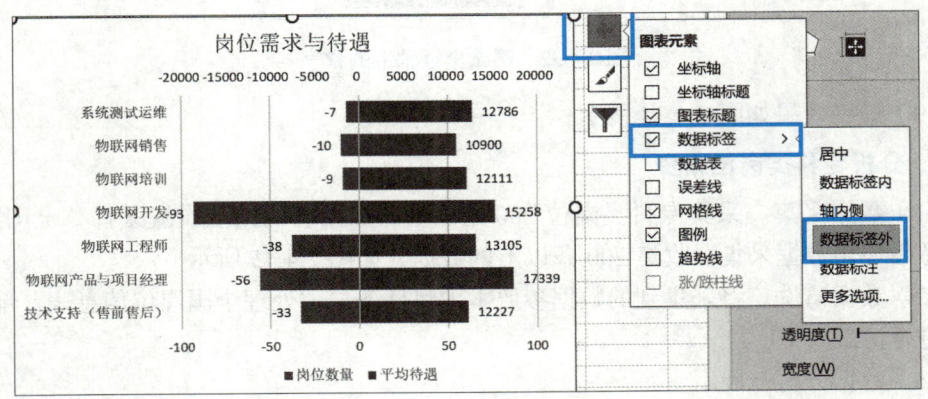

图 2.4.30　设置数据标签

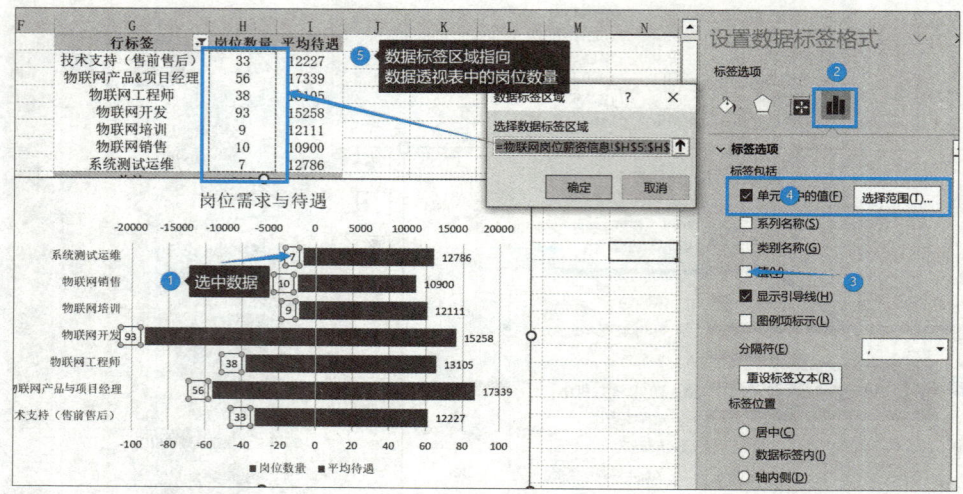

图 2.4.31　设置标签数据源

（8）美化图形。隐藏坐标轴上的数字。如图 2.4.32 所示，单击坐标轴上的数字，切换至"格式"选项卡，单击"文本填充"下拉按钮，在下拉列表中选择"白色"或"无填充"命令。部分美化操作的要求如图 2.4.33 所示。

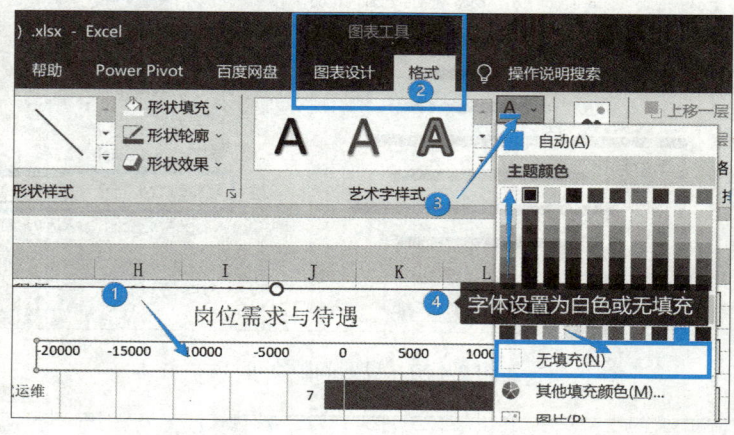

图 2.4.32　隐藏坐标轴上的数字

（9）最终效果如图 2.4.34 所示。

5. 分析专科类岗位薪资

（1）数据采集。采集专科类岗位 200 条以上。在招聘网站上设置条件"全国""大专"然后使用数据采集器收集 200 条以上的数据，如图 2.4.35 所示。

（2）数据清洗。将采集到的数据参照本项目任务二"处理全国岗位信息表"部分的内容进行清洗。

（3）数据分析与展示。

① 制作专科类不同岗位的数据透视表。

② 将专科类岗位的透视表制作成图表。

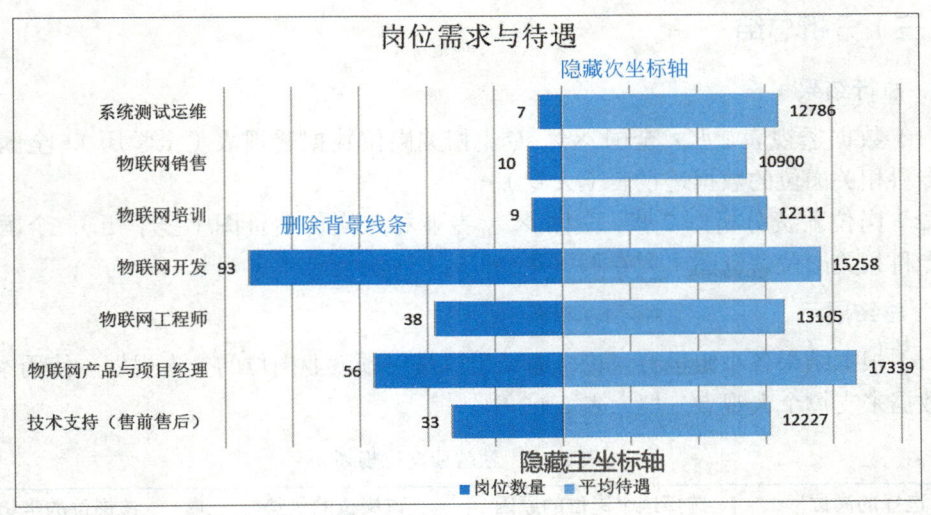

图 2.4.33　部分美化操作要求

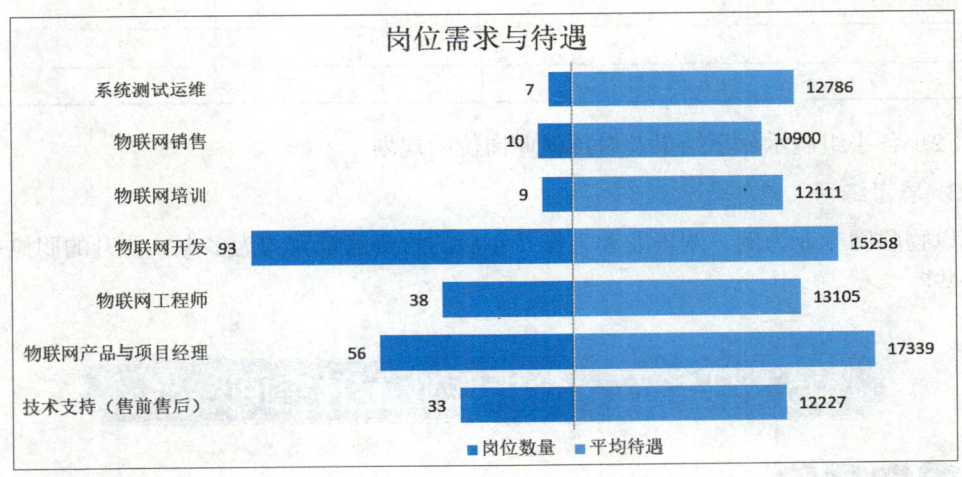

图 2.4.34　最终效果

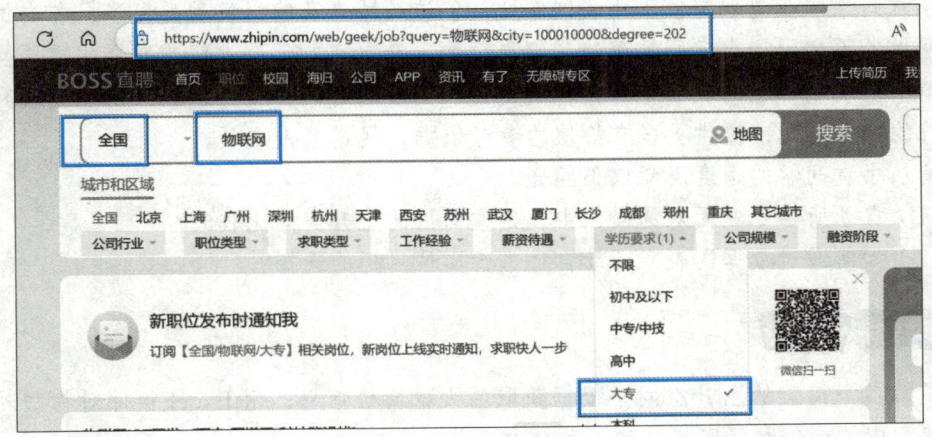

图 2.4.35　搜索条件及网址

（三）分析总结

1. 执行结果

（1）数据透视表 2 张：全国 ×× 专业相关岗位数据透视表（全学历），全国 ×× 专业专科相关岗位的数据透视表（大专）。

（2）岗位薪资分析图 2 张：全国 ×× 专业相关岗位薪资图（全学历），全国 ×× 专业专科相关岗位薪资图（大专）。

2. 总结展示

（1）根据结果各小组进行讨论，总结组成员对预就业岗位的个人规划。使用本任务中的数据来支撑个人观点，填入表 2.4.2 中。

表 2.4.2 预就业岗位规划

选择的岗位	选择这个岗位的原因	该岗位的优势	该岗位的劣势

（2）各小组展示分享结果及对预就业岗位的规划。

3. 思考练习

以物联网专业为例，刚毕业和工作几年后的薪资涨幅大约为多少？晋升的职位主要有哪些？

任务五　分析职业上升空间

小袁同学职业规划定位于物联网领域，但该领域涉及的岗位种类繁多，各岗位的上升空间也各不相同。小袁同学深知了解岗位的上升空间对于个人职业发展的重要性。为了更精准地规划自己的职业生涯，他决定投入更多的时间和精力，深入研究物联网行业各岗位的上升空间，提供更多有价值的参考依据，促进个人成长。

请从小袁同学的角度思考以下问题。

（1）自己所学专业面对的岗位中，哪些岗位的上升空间比较大？

（2）如何通过数据图表来帮助自己进行岗位目标的选择？

了解各个岗位的上升空间。根据获取的大量岗位信息，用 Excel 软件对物联网岗位招聘信息中的岗位和经验要求进行处理和分析。

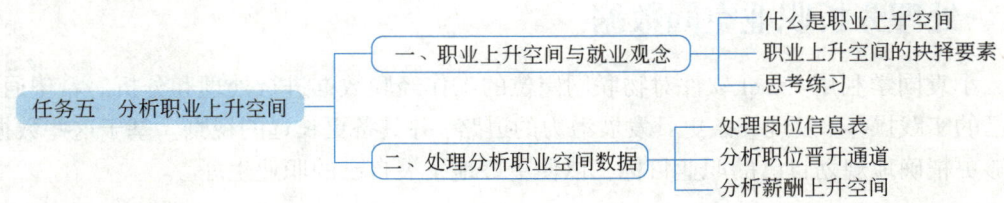

一、职业上升空间与就业观念

（一）什么是职业上升空间

职业上升空间指的是一个人在工作中可以不断提升自己的技能、知识和能力的机会。这个空间的大小意味着从业者有更多的机会实现自我价值和职业发展。

为了拓展职业上升空间，需要开放自己的心态，接受新的事物和变化。同时需要积极主动地学习、探索和尝试新领域，增加自己的技能和经验。此外，还需要制定明确的职业规划和目标，定期进行自我反思和评估，找到自己的短板并加以改善。

拓展职业上升空间，还需要走出舒适区，勇于接受挑战和变化，提高适应能力。拓展职业上升空间会带来很多好处，包括增强竞争力，拥有更多的职业发展机会，提高工作能力和水平，为社会做出更大的贡献。

在选择工作岗位时，应综合考虑岗位职责、发展空间以及企业战略等多个因素，确保工作岗位与个人职业规划相匹配。

（二）职业上升空间的抉择要素

职业上升空间与工作经验之间存在一定的关系。通常，具备一定的工作经验是拓展职业上升空间的重要因素之一。

工作经验的积累可以使个人更好地了解行业和职业发展的动态和趋势，掌握相关的技能和知识，提高工作能力和水平。工作经验的积累，可以建立起良好的人际关系网，与同事和上级领导建立信任和合作，提升自己的工作效率和业绩。这些都有助于拓展职业上升空间，提高个人的竞争力和市场价值。

然而，工作经验并不是拓展职业上升空间的唯一因素。个人的能力、学习态度、团队合作精神、创新能力等方面也是非常重要的因素。因此，应注重全面提升自己的能力和素质，以便更好地拓展职业上升空间。

对不同行业和职业而言，拓展职业上升空间所需的经验和技能也是不同的。因此，在选择职业和工作岗位时，应该充分了解行业和职业的发展趋势和要求，制订适合自己的职业规划和发展计划，不断学习并提升自己的能力，以适应职业发展的变化和挑战。

（三）思考练习

组成课程学习小组，分析以下两个问题。

（1）物联网专业的学生在哪些岗位的上升空间比较大？

（2）如果要验证这些关系需要分析哪些数据？

二、处理分析职业空间数据

小袁同学利用 Excel 软件对物联网岗位的工作经验数据进行处理和分析。希望通过自己的实践操作，发现一条更具发展潜力的道路，并具备更长远的视野。基于这些数据，能够更精确地规划自己的职业目标，以便更好地发展自己的职业生涯。

（一）实施思路

（1）处理岗位信息表。
（2）分析职位晋升通道。
（3）分析薪酬上升空间。

（二）实施步骤

1. 处理岗位信息表

参考本项目任务二"处理全国岗位信息表"部分的内容，完成本节内容。

1）新建物联网职业上升空间表

单击"+"按钮插入工作表"Sheet1"，其名称更改为"物联网职业上升空间"，如图 2.5.1 所示。

2）复制数据到新表中

将原始数据中代表岗位名称、薪资以及工作经验的列复制到新工作表中，如图 2.5.2 所示。

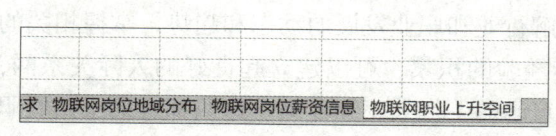

图 2.5.1　新建工作表　　　　　图 2.5.2　粘贴后的表格数据

3）数据清洗

（1）清除脏数据。具体步骤如下。

① 选中第一行标题位置（表头），切换至"数据"选项卡，单击"筛选"按钮进行数据筛选。

② 单击"薪资"单元格中的下拉符号，在弹出的下拉列表中勾选"空白""经验不限"等选项，如图 2.5.3 所示。单击"确定"按钮筛选出脏数据。

③ 如图 2.5.4 所示，选中这些数据，右击，在弹出的快捷菜单中选择"删除行"命令删除脏数据。

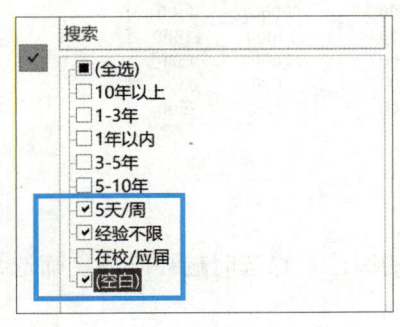

图 2.5.3 筛选数据

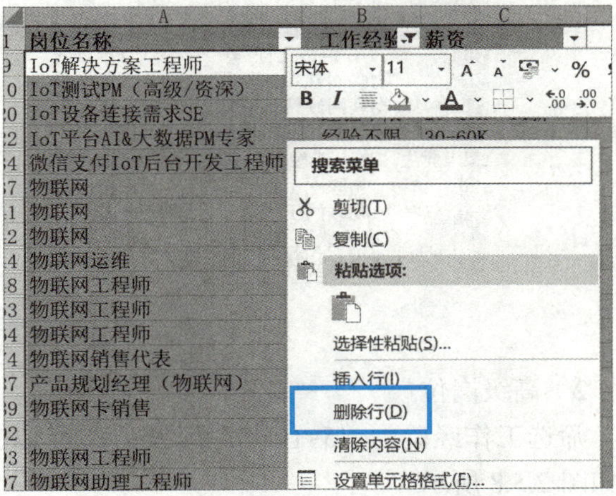

图 2.5.4 删除不符合规范的数据

删除脏数据后还剩下 232 行，如图 2.5.5 所示。去除第一行的标题，还剩下 231 条岗位数据。

230	浩海物联招聘电梯工	3-5年	6-10K
231	物联网数据处理工程师	1-3年	6-8K
232	Java工程师（工业物联网）	1-3年	6-10K
233			
234			

图 2.5.5 剩余数据总行数

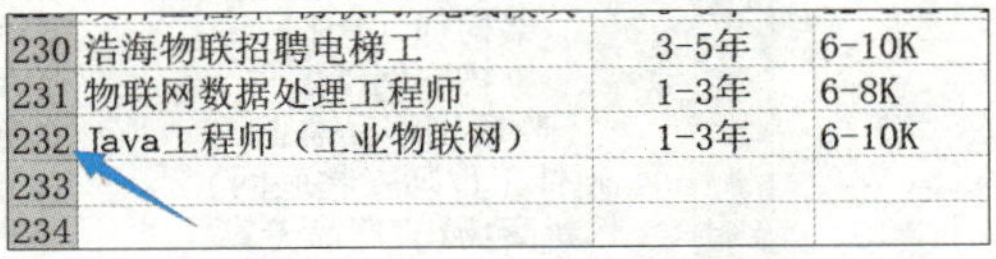

（2）处理薪资数据。爬取的薪资数据存在脏数据，需要对薪资数据进行处理，处理过程参考本任务中“处理岗位信息表”部分的内容。

要求：“起薪”和“最高”都采用常规计数。“平均薪资”为“起薪”和“最高”的平均值。处理之后的效果如图 2.5.6 所示。

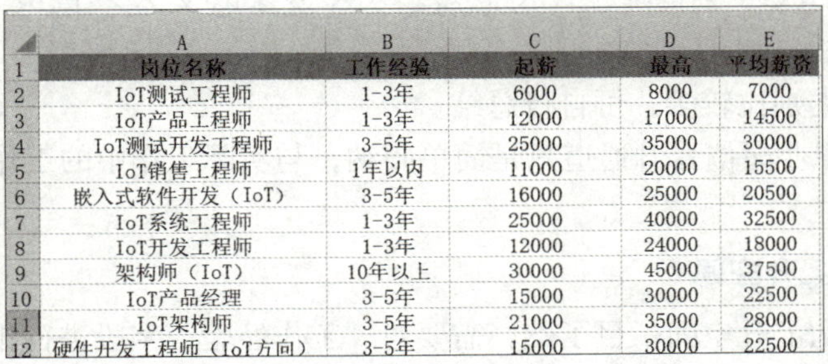

	A	B	C	D	E
1	岗位名称	工作经验	起薪	最高	平均薪资
2	IoT测试工程师	1-3年	6000	8000	7000
3	IoT产品工程师	1-3年	12000	17000	14500
4	IoT测试开发工程师	3-5年	25000	35000	30000
5	IoT销售工程师	1年以内	11000	20000	15500
6	嵌入式软件开发（IoT）	3-5年	16000	25000	20500
7	IoT系统工程师	1-3年	25000	40000	32500
8	IoT开发工程师	1-3年	12000	24000	18000
9	架构师（IoT）	10年以上	30000	45000	37500
10	IoT产品经理	3-5年	15000	30000	22500
11	IoT架构师	3-5年	21000	35000	28000
12	硬件开发工程师（IoT方向）	3-5年	15000	30000	22500

图 2.5.6 薪资数据处理结果

2. 分析职位晋升通道

岗位数据的 ×× 工程师晋升序列比较明显。分为初级（助理）×× 工程师，中级 ×× 工程师，高级 ×× 工程师。这里主要是分析除了比较明显的工程师序列之外的岗位。

1）初级岗位

筛选工作经验为“1 年以内”以及“在校应届”的岗位，筛选时选择降序。筛选结果如图 2.5.7 所示。

初级岗位有：销售、技术支持、调试以及 ×× 初级工程师。

	A	B	C	D	E
1	岗位名称	工作经验	起薪	最高	平均薪
85	IoT销售工程师	1年以内	11000	20000	15500
86	物联网软件工程师	1年以内	6000	8000	7000
87	物联网硬件工程师	1年以内	5000	10000	7500
88	物联网开发工程师	1年以内	6000	9000	7500
228	毕业生，嵌入式硬件，IoT，人	在校/应届	3000	5000	4000
229	物联网工程师	在校/应届	9000	14000	11500
230	物联网工程师	在校/应届	2000	7000	4500
231	家庭物联网技术调试	在校/应届	4000	9000	6500
232	物联网售前技术支持	在校/应届	5000	10000	7500

图 2.5.7　筛选初级岗位

2）高级岗位

筛选工作经验为"5~10年"以及"10年以上"的岗位，筛选时选择降序。筛选结果如图 2.5.8 所示。

	A	B	C	D	E
1	岗位名称	工作经验	起薪	最高	平均薪
2	架构师（IoT）	10年以上	30000	45000	37500
3	物联网CEO	10年以上	100000	200000	150000
4	物联网产品总监	10年以上	18000	30000	24000
5	硬件工程师（物联网）	10年以上	12000	24000	18000
194	新商场IoT产品专家	5-10年	20000	35000	27500
195	IoT测试开发工程师	5-10年	25000	40000	32500
196	IoT开发工程师	5-10年	10000	15000	12500
197	物联网高级硬件开发	5-10年	25000	50000	37500
198	物联网工程师	5-10年	15000	25000	20000

图 2.5.8　筛选高级岗位

高级岗位有 CEO、架构师、××总监、××专家以及××高级工程师等。

3）中级岗位

中级岗位的类别比较多，可自行总结。

注意，以上职业岗位晋升通道只是简单归纳，与实际工作中的工作单位的设置有一定的差异。

3. 分析薪酬上升空间

为了使薪酬的上升空间一目了然，需要对"工作经验"字段进行排序。然后按照经验从低到高的顺序进行排序。经验字段"在校/应届""1年以内""1~3年""3~5年""5~10年""10年以上"没有明显的排序逻辑，所以最好自己设置排序序列。

参考本项目任务四"数据可视化"部分的内容完成本节内容。

1）选择数据进行排序

如图 2.5.9 所示，选中 A~E 列的数据，切换至"数据"选项卡，单击"排序"按钮弹出"排序"对话框，在"次序"下拉列表中，单击"自定义序列"选项。

自定义序列时，从低到高定义序列。操作步骤如图 2.5.10 所示单击"新序列"，在"输入序列"文本框中依次输入"在校/应届""1年以内""1~3年""3~5年""5~10年""10年以上"字段，单击"添加"按钮。

设置完成自定义序列后新排序，如图 2.5.11 所示。排序结果如图 2.5.12 所示。

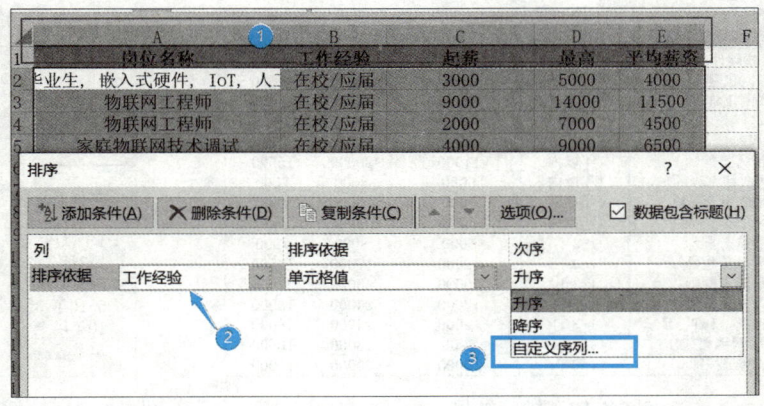

图 2.5.9 选择自定义序列

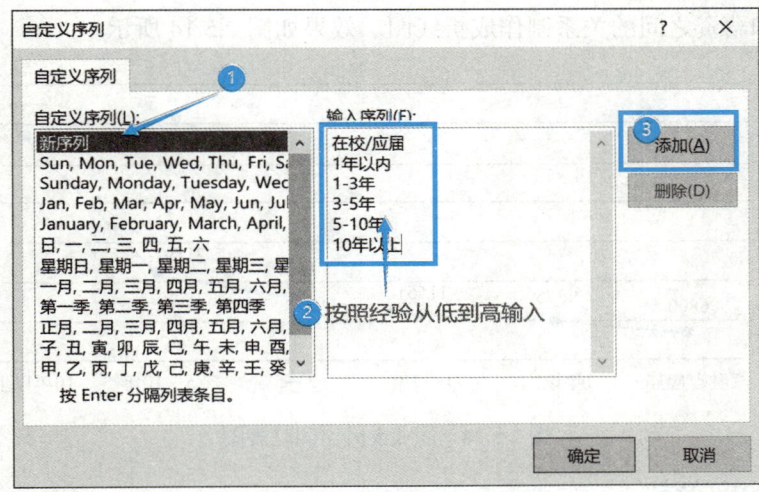

图 2.5.10 自定义序列设置

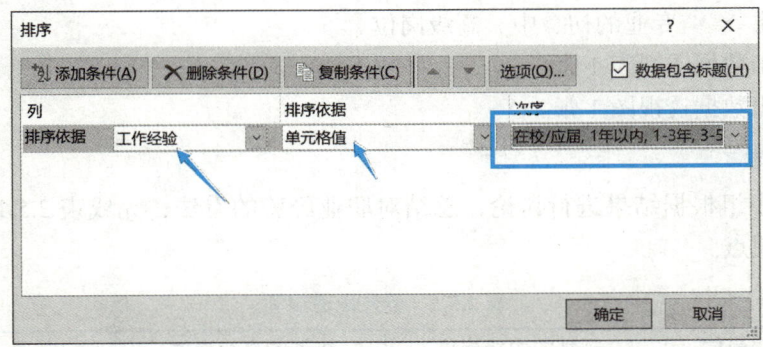

图 2.5.11 进行排序

2）制作数据透视表

排序完成后制作数据透视表。数据透视表制作效果如图 2.5.13 所示。

排序操作后，数据透视表可以直观地看出，随着经验的增加薪资也在不断地增加。

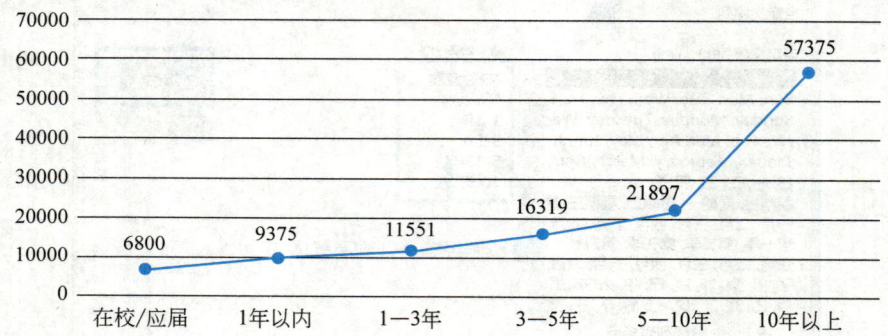

	A	B	C	D	E
1	岗位名称	工作经验	起薪	最高	平均薪资
2	业生，嵌入式硬件，IoT，人	在校/应届	3000	5000	4000
3	物联网工程师	在校/应届	9000	14000	11500
4	物联网工程师	在校/应届	2000	7000	4500
5	家庭物联网技术调试	在校/应届	4000	9000	6500
6	物联网售前技术支持	在校/应届	5000	10000	7500
7	IoT销售工程师	1年以内	11000	20000	15500
8	物联网软件工程师	1年以内	6000	8000	7000
9	物联网硬件工程师	1年以内	5000	10000	7500
10	物联网开发工程师	1年以内	6000	9000	7500
11	IoT测试工程师	1-3年	6000	8000	7000
12	IoT产品工程师	1-3年	12000	17000	14500
13	IoT系统工程师	1-3年	25000	40000	32500
14	IoT开发工程师	1-3年	12000	24000	18000
15	销售经理（车载、IoT、显示）	1-3年	12000	24000	18000
16	物联网销售	1-3年	8000	13000	10500
17	物联网工程师	1-3年	10000	20000	15000

图 2.5.12　排序结果

行标签	平均薪资
在校/应届	6800
1年以内	9375
1-3年	11551
3-5年	16319
5-10年	21897
10年以上	57375
总计	15894

图 2.5.13　数据透视表结果

3）制作数据透视图

将经验和薪资之间的关系制作成折线图。效果如图 2.5.14 所示。

图 2.5.14　职业上升空间趋势图

（三）分析总结

1. 执行结果

（1）输出 ×× 专业的初、中、高级岗位。

（2）输出数据透视表 1 张。

（3）输出数据透视图 1 张。

2. 总结展示

（1）各小组根据结果进行讨论，总结对职业经验的看法，完成表 2.5.1。引入数据来支撑个人观点。

表 2.5.1　晋升通道规划

规划的初级岗位	规划的中级岗位	规划的高级岗位	原　因

（2）各小组分享对职业上升通道规划。

3. 思考练习

（1）分析专科学历下××专业的职业上升通道规划。

（2）通过数据发现了感兴趣的岗位，如何分析该岗位的通用技能？

任务六　分析岗位技能要求

任务背景

物联网是一个涉及众多领域和技术的庞大体系，其知识体系极为广泛。小袁同学决定通过自学不断补充专业知识，适应物联网行业的快速发展。小袁同学从招聘岗位的要求入手，明确学习方向和重点。通过对物联网知识的自我学习，结合对招聘岗位要求的深入分析，小袁同学可以有针对性地自学物联网专业知识，为未来的职业发展打下坚实的基础。

请从小袁同学的角度思考以下问题。

（1）自己所学专业面向的岗位的主要职责是什么？

（2）如何通过图表帮助自己了解主要岗位要求的关键信息？

任务目标

了解岗位的主要职责和要求。根据获取的物联网岗位招聘信息，用 Excel 软件对岗位要求的关键词进行提取、分析、处理和展示，深入了解物联网专业相关岗位的主要职责。

任务实施思路

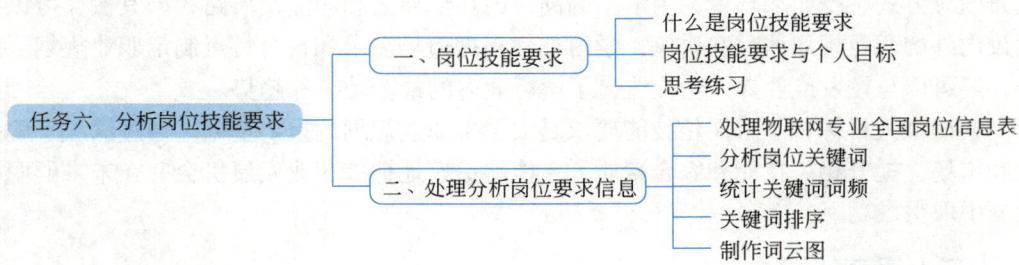

一、岗位技能要求

（一）什么是岗位技能要求

岗位技能要求是指某个特定岗位需要具备的各种技能和知识。这些技能和知识包括专业知识、专业技能、能力、语言、证书等方面。岗位技能要求是招聘和选拔人才的重要依据，也是职业发展的重要参考。

不同的岗位有不同的技能要求。例如，技术岗位需要掌握特定的编程语言、软件工具和专业技术知识；销售岗位需要具备良好的沟通能力、谈判技巧和市场分析能力；管理岗位需要具备领导能力、团队协作能力和决策能力等。

岗位技能要求是招聘和选拔人才的重要依据。在招聘过程中，企业会根据岗位的技能要求来筛选应聘者。只有具备相关技能的应聘者才能胜任该岗位的工作。因此，明确的岗位技能要求可以帮助企业找到合适的人才，提高招聘效率。

岗位技能要求也是职业发展的重要参考。员工可以根据岗位的技能要求来制定自己的职业发展规划，有针对性地学习和提升自己的能力。企业也可以根据员工的岗位技能和职业发展规划为员工提供更多的培训和发展机会，帮助员工实现个人职业发展目标。

岗位技能要求还包括语言和证书等方面的要求。某些特定岗位，如翻译、导游等，需要具备一定的语言能力。某些技术岗位，如工程师、会计师等，需要考取相应的专业证书。这些要求都是为了保证员工能够胜任该岗位的工作，提高工作效率和质量。

总之，岗位技能要求是招聘和选拔人才的依据，也是员工职业发展的参考。

（二）岗位技能要求与个人目标

在当今竞争激烈的社会，明确个人目标和了解岗位技能要求至关重要。

为了实现个人目标，需要具备一定的岗位技能。不同行业和岗位对技能的要求不同，因此，需要根据自己的目标提升相关技能。例如，如果目标是成为一名优秀的销售人员，那么需要具备良好的沟通能力、人际交往能力和市场分析能力；如果目标是成为一名软件开发工程师，那么需要具备扎实的编程基础、算法和数据结构知识及良好的逻辑思维和分析能力。

除了专业技能外，还应培养自己的综合素质。如团队合作能力、领导力、创新能力和解决问题的能力等。这些能力在未来的职业生涯中同样重要，能够帮助大学生更好地适应工作环境。

为了更好地了解岗位技能要求，可以通过多种途径了解行业。首先，可以通过实习或兼职等方式感受职场环境，了解不同岗位的技能要求和职业发展路径。其次，可以参加校内外的职业规划课程和讲座，学习如何根据市场需求和自身特点制定职业规划。此外，还可以与校友或业界人士交流，了解行业内的最新动态和趋势。

明确个人目标和了解岗位技能要求是大学生职业规划的重要基础。通过深入了解自己和市场，提升相关技能和综合素质，才能够更好地把握职业发展机会并在未来的职业生涯中取得成功。

（三）思考练习

组成课程学习小组，分析以下两个问题。
（1）物联网专业的学生需要掌握哪些关键技术技能？
（2）岗位技能要求信息需要分析哪些数据？

二、处理分析岗位要求信息

小袁同学利用 Excel 软件对物联网岗位的工作经验数据进行处理和分析。基于这些数据，能够更精确地规划自己的职业目标，以便更好地发展自己的职业生涯。

（一）实施思路

（1）处理物联网专业全国岗位信息表。
（2）统计岗位关键词。
（3）统计关键词词频。
（4）关键词排序。
（5）制作词云图。

（二）实施步骤

1. 处理物联网专业全国岗位信息表

参考本项目任务二"处理全国岗位信息表"部分内容，完成本节内容。

1）新建物联网岗位要求表

单击"+"按钮插入工作表，将其名称更改为"物联网岗位要求"，如图2.6.1所示。

2）复制数据到新表中

新工作表主要对岗位关键词进行处理和分析，将数据中代表岗位要求的关键词信息的列复制到新工作表中，效果如图2.6.2所示。

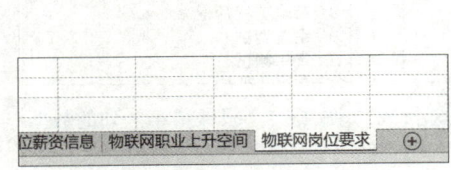

图2.6.1 新建工作表

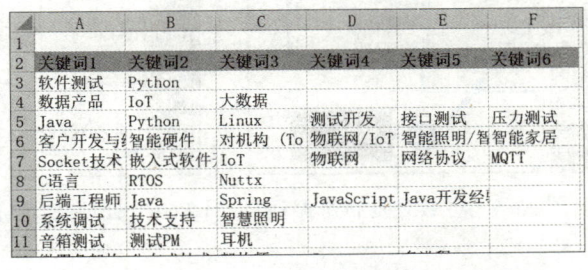

图2.6.2 粘贴后的表格数据

3）数据清洗

（1）清除脏数据。删除第一行空白数据，保留第一列的标题，删除其他列的标题，如图2.6.3所示。其中B2，C2，D2，E2，F2是各列数据的起始单元格。

如图2.6.4所示，最后一行为275行。去掉第一行，共有274行数据。

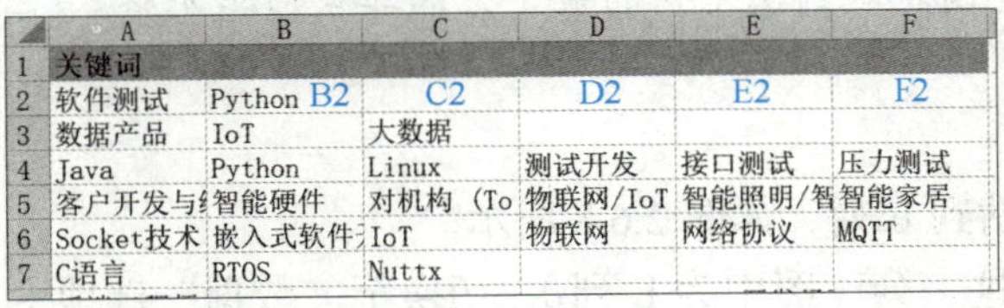

图2.6.3 清除部分数据的表格

图2.6.4 剩余数据总行数

（2）处理关键词数据。具体步骤如下。

① 如图2.6.5所示，复制B2：B275（先选中B2单元格，然后找到B275单元格，

按住 Shift 键，单击 B275 单元格，此时就选中了 B2:B275 区域。按 Ctrl+C 键复制）。将复制的内容粘贴到第一列最后一行的下一个单元格，即 A276 单元格。

> **技能拓展**
>
> 选择多行：利用 Shift 键选择连续的多行。单击开始行，按住 Shift 键的同时，可拖动至结束行，或单击结束行即可选择多行。

② 按照同样的方法把 C 列（C2：C275），D 列（D2：D275），E 列（E2：E275），F 列（F2：F275）的数据依次复制到第一列的最后位置。复制后共有 1644 行，如图 2.6.6 所示。只保留第一列，删除其他列数据，如图 2.6.7 所示。

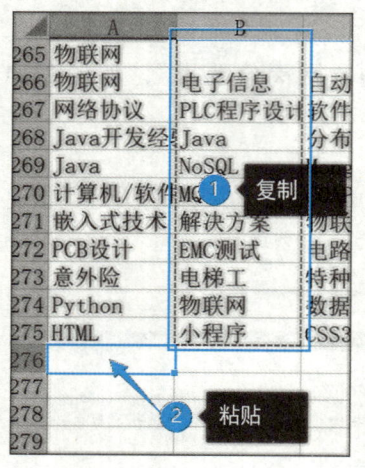
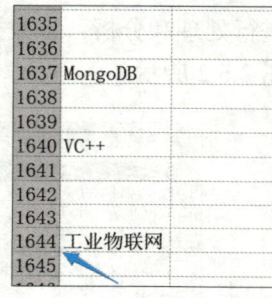

图 2.6.5　将 B 列复制到 A 列　　图 2.6.6　处理完后数据总行数　　图 2.6.7　只保留第一列的数据

> **技能拓展**
>
> 快速跳转和选择
>
> Ctrl+↑键：跳到当前列的第一个单元格。
>
> Ctrl+↓键：跳到当前列最后一个非空白单元格。
>
> Ctrl+Shift+↑键：单元格的选定范围扩展到选中列的第一行。
>
> Ctrl+Shift+↓键：单元格的选定范围扩展到选中列的最下方的非空白单元格。

2. 分析岗位关键词

选中 A 列，将 A 列的数据复制粘贴到 E 列，如图 2.6.8 所示。

如图 2.6.9 所示，选中复制出来的这一列（图中为 E 列），切换至"数据"选项卡，然后单击"删除重复值"按钮。

删除重复数据之后，该列的关键词还剩下 408 个，如图 2.6.10 所示（关键词剩余个数因采集的数据不同会有所不一样）。

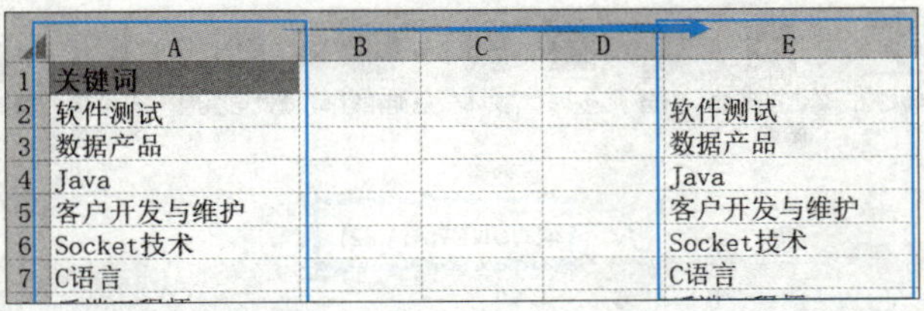

图 2.6.8 将 A 列数据复制到 E 列

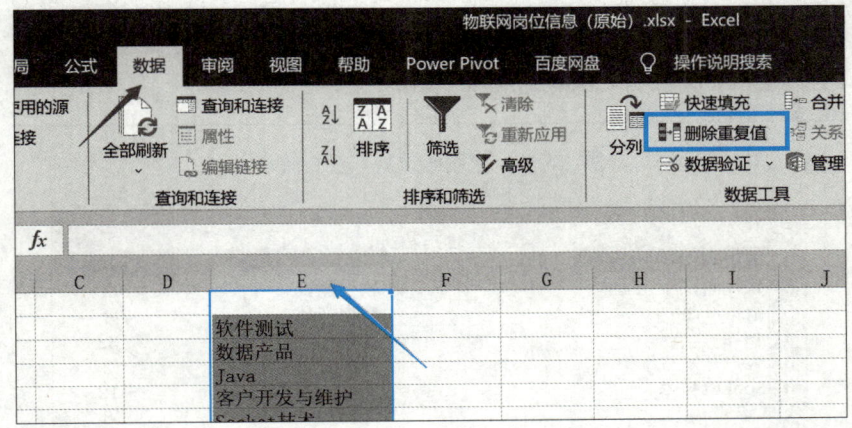

图 2.6.9 删除重复值

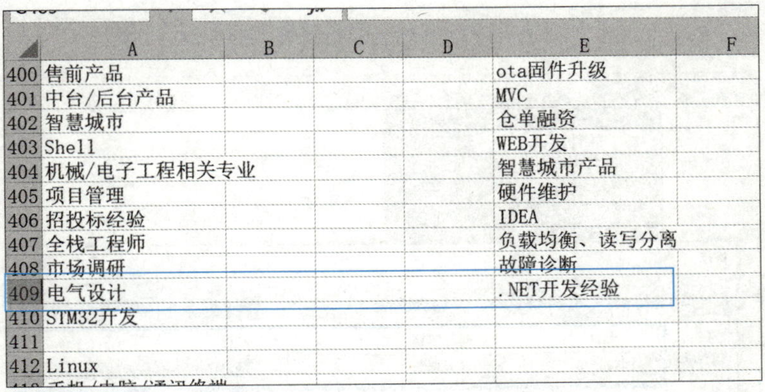

图 2.6.10 删除重复值后剩余的行数

3. 统计关键词词频

参考本项目任务二中"统计各个学历层次的岗位数"部分的内容，使用 COUNTIF 函数对关键词计数。计数范围为第一列的所有数据，计数条件为删除重复值后的关键词，如图 2.6.11 所示。

填充该公式，得到每个关键词出现的词频，如图 2.6.12 所示。

4. 关键词排序

参考本项目任务三"城市岗位数据展示"部分内容的排序操作，对关键词的列和词频的列进行排序，如图 2.6.13 所示。

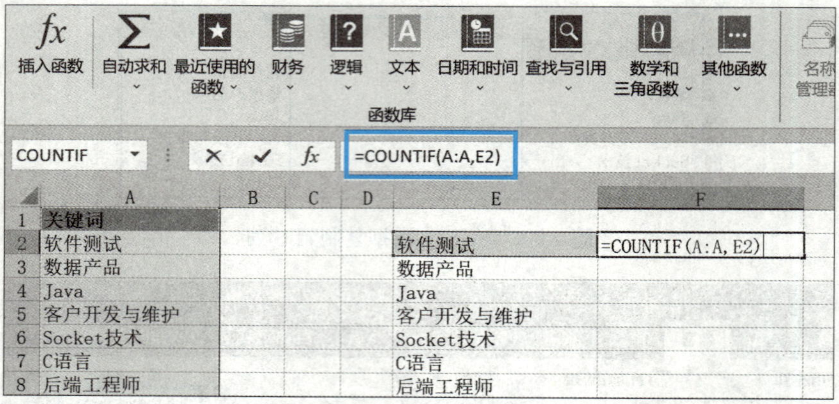

图 2.6.11 利用函数公式进行统计

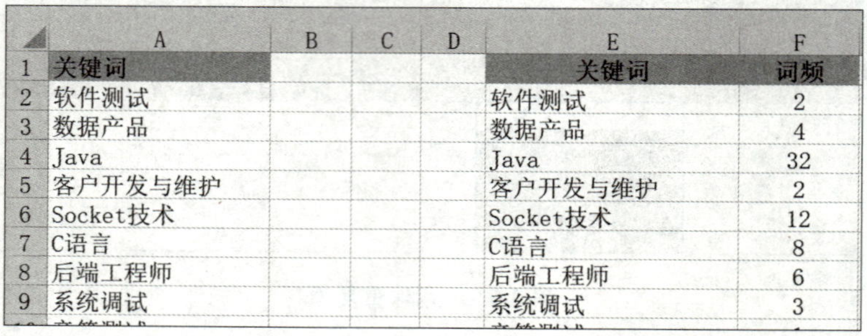

图 2.6.12 统计结果

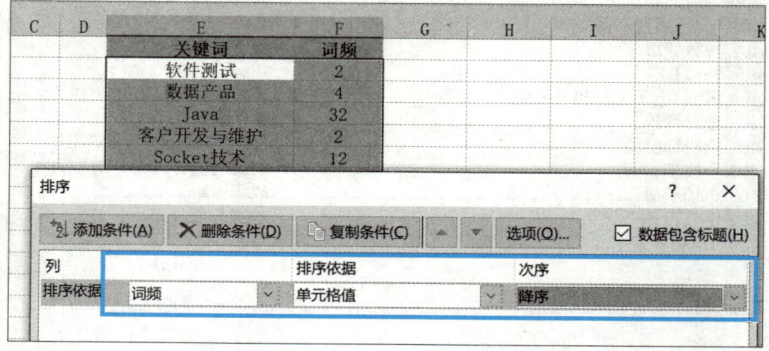

图 2.6.13 对关键词及词频进行排序

排序后删除无用数据，如空白数据，得到最终的关键词排序结果如图 2.6.14 所示。

5. 制作词云图（扩展）

为了展示关键词数据，可以将关键词制作成词云图。词云图是一种文本数据的图片视觉表达方式，是由词汇组成类似云的图形，用于展示文本数据。制作效果如图 2.6.15 所示。

词云图效果多种多样。词云图的制作可用 WPS 或其他软件，制作词云图的步骤请自行探索并进行分享。

项目二 缘聚

E	F
关键词	词频
物联网	46
Java	32
网络协议	29
Python	26
Linux	21
嵌入式技术	18
C++	17
计算机相关专业	16
ARM开发	14
嵌入式软件开发	13
MySQL	13
Socket技术	12
后端开发	12
电路设计	12
通信	12
驱动开发	12
产品设计	11
单片机开发	11
C#	11
IoT	10
智能硬件	9
分布式技术	9
PCB设计	9
C语言	8

图 2.6.14 关键词部分统计结果

图 2.6.15 词云图

（三）分析总结

1. 执行结果

（1）输出 ×× 专业的岗位要求关键词的词频排序。

（2）输出岗位要求关键词词云图一张。

2. 总结展示

（1）根据结果各小组进行讨论，总结组内成员对于岗位要求的看法。引入数据来支撑个人观点。

（2）各小组展示分享结果及对岗位要求的规划。

任务七　总结岗位信息

任务背景

经过多次的任务磨炼，小袁同学对岗位信息的各个要素有了深入的了解。为了方便查阅和汇报，他决定将这些信息和数据整理成文档，供自己随时参考和使用。这份文档不仅是对自己调研工作的总结，还是对岗位信息的系统化梳理。通过这份文档，可以快速地掌握各岗位的特点、要求和职责，为后续的职业发展提供有力的支持。

小袁同学对岗位信息进行系统化的分类整理，并形成一份翔实的文档。在此基础上制作一份汇报文档，以便向外界展示。通过这一过程，不仅能显著提升自己的Office办公技能，而且能锻炼自身的综合能力。他深刻地明白，只有持续不断地学习和积累经验，才能在未来的工作中更好地发挥自身优势，从而开创更加辉煌的职业生涯。

请从小袁同学的角度思考以下问题。

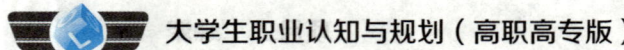

（1）如何整理出一份具有数据支撑和逻辑性的岗位参考文档？
（2）如何更清晰地展示文档？

任务目标

（1）制作一份格式规范的岗位调查报告。
（2）制作项目路演文档。

任务实施思路

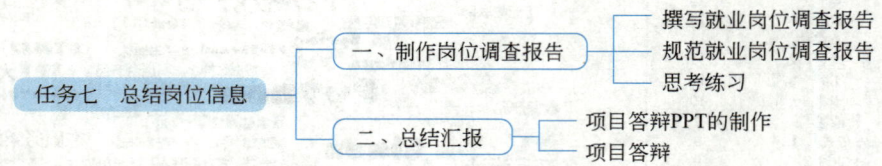

一、制作岗位调查报告

为了确保文档的准确性和完整性，小袁同学采取了多种措施。他对岗位信息进行了分类整理，按照岗位名称、职责、要求等信息进行了归纳和总结。还对他感兴趣的岗位进行了详细描述，确保每个岗位的职责和要求都能充分体现。

在整理过程中，小袁同学还特别注重文档的格式和排版。他选择了合适的字体、字号和颜色，使整个文档既美观又大方。此外，还添加了目录、页码和图表等元素，使文档更易于阅读和理解。

（一）实施思路

（1）撰写就业岗位调查报告。
（2）规范就业岗位调查报告。

（二）实施步骤

1. 撰写就业岗位调查报告

根据获取到的信息，以及生成的数据图表，每个小组完成一份"就业岗位调查报告"。该报告至少包含三个职业岗位（每人一个岗位），要求采用小组自己生成的数据图和表格。报告内容主要包含以下部分。

（1）前言。
（2）市场整体需求（如软件专业市场整体需求）。
（该部分若涉及市场需求数据图表，务必采用各小组自己生成的原创图表。）
（3）岗位1（如前端工程师）。
①什么是××××？（例如什么是前端工程师？）
（该部分若涉及岗位薪资相关的数据图表，务必采用各小组自己生成的原创图表。）
②哪些单位需要××××？（例如，哪些单位需要前端工程师？）

项目二　缘聚

（该部分涉及岗位职责相关的数据图表，务必采用各小组自己生成的原创图表。）

③ 该岗位的主要职责是什么？

（该部分涉及岗位职责相关的数据图表，务必采用各小组自己生成的原创图表。）

④ 该岗位的技术要求是什么？

（该部分涉及岗位职责相关的数据图表，务必采用各小组自己生成的原创图表。）

⑤ 要学习哪些课程才能满足技术需求？

（4）岗位2。

① 什么是×××××？

② 哪些单位需要×××××？

③ 该岗位的主要职责是什么？

④ 该岗位的技术要求是什么？

⑤ 要学习哪些课程才能满足技术需求？

（5）岗位3。

① 什么是×××××？

② 哪些单位需要×××××？

③ 该岗位的主要职责是什么？

④ 该岗位的技术要求是什么？

⑤ 要学习哪些课程才能满足技术需求？

2. 规范就业岗位调查报告

调查报告的具体要求如下。

（1）严格按照格式要求设置好标题、字号、字体、段落等格式。

（2）报告中除了前言部分，其他章节内容务必使用小组自己收集的数据，以及依据该数据而生成的分析图和数据表。

3. 格式要求

（1）页面设置。包括以下三项。

页面边距：上 2.5 cm、下 2.5 cm、左 3 cm、右 2 cm。

页眉：加页眉，内容自定义，宋体，五号，不加粗，居中，段前后 0 磅。

页脚：五号半角宋体阿拉伯数字，数字左右各放一条一字线，一字线距版心下边缘 7 mm（一般将页脚设定为 29 mm 为宜），单页码右空一字，双页码左空一字。

（2）格式设置。包括以下内容。

报告名称格式：黑体，小二号，不加粗，居中，1.5 倍行距。

1 级标题格式：黑体，三号，不加粗，左对齐，1.5 倍行距，段前 12 磅，段后 12 磅。

2 级标题格式：黑体，四号，不加粗，左对齐，1.5 倍行距，段前 12 磅，段后 6 磅。

3 级标题格式：黑体，小四，不加粗，左对齐，1.5 倍行距，段前 6 磅，段后 6 磅。

结构层次序数通常依次用"一、""（一）""1.""（1）"标注。

正文格式：宋体，小四，不加粗，首行缩进 2 个字符，1.5 倍行距，段前后 0 磅。

图名格式：宋体，五号，加粗，居中，1.5 倍行距，段前后 0 磅。

图片格式：嵌入型，居中。

表名格式：宋体，五号，加粗，居中，1.5 倍行距，段前后 0 磅。

表格内容格式：宋体，五号，不加粗。

如有附件，在正文下空一行左空二字编排"附件"二字，后标全角冒号和附件名称，附件名称后不加标点符号，五号仿宋。附件名称提行应与上行首字对齐。

（三）思考练习

完成的岗位调查报告是一份很长的文档，如何快速、清晰、明了地展示自己的岗位调查报告？

二、总结汇报

小袁同学对调查报告的准确性非常关注，他知道通过自己的力量很难全面衡量报告的准确性。因此，他决定将自己的调查报告向老师或同学汇报，希望通过大家的评价帮助他思考和衡量报告的准确性。

小袁同学希望以清晰明了的方式阐述自己的调查结果和结论，以便大家更好地整理和消化这些反馈信息。这些反馈会让他在未来的调查中更注重科学性和严谨性，同时加强与团队成员的沟通与协作。他还认识到，汇报工作不仅是一个展示自己成果的机会，更是一个学习和交流的过程，有助于发现自身的不足并提升自己的能力。

（一）实施思路

（1）项目答辩PPT的制作。

（2）项目答辩。

（二）实施步骤

1. 项目答辩PPT的制作

根据爬取到的信息，进行分析和图表绘制，并制作答辩PPT。答辩PPT主要包含以下内容。

（1）目标岗位的薪资、学历及知识、技术、能力需求。

（2）对目标岗位的岗位需求进行分析、总结。

（3）制作不同岗位的对比图。

要求：答辩PPT不超过15页，PPT中的文字精简，适当采用图片和动画，做到风格统一，美观大方。

2. 项目答辩

各小组进行项目演讲答辩，在答辩中除了对相关综合能力进行评价外，还可对职业认识、价值观进行综合评价。根据条件可将演讲答辩过程录制成视频上传到公共平台。

（三）思考练习

完成岗位调查报告后，学生对就业岗位有了初步的意向。为了更好地规划职业生涯，需要根据个人资料进行深入思考。考虑如何根据自身情况，选择适合自己发展的职业道路，并制定合理的职业规划。

项目三　逐　　梦

项目背景

随着社会的不断进步和科技的持续发展，各行业和领域都在不断地创新，为大学生的就业和职业发展带来了新的机会和挑战。在这个充满变化的时代，大学生职业生涯规划的重要性日益凸显。它不仅有助于更深入地了解自身的兴趣、能力和潜力，还能掌握各种职业和行业的特点和要求。通过制定明确、具体的职业规划，可以更加清晰地展望自己的未来，并设定切实可行的目标。

大学生职业生涯规划是一个全面、系统的过程，需要学生们积极评估自身的兴趣、优势、价值观和人生目标。在此过程中，应设定明确的目标，并为实现这些目标付诸努力，才能够更有针对性地规划自己的未来，减少焦虑和迷茫。

学习目标

知识目标	（1）掌握岗位决策依据。 （2）了解岗位决策的方法。 （3）掌握使用决策平衡单的方法。 （4）掌握岗位综合能力需求的常用表达。 （5）理解职业目标的含义。 （6）掌握职业目标分解的方法。 （7）理解职业能力的含义。 （8）掌握职业生涯规划的原则和方法。 （9）了解职业生涯规划的作用。 （10）了解中西方不同的职业发展思想
能力目标	（1）通过小组讨论，培养学生沟通表达和团队合作的能力。 （2）通过网络爬取信息，培养学生信息搜集的能力。 （3）通过大量不同的数据处理，培养学生快速学习和适应能力。 （4）通过相互提问，培养学生临场应变能力和思辨能力。 （5）通过在数据处理中遇到问题时小组讨论解决，培养学生实践能力和解决问题的能力。 （6）通过搜索查阅相关资料，培养学生可持续性的终身学习能力。 （7）通过文档编辑，培养学生可持续性学习能力和文案写作能力。 （8）通过数据处理后不同的展现效果，培养学生的创新能力

续表

素养目标	（1）通过了解中国的职业发展思想，培养学生的爱国精神和树立民族自豪感。 （2）通过学生自己做出职业决策，培养学生独立自主的精神。 （3）通过文档格式要求，培养学生严谨专注的品质。 （4）通过制定目标和行动计划，培养学生脚踏实地的精神。 （5）通过项目汇报，培养学生开朗、自信的精神。 （6）学习结束后，让学生对座椅、计算机归位，打扫实训室卫生等，培养学生认真做事的责任心和基本职业素养

项目实施思路

在项目三中，学生可利用多种工具和方法，确定自己的理想工作岗位，并对目标岗位进行详细分析，明确该岗位需要的岗位技术需求、综合需求，通过学业管理和综合能力发展，制定自己的职业生涯规划。本项目共有以下三个任务。

任务一：结合个人兴趣、能力、价值观及社会需求综合考量，利用决策平衡单工具理性评估不同岗位的优劣，最终确定目标岗位，并分析该岗位的具体技能与综合能力需求。

任务二：主要探讨大学生如何通过有效的学业管理和综合能力培养，提升自身的就业竞争力和职场适应能力，以更好地准备未来的职业生涯。

任务三：主要阐述如何通过信息访谈、细化目标、制订行动计划，并完成职业生涯规划报告，以及如何通过项目答辩PPT的制作和项目答辩来展示和评估个人的职业生涯规划，同时强调了在职业发展过程中根据个人兴趣和能力调整目标的重要性和积极心态的必要性。

项目三实施思维导图如下。

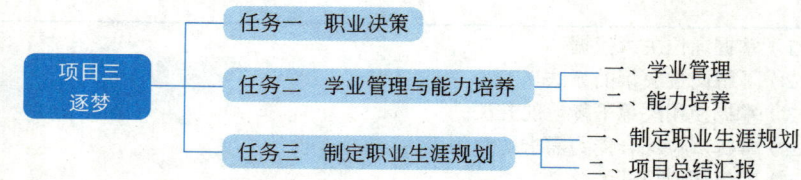

任务一　职业决策

选择目标岗位时，小袁同学脑海中一直回响"男怕入错行"，害怕自己不能做出最好的选择。预期职业库中的岗位各有优缺点，各有不同的发展路线，尽管已经做了详细的岗位信息分析，还是不敢轻易做出选择，害怕自己的选择限制职业生涯发展的空间和高度。

当同学们做出的职业决策（职业决策不仅包含岗位选择，还包含职业生涯规划）过于短浅，或者难度系数太高，缺乏后续发展动力时，会不利于个人职业生涯的长远发展，如果你是小袁同学，你会怎么做选择呢？有什么办法可以解决呢？

职业决策是一个全面、系统的过程，需要积极评估自身的性格、兴趣、能力和价值观，综合分析搜集到的岗位信息，做出理智的思考和冷静的判断，最终确定自己的目标岗位，并对目标岗位进行分析，明确自己的学业管理和能力管理目标。

一、实施思路

（1）确定目标岗位。

（2）目标岗位需求分析。

二、实施步骤

（一）确定目标岗位

1. 职业决策原则

在进行职业决策时，需要从性格、兴趣、能力、价值观，以及社会需求等方面进行综合衡量。在确定目标岗位时，一定要牢记职业决策的原则。

（1）迎合社会的发展。当前的时代快速发展，新的需求不断涌现，一定要结合当前的时代背景做出抉择。

（2）首先，要基于自己的兴趣和热情进行职业选择。对这份工作有浓厚的兴趣时，就会有自驱力，即使薪资不高，也会愿意去做。相反，如果对这份工作没有兴趣，再高的薪资也无法激发完成它的动力。因此在选择职业时，先考虑自己的兴趣和职业发展方向，然后针对性地去寻找符合这些条件的工作机会。

其次，要根据自己的能力和经验来选择职业。评估自己的技能、知识和经验，确保自己能够胜任这份工作。如果能力不足，可以选择进一步提升自己的技能和知识，或者选择一个更符合自己当前能力的职业。

再次，要考虑自己的价值观和生活方式是否与职业相符合。每个人都有自己的价值观和生活方式，要确保这份工作与自己的价值观和生活方式相符合。如果价值观和生活方式与职业不匹配，可以放弃这份工作，寻找一个更符合自己价值观和生活方式的职业。

最后，要考虑家庭因素对职业选择的影响。考虑工作地点、工作时间和家庭责任等因素，确保这份工作不会对家庭生活造成负面影响。如果一份工作会对家庭生活产生负面影响，可以重新考虑自己的职业选择。

2. 职业决策

面临小袁同学的困境时，除了坚定地接受一种选择以外，还可以采用对比优劣的方法进行选择。如 5W 分析法、SWOT 分析法、CASVE 决策法、决策平衡单等，在这里，采用决策平衡单来帮助自己进行选择。

在表 3.1.1 中填入自己的目标岗位，思考支持资源有哪些？如果出现意外情况，该如何补救？

表 3.1.1　决策平衡单

考虑项目	权重 （1~5）	目标岗位 1		目标岗位 2	
		原始分（0~10）	加权分（0~10）	原始分（0~10）	加权分（0~10）
个人物质得失					
经济收入	4	8	32		
健康状况					
未来发展					
社交范围					
他人物质得失					
家庭收入					
家庭社会地位					
个人精神得失					
所学应用					
进修所需					
生活方式					
富有挑战性					
个人成就感					
归属感					
他人精神得失					
父母支持					
男/女朋友支持					
总分					

⚠ **注意事项**

表中数字为简单示例。

（1）岗位决策实际上就是平衡利弊后，最终选择最符合自身利益的决断，在决策平衡单中，有四个方面的内容，包括个人物质得失、他人物质得失、个人精神得失、他人精神得失。

（2）各方面因素的加权计分。需要根据实际情况进行考量，即根据该因素的重要程度，设定 1~5 的权重系数。

（3）判断各个目标岗位的利弊，根据不同目标岗位的得失，逐一打分，用 1~10 分衡量目标岗位在对应栏下的优势。

（4）计算各个职业选项的得分，即权重系数乘以原始分，得出加权分。

（5）根据得分排出目标岗位的优先顺序，即得分越高，排位越靠前。

（二）目标岗位需求分析

完成岗位决策后，新的问题接踵而来。如何制定职业生涯规划，即找出自身与目标岗位需求之间的差距，并有针对性地制定具体的方案措施来缩小差距。目标岗位的需求除了岗位技能要求，还有综合能力的要求，如责任心、沟通表达能力、团队协作能力等。采用项目二中的方法，查找分析岗位中对于综合能力的需求，并将岗位技能要求和综合能力需求填入表 3.1.2 中。

表 3.1.2　目标岗位需求分析

序号	岗位技能要求	综合能力需求
1		
2		
3		
4		

岗位技能要求可以通过知识技能的学习、练习得到提升，可以通过查找岗位技能关键词来确定要学习的内容。综合能力需求则需要在日常生活中逐步养成，大学生在进行职业生涯规划时，一定要规范自己的日常行为，不断提升自己的综合能力。

三、思考练习

（1）综合能力需求有哪些常见的关键词，哪些是综合能力的需求？
（2）如果选择了一个目标岗位，其他的目标岗位是不是都要放弃呢？

任务二　学业管理和能力培养

无论是在校园还是职场环境，都应重视自身综合能力的提升。能力是获得理想职位的基本前提，对大学生而言，规划并有效管理学业是提升自身能力的核心途径。通过明确学业目标、合理规划和管理时间、培养团队协作和沟通能力、创新思维和实践能力以及自主学习和终身学习能力等方面的努力，大学生可以更好地提升自身综合能力，为未来的职场竞争做好充分准备。

小袁同学是某职业学院物联网专业的学生，刚进大学，他就对自己 3 年的大学生活进行了规划，整体思路是：打基础（大一）→定方向（大二）→最后冲刺（大三）。为了在毕业求职时有更多的机会与选择，小袁同学寻求了许多与物联网专业相关的兼职，即使有的时候兼职的工资待遇很低他也会坚持。他希望从一开始就对自己的学业进行规划，明确自己 3 年大学生活中每一个阶段需要积累的知识和能力，克服困难坚持执行，在完成学业的同时提升自己的职场竞争力，最终达到预定的目标。

思考：
（1）如何制作学业规划并顺利完成计划？
（2）学业规划中，哪些是为以后的求职做准备的？
（3）除了技术能力之外，感兴趣的岗位还需要哪些综合能力？

根据岗位需求,制订详细的学习计划和时间管理方案。深入探究适应此岗位所需的核心综合能力,确保各项能力达标。

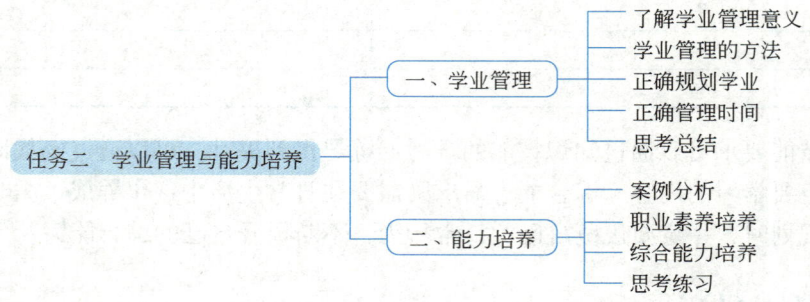

一、学业管理

较于初中和高中阶段,大学的教育要求大学生在掌握专业知识和职业技能的基础上,更加注重能力的培养。为了实现这一目标,大学生需要掌握有效的学业管理方法,合理安排时间,并保持积极的心态。合理的学业规划与能力的培养,为大学生顺利就业提供坚实的基石。

(一)了解学业管理意义

学业管理是指为了完成学校的培养计划与目标,以及为了满足社会快速发展带来的对个人素质的高要求,充分调动自己的主观能动性,开展自我学习、自我教育、自我发展等活动。我国高校毕业生数量持续增长,对广大大学生而言,要想在激烈的就业竞争中脱颖而出,必须提升自身的就业竞争力。就业竞争力是指能满足社会和用人单位对人才需求的能力,是衡量个人能力的重要标准。对于尚未踏入社会的大学生来说,提升就业竞争力的关键在于有效地管理自己的学业。通过科学合理的学业管理,大学生可以扎实掌握专业知识与技能,同时培养和提升自身综合能力,打造出独特的核心竞争力,从而增强就业竞争力,提高就业成功率。

在学业管理过程中,应注重培养自身良好的学习习惯,提升自律能力。制订合理的学习计划,激发学生的学习动力和行动力,为未来的职业生涯奠定坚实基础。大学生在校园生活中应养成善于规划的好习惯,确保每项任务都能有序完成。这不仅有助于学业和求职,还是塑造一个更优秀的自我必经的过程。

(二)学业管理的方法

1. 确定学习目标

根据目标岗位,确定学习目标。合理的学习目标,可以防止大学生在学习过程中出现迷茫的情况。在制定学习目标时,大学生应设定长期目标和阶段性目标。

长期学习目标作为在大学期间的总目标，要求大学生明确自身与目标之间的差距。在此基础上，将总目标合理细分为阶段性学习目标，并按学期或学年作为阶段划分的时间节点。在设定目标时，大学生应充分考虑自身的能力、兴趣及所学专业的特点，确保目标符合实际情况。为提高目标的可操作性，应尽可能地细化目标。例如，将长期学习目标具体化为毕业时平均成绩 85 分以上，阅读 30 本与专业相关的书籍及参与 8 次校内外实践活动等。这样的目标设定不仅明确具体，还为评估目标的完成情况提供了明确的参考标准。

2. 制订学习计划

在设定了学习目标之后，大学生应制订相应的学习计划，有效实现这些目标。在制订计划时，需紧密结合阶段性的学习目标。这些阶段性目标各自具备其重点和难点。例如，大学新生需要尽快适应校园生活，掌握基础课程和专业学科基础知识。同时，大学生可根据个人兴趣和爱好选择参与各类社团活动或竞选班干部，以及参与学生会组织的各类活动等。

进入大二阶段，需要深化对专业知识的掌握，并为等级证书考试或升学考试做准备。此时，应规划个人大学生活的方向。为了提升专业能力和检验对所学知识的掌握程度，可以尝试参与更多的兼职工作或与本专业相关的实践活动。表 3.2.1 是一位大二学生针对英语四级考试制订的复习计划。

表 3.2.1　英语四级考试复习计划

月份	学 习 内 容
8 月	每天背诵 30 个单词； 每周完成 2 篇完形填空练习
9 月	每周看 1~2 部英文电影，练习听力； 增加对阅读理解题型的练习
10 月	每周进行 3 篇美文阅读练习，熟读并背诵精美的句子
11 月	增加英文作文写作训练； 每周写 2 篇英文作文，熟读并背诵四级英语作文范文书中优秀的范文和句子
12 月	每天做 1 套真题试卷或模拟试卷

完成学习计划的制订后，需要进一步细化每日的时间安排确保计划的顺利执行。因此，周学习计划的制订尤为重要。通过周学习计划，大学生可以更有条理地安排每日的学习任务，避免时间和精力的浪费。周学习计划还有助于大学生更好地掌控自己的行为，克服惰性和随意性。具体明确的目标不仅有助于保持积极的学习态度，还可以提高解决问题的效率。周学习计划有助于大学生更好地规划自己的学习生活，为未来的发展奠定坚实的基础。

周学习计划应依据学校的课程安排制订，明确每日上课时间，并直观地展示出空闲时段。在安排学习时间时，应充分考虑个人实际情况，例如，早晨适合进行背诵和朗诵，而晚上适合解题或观看英文影片。这样的规划有助于高效利用时间，提升学习效果。

制订周学习计划时，应保持一定的灵活性，避免将时间安排得过满。预留一定的调整空间，应对可能出现的意外情况。此外，每周对学习计划进行反思与总结也是非常重要的。评估未完成的任务、分析原因及探讨解决方案，然后调整和优化下周的学习计划。通过这种方式，大学生可以确保每天的生活都井然有序，提升自己的学习热情，并时刻感受到生活的充实。

随堂活动：制订周学习计划

目前的学习目标是什么？用办公软件制订一个周学习计划，并填入表中。

第____周　　____月____日至____月____日

时间	计　划						
	星期一	星期二	星期三	星期四	星期五	星期六	星期日

（三）正确规划学业

在确立了学习目标、制订了学习计划并总结了学习方法之后，应着手规划自己的大学学业。由于大学各阶段学习重点不同，以大学3年为例，阐述规划大学学业的一般方法（仅供参考）。

1. 打基础

大学一年级是至关重要的基础之年，部分同学虽已开始大学生活，但是心理和思想上仍停留在高中生的阶段，对自己的专业有待深入了解，对未来的学业规划更是一无所知。这一时期，大学生应积极调整心态，快速适应新的大学环境。需要了解大学学习的特性，并尽快找到适合自己的学习方法。同时，还应深入了解自己所学专业的培养方案与就业方向，有意识地提升自身的专业素养。应充分利用教室、图书馆等学习场所，认真听好每一堂课，脚踏实地地掌握基础课程。

2. 做规划

大学二年级是一个至关重要的阶段，它既是对大学一年级学习的延续，又是对未来学业和职业发展的重要准备。经过一年的大学生活，同学们已经逐渐适应了大学的学习节奏和生活环境，开始思考自己的学业和职业规划。需要明确自己未来的发展方向，比如，是继续深造还是直接就业，并为此做好充分的准备。

在这一阶段，同学们可能会面临较为繁重的学习任务，以及各种证书考试的压力。因此，科学的学业规划至关重要。通过合理安排学习时间和任务，可以有效应对各种挑战和困难。

此外，还可以通过参加各种社团活动来提升自己的综合能力。这些活动有助于锻炼人际交往能力、组织协调能力及实际工作能力等。这些能力在未来的求职和职业发展中具有非常重要的意义。

3. 最后冲刺

大学三年级是开展实习活动的一年，也是关键冲刺期。尽管课堂学习已基本结束，课余时间有所增加，但这一学年仍然非常忙碌。一些同学正积极准备就业，另一些同学则致力于升学。对于寻求就业机会的大学生而言，这一阶段应着重了解并搜集目标公司的相关信息，并撰写个人简历和求职信，同时加强对笔试和面试技巧的学习。这段时期，应充分利用所学知识，努力把握机遇，为未来的美好前景奠定坚实基础。

> **随堂活动：制订学业计划**
>
> 学业规划根据学习情况、自身兴趣、优势特点的不同而变化，可以根据自身的实际情况制定学业规划，请用 Word 制作一份学业计划。
>
> 第一学年：＿＿＿＿＿＿＿＿＿＿＿＿＿＿＿＿＿＿＿＿＿＿＿＿＿＿＿＿＿＿
> 第二学年：＿＿＿＿＿＿＿＿＿＿＿＿＿＿＿＿＿＿＿＿＿＿＿＿＿＿＿＿＿＿
> 第三学年：＿＿＿＿＿＿＿＿＿＿＿＿＿＿＿＿＿＿＿＿＿＿＿＿＿＿＿＿＿＿

（四）正确管理时间

时间是重要的资源，每个人一天的时间都是相同的，但每个人对时间的利用效率却有高低之分。如何利用更少的时间来完成更多的事情呢？这就需要大学生对时间进行有效管理。大学生在校期间应该养成良好的时间管理习惯，使自己能更好地规划学业生涯。

1. 时间管理策略

时间管理至关重要。有效利用时间，达成个人的重要目标，是每位大学生都应该掌握的技能。时间管理主要分为学习时间管理和生活时间管理两个方面。大学生应学会合理安排时间来完成自己的既定目标，遵循时间管理原则，运用科学的时间管理方法，达成最终的目标。

2. 时间管理原则

在实施时间管理时，应遵循以下原则和方法。

（1）拒绝拖延：拖延是时间管理的最大敌人。应培养遇事立刻行动的习惯，避免浪费时间。

（2）学会说"不"：在计划与变化之间，应学会恰当地拒绝，以保持时间管理的灵活性。

（3）遵循二八定律：将 80% 的时间和精力投入到能带来 80% 效果的基本理论和方法上，这是提升学习效率的关键。成功者往往将精力集中在最重要的事情上，而不是处理紧急但不重要的事务。应学会将 80% 的时间用于处理 20% 最重要的事情。

（4）学会列清单：记录下需要完成的每一项重要任务，以便随时明确自己的学习重点。

（5）搁置的哲学：遇到无法解决的问题，可以先记录下来，让潜意识和时间去寻求解决方案，避免过度纠结。

（6）安排"不被干扰"的时间：应为自己创造一段不受干扰的时间，提高学习和工作的效率。每天至少安排 0.5~1h 的独立思考或工作的时段。

遵循这些原则和方法，能够更好地管理时间，提高学习和生活的效率，为未来的成功奠定基础。

3. 常用的时间管理方法

（1）计划管理。关键步骤是创建待办事项清单和实施计划。待办事项清单，也称为待办单，是一个每日任务清单，按照优先级排序并设定完成时间。通过这种方式，确保当天事务在当天完成。表 3.2.2 列出了待办事项清单的主要组成部分。根据该表创建自己的待办事项清单。制定该清单时，建议固定时间（如起床后）进行，每天只制定一个待办事项清单，完成后立即记录，并始终保持这一习惯，不可半途而废。

计划是针对特定时间段进行的具体安排。例如，每周结束时，制订下一周的学习计划。每个学期结束时，制订下一学期的学习计划等。

表 3.2.2 待办事项

待办事项	具体内容	完成时间	完成情况
日常任务			
特殊事件			
昨日未完成事项			

（2）ABC 时间分类法。将学习任务根据其重要性和紧急性划分为三个等级：A 级（紧急且重要）、B 级（次要）、C 级（一般）。实施这一方法应遵循以下步骤：首先，确定各项学习任务的优先次序，并估计其预计时间占比。其次，在具体学习过程中记录实际耗时。再次，通过比较每日计划耗时与实际耗时，分析时间利用效率。最后，根据分析结果调整学习时间的安排，提高学习效率。

> **随堂活动：时间 ABC 分类法**
>
> 请在表 3.2.3 填写需要完成的学习任务，并估计所需时间。
>
> 表 3.2.3 待办事项分类
>
> | 类别 | 任务 1 | 任务 2 | 任务 3 | 完成该类所需时间 |
> | --- | --- | --- | --- | --- |
> | A 类 | | | | |
> | B 类 | | | | |
> | C 类 | | | | |

（五）思考总结

（1）结合自身的专业，谈谈加强自身学业管理的心得体会，平时如何管理自己的学业。

（2）根据自己的岗位目标的技术要求，对自己的学业进行规划，明确每一学年的学业任务和目标。参考结构如下。

想就业的岗位是：_____
该岗位主要的技术要求有：_____
第一学年的目标和计划：_____
第二学年的目标和计划：_____
第三学年的目标和计划：_____
总结：_____

二、能力培养

随着经济的发展和就业市场竞争的加剧，大学生不仅需要具备专业知识和技能，还要培养和提升自身的综合能力。这些能力包括学习能力、沟通能力、团队合作能力、解决问题能力、个人习惯及自我管理能力等。这些能力虽然难以量化评估，但在日常生活和职业生涯中起着至关重要的作用。大学生应该将提升自身的综合能力作为一项重要的任务，不断努力提高自己的综合素质，以适应不断变化的社会需求和职场环境。

大学生的能力培养是一个全面发展的过程，需要在不同方向上有计划地培养。主要包括职业素养、综合能力两部分。

（一）案例分析

小陈是一名市场营销专业的应届毕业生。在大学期间，他成绩优异，积极参加各类社团活动，拥有丰富的实践经验。就业的时候，他一连应聘了几家企业，都是过了"简历关"却过不了"面试关"。后来问了这几家企业的面试人员，才将小陈的面试情况了解清楚。小陈在回答面试官问题时，常常因为过于紧张而表达不清。例如，当被问及"请用3min做个自我介绍"，他却用了不到10s就介绍完了；在问他"请说出一些在学校期间团队合作的例子"时，他支吾吾的几句话就讲完了。另外，面试官提出问题时，他常常没等对方把问题说完就急于回答，导致回答偏离主题。在面试的过程中，小陈很少与面试官进行目光接触，肢体动作也比较僵硬，给人一种不自信的感觉。因此，他屡遭失败自然就在情理之中了。

分析：当前的职业院校大学生存在一种倾向，即在沟通交流上逐渐走向孤立，缺乏与外部世界的互动意愿和动力，大部分时间沉迷于手机和电子游戏中。面对陌生环境时，难以与他人有效沟通，表现出紧张和无措的情绪。面对这些问题，小陈应该如何改变呢？以下方法供参考。

（1）参与学校的社团或项目工作室，培养自己与他人的沟通表达能力。

（2）培养善于倾听他人的习惯，这是在人际交往中获取有效信息和增强沟通能力的重要方式。倾听也是一种尊重他人的表现，能够让对方感受到我们的关心和重视。

（3）在与他人沟通的过程中，还应该注意自己的肢体语言和面部表情，增强自信心，展现积极向上的精神风貌。

（4）通过阅读、参加培训等方式提高自己的沟通技巧。同时，小陈也应该学会从每次面试中总结经验教训，不断完善自己。

> **随堂活动：探讨综合能力**
>
> 在当今社会，具备较强综合能力的大学生更有可能在激烈的竞争中脱颖而出。因此，各大高校应重视大学生综合能力的培养，为其提供更多实践机会和多元化的学习体验。同时，大学生也要积极拓展自己的知识面，培养创新思维和实践能力，适应不断变化的社会需求。
>
> 要求：（1）以小组为单位讨论大学生应当具备哪些综合能力。这些能力不仅包括学习能力、沟通能力、团队合作能力、解决问题能力、个人习惯及自我管理能力，还包括创新思维、批判性思维等重要素质。
>
> （2）各小组选择其中的一种或几种能力结合具体案例进行分享。

（二）职业素养培养

职业素养是指在职业生涯中需要具备的一系列品质、态度和行为规范，以保持良好的职业形象、高效地履行工作职责并与他人有效地合作。这种素养涵盖了个体在职场中的各个方面，能促使个体更好地适应和成功地融入职业环境。

1. 职业形象

职业形象是给人的第一感官印象，包括外在形象、言谈举止、气质修养、生活方式、社交圈子等，无声而准确地传达着个人的很多信息。

1）外在形象

（1）穿着整洁。在教室、公共场所宜着工作装或职业装，勿穿奇装异服，不能着过短、暴露的服装，更不能穿拖鞋、凉鞋。穿着整洁得体，确保衣物整洁、避免有皱褶或污渍。

（2）口腔卫生。保持口气清新，这对于面对面沟通非常重要。

（3）随身携带必备用品。在学习和工作中，随身携带一些必备的个人卫生用品，如纸巾、梳子、笔记本、笔等，应对突发情况。

（4）整体形象舒适。头发保持干净清爽，定期洗澡，保持身体清洁，使用香皂、洗发水等清洁用品，注意修剪指甲、保持口气清新。确保自己公共场合不会散发出难闻的体味。男士不宜蓄长发、胡子，女士不宜披头散发，不要浓妆艳抹，佩戴夸张饰品，要给人精神十足的印象。

小组成员相互观察，分别列出小组成员在外在形象上的优势和劣势，完成表3.2.4。

表3.2.4 外在形象优劣势表

小组成员	优　势	劣　势
成员1		
成员2		
成员3		

2）言谈举止

言为心声，一个人的说话方式、说话语气、说话语调反映了其文化素养和综合修养。

（1）语言表达清晰：在沟通中，使用清晰简练的语言表达自己的想法。避免使用过于复杂或难以理解的词汇，确保对方能够准确理解你的意思。在公众场所提倡说普通话。

（2）尊重他人：在交流中保持尊重，避免使用冒犯或侮辱性的语言。切忌叫人外号、小名等。尊重他人的观点，倾听他人的意见，并尽量以和善的态度回应。

（3）避免语言粗俗：避免在职场使用粗俗、不当的语言，以免给人留下不专业的印象。保持言辞得体，符合职业场合的要求。

（4）适应语境：根据不同的场合和对象，调整自己的语言风格。在正式场合使用正式语言，而在轻松的团队环境中可以更加随意。

（5）掌握非语言沟通：不仅要注意言辞，还要关注非语言沟通，如肢体语言、面部表情和眼神交流。这些也是传递信息和态度的重要手段。

（6）避免八卦和负面言论：不要参与八卦谈话或传播负面言论。保持正面的沟通氛围，有助于建立良好的团队关系。

（7）及时回应：在邮件和电话等沟通中，及时回应对方的信息，展现出对工作和合作的积极态度。例如，在邮件回复时尽量附上自己的签名。

（8）学会倾听：良好的沟通不仅包括表达自己，还包括倾听他人。学会倾听可以帮助你更好地理解对方的需求和观点。

（9）避免口头禅和重复用语：注意自己的口头禅和重复用语，尽量避免过度使用，以免给人留下不成熟或不专业的印象。

（10）修炼发音和语速：注意发音清晰，语速适中。过快或过慢的语速都可能影响沟通效果。说话语气平和，不大声喧哗吵闹，适当控制语言情绪和性格脾气，营造一个安静友好的氛围。

（11）正面语气：使用积极、正面的语气，传递出对工作和合作的热情。避免使用消极或抱怨性的措辞。

（12）阅读：保持阅读的习惯，不断提升自己的知识面和修养，"腹有诗书气自华"是阅读的外在表现。

2. 职业道德

职业道德是指从业者应当遵循的一系列道德规范和行为准则。这些规范旨在确保从业者在工作中表现出诚实、正直、负责任的态度，同时尊重他人的权利和利益。遵守职业道德准则有助于建立可靠和受尊重的职业形象，同时为个人和职业发展打下坚实的基础。

（1）了解职业道德准则：熟悉和理解你从事的职业的道德准则和行为规范。大多数行业都有专门的道德指南或行业协会的准则，学习并遵守这些准则非常重要。

（2）尊重和正直：在学习中与同学、老师沟通时，一定保持尊重，在工作中与同事、客户和上级互动时，要尊重他们的权利和尊严。保持诚实、正直和透明，避免欺骗、误导或不道德的行为。

（3）保持专业素养：努力提高自己的专业知识和技能，始终保持良好的职业形象。持续学习，并通过培训、认证或参与行业协会来丰富自己的专业素养。

（4）保守秘密和保护客户隐私：尊重客户的隐私，保护他们的信息安全。遵守公司的保密协议,并且避免泄露敏感信息。

(5)建立良好的沟通和合作关系:与同事、上级和客户之间积极地建立良好的沟通和合作关系。尊重不同观点,积极参与团队工作,分享经验和知识。

(6)持续自我反思和改进:定期评估自己在职业道德方面的表现,并寻找改进的机会。接受反馈,识别自己的弱点并努力改正,提高自己的职业道德水平。

在校大学生多参加校内外的实践活动,在活动中积累经验来提升自己的职业素养。

(三)综合能力培养

通过项目一、项目二的学习,发现学习能力、团队能力、沟通表达能力、自我管理、创新能力、组织协调能力在多个任务中都发挥了重要作用,而这些能力就是我们常说的综合能力。

1. 学习能力

大学生综合能力的基础是对专业知识的理解。提升知识水平的方法包括以下内容。
(1)深入学习专业课程,注重课堂学习,理解专业知识的基础概念和原理。
(2)多角度阅读,阅读相关领域的经典著作、学术论文,拓宽对专业知识的理解。
(3)实践应用,参与实践项目、实习或实验,将理论知识应用到实际。

2. 团队能力

需要具备团队协作的能力,从而有效地与他人合作完成任务。提升团队协作能力的方法如下。
(1)参与团队项目,参与学术、社团或实践项目,锻炼团队协作的能力。
(2)沟通技巧培养,学会倾听、表达自己的观点,促进团队间的有效沟通。
(3)领导力培养,学会在团队中发挥领导作用,推动团队目标的实现。

3. 沟通表达能力

良好的沟通表达能力是大学生综合素质的关键组成部分。提升沟通表达能力的方法包括以下内容。
(1)演讲和辩论,参与演讲和辩论活动,提升口头表达和逻辑思维能力。
(2)写作训练,通过写作提高书面表达的清晰性和逻辑性。
(3)参与社交活动,扩大社交圈,培养与他人交流的能力。

4. 自我管理

自我管理包括时间管理、情绪管理和目标设定等方面。提升自我管理能力的方法包括以下内容。
(1)制定明确目标,设定短期和长期目标,明确个人发展方向。
(2)时间规划,制订合理的学习和工作计划,有效利用时间资源。
(3)情绪调控,学会处理压力,保持积极的心态,提高应对挑战的能力。

5. 创新能力

创新能力是在面对问题时提出独特见解和解决方案的能力。提升创新能力的方法如下。

（1）跨学科学习，接触其他领域的知识，促进思维的多样性。
（2）解决实际问题，参与解决实际社会或校园中的问题，培养解决问题的创造性思维。
（3）参与科研项目，加入学术研究团队，深入了解研究方法和创新思维。

6. 组织协调能力

组织协调能力需要对资源、个人进行协调、融合，从而实现目标。可以从以下两点提高自己的组织协调能力。

（1）成为班干部，大学和初高中不同，班干部很大程度上取代了老师，成为班级活动的策划、组织者，锻炼了组织协调能力。

（2）成为社团或工作室成员，社团或工作室是学生进行自我管理、教育和服务的团体，能让大学生在大学期间自主解决遇到的各类问题，提升组织协调能力。

（四）思考练习

（1）能力的培养是潜移默化的结果，是时间的积累，但在短时间内无法看到成效，如何坚持下去呢？

（2）在学业管理和能力培养的过程中会发现，从学校学到的知识和锻炼的能力不能直接应用到工作中，这样的学习和提升还有意义吗？

任务三　职业生涯规划

小袁同学明确了自己的职业目标，也清晰地知道了如何提升自己的能力，接下来要制订实现目标的计划。职业生涯规划的意义在于它是一个基于自我认识和展望未来的目标导向过程。通过职业生涯规划，能帮助自己在职业生涯中探索和发掘更多的机会，达到职业目标。职业规划是一种持续的过程，通过不断地反思，重新制定职业规划，开拓新的职业机会，并为实现职业目标制订新的计划和策略，帮助个人在职场上更好地实现个人发展。职业生涯规划也是鞭策自我的方法，能为自己的工作和学习提供源源不断的动力。

制定职业生涯规划，完成职业生涯规划报告，并展示自己的职业生涯规划。

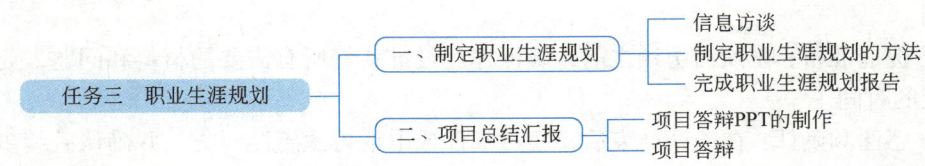

一、制定职业生涯规划

通过完成本任务,能够制定合理、有效的职业生涯规划,并能够按照职业生涯规划执行。

(一)实施思路

(1)信息访谈。
(2)制定职业生涯规划。
(3)完成职业生涯规划报告。

(二)实施步骤

1. 信息访谈

(1)选择要咨询的专业人士(该专业人士可以是已毕业的师兄(师姐),可以是行业前辈,可以是亲友,最好是目标岗位的专业人士)。

(2)设计访谈提纲。访谈提纲包括两部分内容,一是被访谈人的职业信息,如工作性质、环境、所需教育、个人资格、薪酬福利、工作时间、进修和升迁计划、组织文化和未来发展前景等;二是被访谈人物的经验,如个人教育、选择行业或者职业的决策过程、职业生涯发展历程、工作心得、工作看法、获得成功的计划、未来规划、对自己的建议等。访谈提纲可以是文字版,也可以是表格版。小组成员自行设计表格。

(3)预约和访谈。以下是一些预约访谈的技巧。

① 提前规划:尽早开始规划预约访谈时间,以确保你有足够的时间来准备。不要等到最后一刻。

② 选择合适的时间:尽量选择对方都方便的时间。避免繁忙的时间段,例如,早晨的高峰时段或下午的例会时间。

③ 了解对方的时间表:如果你知道对方的工作日程,尽量在他们比较轻松的时间段安排访谈,这样他们更可能有空。

④ 考虑时区差异:如果你和对方不在同一时区,确保在预约时考虑到时区差异。使用在线时区转换工具,以确保时间的准确性。

⑤ 灵活性:提供几个备选时间,以便对方能够选择最适合他们的时间。

⑥ 避免紧急性:尽量避免紧急预约,因为这可能对对方的日程产生不必要的压力。尽量给予足够的时间来做好准备。

⑦ 邮件或电话确认:在预约之前,可通过邮件或电话再次确认访谈时间。

⑧ 设定合理的时间:访谈的时间应该是合理且可管理的。0.5~1h 是一个较为常见的范围。

⑨ 提前准备:在预约访谈之前,确保你已经准备好所有需要的材料和问题,充分利用访谈的时间。

⑩ 感谢和确认:在访谈结束后,通过邮件或电话再次感谢对方,并确认后续步骤或行动计划。

（4）分析访谈结果。访谈结束后整理访谈内容，分析访谈的内容，包括分析访谈中提到的关键技能和经验要求，这包括专业技能、工作经验、软技能等。从而修正自己的岗位目标。

2. 制定职业生涯规划的方法

1）细化岗位目标

在计划实施过程中，通常采用 SMART 原则将大的目标分解为小的目标。SMART 原则为：S 代表具体性（specific），目标要具体，不能笼统；M 代表可度量性（measurable），目标是可衡量的，数量化或者行为化的；A 代表可实现性（attainable），目标能够达到且富有挑战性，避免设立过高或过低的目标；R 代表相关性（relevant），细化的目标与整体是相关联的；T 代表时限性（time-bound），目标必须有时间要求。

我们通常分时段、分阶段、分难易程度逐步达成目标。

（1）分时段。可将目标分为短期目标、中期目标和长期目标。短期目标一般为 1~3 年，在此期间，快速掌握所需知识技能和提升工作能力；中期目标为 3~5 年，通常是职业晋升的初期的定位；长期目标为 5~10 年，主要设定长远目标，实现个人总体目标。

（2）分阶段。将目标分解为若干个小的晋升阶段，如销售代表→销售专员→销售顾问→销售经理→区域销售经理→销售总监→销售副总裁→首席销售官。

（3）分难易程度。大学生可以先从简单的做起，不断积累知识和经验后升级难度，以达到岗位目标。

2）制订计划

制订计划时使用 5W2H 分析法，5W2H 是指 What、Why、Where、When、Who、How、How much 这七个问题要素。例如，当我们要制订一份旅游计划时，需要准备哪些物品（What）、要去哪里旅游（Where）、什么时候出发（When）、和谁一起出行（Who）、旅游的目的（Why）、需要多少预算（How much）、如何安排行程（How）。

3. 完成职业生涯规划报告

1）职业生涯规划报告内容

根据细化后的目标，采用多种工具进行梳理和总结形成数据和图形，每组成员根据自己感兴趣的岗位，写出一份"职业发展规划报告"。要求做到图文并茂，采用小组自己生成的数据图和表格。

报告内容主要包括：封面、摘要、目录、前言、自我分析、专业就业方向及前景分析（该部分需使用脑图工具梳理相关的行业和企业信息）、职业及岗位分析（该岗位的薪资、学历、职责等要求，岗位所需要的技术、证书等，该部分需使用自己获取的数据生成图表）、实现职业目标的具体计划（近 3 年的学习计划和实习计划，可用脑图工具进行计划梳理）、远期职业发展规划（工作开始后 3 年的规划）、结语。

2）职业生涯规划报告要求

（1）规划报告要求一人一份。格式参考预就业报告。请严格按照模板设置好标题，字号，字体，段落等格式。

（2）报告中除了前言部分，其他章节内容务必使用小组自己收集的数据及依据该数据而生成的分析图和数据表。

（3）各报告重复率不大于20%。

（4）报告的正文内容包含但不限于前言至结语这七部分内容。

3）格式要求

（1）页面设置。包括以下内容。

① 页面边距：上2.5 cm、下2.5 cm、左3 cm、右2 cm。

② 页眉：加入页眉横线，内容自定义，宋体，五号，不加粗，居中，段前后0磅。

③ 页脚：五号半角宋体阿拉伯数字，数字左右各放一条一字线，一字线距版心下边缘7 mm（一般将页脚设定为29 mm为宜），单页码右空一字，双页码左空一字。

（2）格式设置。包括以下内容。

① 报告名称格式：黑体，小二号，不加粗，居中，1.5倍行距。

② 1级标题格式：黑体，三号，不加粗，左对齐，1.5倍行距，段前12磅，段后12磅。

③ 2级标题格式：黑体，四号，不加粗，左对齐，1.5倍行距，段前12磅，段后6磅。

④ 3级标题格式：黑体，小四，不加粗，左对齐，1.5倍行距，段前6磅，段后6磅。

⑤ 结构层次序数通常依次使用"一、""（一）""1.""（1）"标注。

⑥ 正文格式：宋体，小四，不加粗，首行缩进2个字符，1.5倍行距，段前后0磅。

⑦ 图名格式：宋体，五号，加粗，嵌入型居中，1.5倍行距，段前后0磅。

⑧ 表名格式：宋体，五号，加粗，居中，1.5倍行距，段前后0磅。

⑨ 表格内容格式：宋体，五号，不加粗。

⑩ 如有附件，在正文下空一行左空二字编排"附件"二字，后标全角冒号和附件名称，附件名称后不加标点符号，五号仿宋。附件名称提行应与上行首字对齐。

（三）思考练习

（1）还可以从哪些渠道获取目标岗位的信息？

（2）职业生涯规划能展示给其他人看吗，会被笑话吗？

二、项目总结汇报

小袁同学对职业生涯规划非常重视，他决定向大家汇报职业生涯规划，希望听取大家的建议帮助他衡量报告的准确性。

小袁同学希望以清晰明了的方式阐述自己的职业生涯规划，以便大家能更好地了解报告内容并对自己进行监督。他还认识到，汇报不仅是一个展示自己成果的机会，更是一个学习和交流的过程，有助于发现自身的不足并逐步提升自己的能力。

（一）实施思路

（1）项目答辩PPT的制作。

（2）项目答辩。

（二）实施步骤

1. 项目答辩 PPT 的制作

根据制定的职业发展规划，制作答辩 PPT。答辩 PPT 主要包含以下内容。

（1）预就业岗位分析。该岗位所在行业的前景和就业方向分析。该岗位的薪资范围，岗位所需能力，哪些行业需要，学历证书要求等。

（2）未来3年计划。针对岗位所需能力的学习、考证和实习计划等。

（3）工作后3年计划。工作规划、发展规划、晋升规划等。

要求：答辩 PPT 尽量不超过 15 页，PPT 中的文字精简，多采用图片和动画，整个 PPT 做到风格统一，美观大方。

2. 项目答辩

各小组根据小组的答辩 PPT 进行项目演讲答辩，在答辩中除了对相关综合能力进行评价外，还可对职业认识、价值观进行综合评价；另外学生根据条件可将演讲答辩过程录制成视频上传到公共平台上。

（三）总结

在人生的道路上会设立各种目标，其中职业目标无疑是最需要关注的。我们希望通过自己的努力，实现职业上的成就。然而，现实往往并不会一帆风顺，在追求职业目标的过程中会发现，原来设定的目标也许并不完全符合自己的兴趣和能力。面对这样的情况，应该如何应对呢？

首先，要正视现实，勇敢地面对自己。发现职业目标与兴趣和能力不符时，需要正视这个问题，不逃避、不回避。要清楚地认识到，一个人的兴趣和能力是他职业生涯中最宝贵的财富，而一个符合自己兴趣和能力的职业目标，才是最有价值的。

其次，学会调整自己的职业目标。发现原有目标存在问题后，需要重新审视自己的兴趣和能力，并结合市场需求、行业前景等因素调整原有的职业目标。这个过程可能会充满挑战，但只要坚定信念，勇敢地面对，就一定能找到更加适合自己的职业方向。

再次，要一直保持积极的心态。调整职业目标并不意味着之前的努力白费，而是为人生道路提供了更多的可能性。要珍惜过去的经历，同时更要对未来充满信心。只有这样，才能在新的职业道路上取得更好的成绩。

最后，要不断地提升自己。无论是原有的职业目标还是调整后的职业目标，都需要具备一定的素质和能力。因此，在调整职业目标后，要更加努力地学习和成长，为自己的职业生涯打下坚实的基础。在整个过程中，要学会调整心态、不断提升自己，为自己的职业生涯创造更好的未来。

参 考 文 献

[1] 戴艳，吴乐央. 大学生职业生涯规划 [M]. 北京：高等教育出版社，2023.

[2] 罗陈娟、韩赟. 职业生涯规划团体活动教程 [M]. 北京：清华大学出版社，2023.

[3] 曾爱林. 信息技术基础项目化教程 [M]. 北京：高等教育出版社，2023.

[4] 叶苗群. 办公软件与多媒体高级应用教学案例 [M]. 北京：清华大学出版社，2023.

[5] 蔡永华. 计算机基础与信息素养项目化教程 [M]. 北京：高等教育出版社，2022.

[6] 陈承欢. 计算机组装与维护 [M]. 北京：高等教育出版社，2023.

[7] 史小英. 大学生职业生涯规划 [M]. 北京：人民邮电出版社，2023.